ABHANDLUNGEN DER AKADEMIE
DER WISSENSCHAFTEN DER DDR

Veröffentlichungen
der
Wissenschaftlichen
Räte

W 5
1977

Probleme der sozialistischen Lebensweise

THEORIA CUM PRAXI

Akademie-Verlag · Berlin

ABHANDLUNGEN
DER AKADEMIE DER WISSENSCHAFTEN DER DDR
Abteilung Veröffentlichungen der Wissenschaftlichen Räte

Jahrgang 1977 · Nr. W 5

20. Tagung des Wissenschaftlichen Rates
für die wirtschaftswissenschaftliche Forschung
bei der Akademie der Wissenschaften der DDR
am 25. 3. 1977

Probleme der sozialistischen Lebensweise

Ökonomische und soziale Probleme der weiteren Ausprägung der sozialistischen Lebensweise

AKADEMIE-VERLAG · BERLIN · 1977

Herausgegeben im Auftrage des Präsidenten
der Akademie der Wissenschaften der DDR
von Vizepräsident Prof. Dr. Heinrich Scheel

Verantwortlich für dieses Heft:
Akademiemitglied Prof. Dr. sc. oec. Helmut Koziolek
Vorsitzender des Wissenschaftlichen Rates
für die wirtschaftswissenschaftliche Forschung
bei der Akademie der Wissenschaften der DDR

Redaktionsschluß: **12. 5. 1977**

Erschienen im Akademie-Verlag, 108 Berlin, Leipziger Str. 3–4

Lizenznummer: 202 · 100/68/77
Gesamtherstellung: IV/2/14 VEB Druckerei »Gottfried Wilhelm Leibniz«,
445 Gräfenhainichen/DDR · 5087
Bestellnummer: 753 477 1 (2001/77/5/W) · LSV 0325
Printed in GDR
DDR 12,– M

Inhaltsverzeichnis

* schriftlich eingereichter Beitrag

* schriftlich eingereichter Beitrag

* schriftlich eingereichter Beitrag

1. Thesen*

* Ausgearbeitet von einer Arbeitsgruppe des Wissenschaftlichen Rates für Fragen der Sozialpolitik und Demografie unter Leitung von Prof. Dr. Gunnar Winkler
Der Arbeitsgruppe gehörten an: Dr. Klaus Fleischer, Horst Mirche, Dr. Rolf Montag, Prof. Dr. Gisela Rommeiß, Dr. Konrad Scherf.
Es wurden Zuarbeiten verwandt von: Prof. Dr. Günter Hoppe, Prof. Dr. Alfred Keck, Prof. Dr. Günter Manz, Dr. Günter Schünemann, Prof. Dr. Rudi Weidig, Prof. Dr. Dr. Gerhard Winkler.

Ökonomische und soziale Probleme der weiteren Ausprägung der sozialistischen Lebensweise

I.

1. Im Programm der SED wird festgestellt, daß die sozialistische Lebensweise als die für die entwickelte sozialistische Gesellschaft charakteristische Art und Weise des gesellschaftlichen Lebens und individuellen Verhaltens in allen Lebensbereichen – bei der Arbeit und in der Freizeit, im Arbeitskollektiv und in der Familie sowie in den Lebensgewohnheiten – weiter auszuprägen ist. „Die sozialistische Lebensweise ist in der sozialistischen Produktionsweise begründet und schließt die stetige Hebung des materiellen und geistigen Lebensniveaus ein".[1]

Diese Aufgabenstellung widerspiegelt das soziale und humanistische Grundanliegen der Politik der Arbeiterklasse, die unter Führung ihrer Partei eine menschenwürdige Lebensweise gestaltet, die frei von Ausbeutung, Unterdrückung und sozialer Unsicherheit die dem Sozialismus innewohnenden Vorzüge nutzt für die allseitige Entwicklung der Persönlichkeit und die Entfaltung ihrer schöpferischen Kräfte, für ein auf hohem materiellem und kulturellem Niveau stehendes sinnvolles Leben. Fragen der Lebensweise rücken immer mehr in den Mittelpunkt der Auseinandersetzung zwischen Sozialismus und Imperialismus.

Im Programm der SED wird die gewissenhafte, ehrliche, gesellschaftlich nützliche Arbeit als Herzstück der sozialistischen Lebensweise charakterisiert. Die sozialistische Einstellung zur Arbeit, ihre Durchsetzung bei der Mehrheit der Werktätigen und der Einfluß auf ihre Denk- und Verhaltensweisen, die damit verbundene Überwindung des Gegensatzes von Arbeit und Leben sind ein wesentlicher Ausdruck der Überlegenheit der sozialistischen Lebensweise gegenüber der Lebensweise der Klassen und Schichten im Kapitalismus.

Die sozialistische Lebensweise ist zugleich gekennzeichnet durch Beziehungen der kameradschaftlichen Zusammenarbeit und gegenseitigen Hilfe, Beziehungen der Gleichberechtigung, der Freiheit und sozialen Sicherheit, durch die zunehmende aktive Teilnahme aller Bürger an der Leitung und Planung gesellschaftlicher Aufgaben in allen Lebensbereichen.

Von der Ausprägung der die sozialistische Lebensweise bestimmenden Prozesse wird die Art und Weise des Lebens der Klassen, Schichten und sozialen Gruppen sowie der Familien und die Persönlichkeitsentwicklung des einzelnen entscheidend bestimmt. Die ökonomische und soziale Entwicklung ist darauf gerichtet, günstige Bedingungen für die Entwicklung der sozialistischen Lebensweise und für die Persönlichkeitsentwicklung zu schaffen und für jeden spürbar und sichtbar zu machen, daß das Ziel der sozialistischen Produktion in der „Sicherung der *höchsten* Wohlfahrt und der freien *allseitigen* Entwicklung *aller* Mitglieder der Gesellschaft"[2] besteht. Dabei ist „die

[1] Vgl. Programm der Sozialistischen Einheitspartei Deutschlands, Berlin 1976, S. 53.

[2] W. I. Lenin, Materialien zur Ausarbeitung des Programms der Sozialdemokratischen Arbeiterpartei Rußlands, in: Werke, Bd. 6, Berlin 1956, S. 40.

Arbeiterklasse unter Führung der SED eine entscheidende gesellschaftliche Kraft, die den sozialen, politischen und ideologischen Inhalt der sozialistischen Lebensweise entsprechend ihren Klasseninteressen bestimmt, im Maßstab der ganzen sozialistischen Gesellschaft durchsetzt und ständig vertieft."[3]

Die Aufgabe, die sozialistische Lebensweise weiter auszuprägen, beruht auf der Analyse des erreichten politischen, ökonomischen und sozialen Fortschritts sowie der langfristig zu erreichenden sozialen Züge.

Wesentliche Züge des bisher Erreichten lassen sich wie folgt skizzieren:

– Die sozialen Grundrechte der Werktätigen sind in umfassender Weise gewährleistet und werden weiter vervollkommnet. Das betrifft das „Recht auf Arbeit, auf Mitbestimmung und Mitgestaltung, auf Lohn nach Qualität und Quantität der Arbeit, auf Bildung, auf Freizeit und Erholung, auf Schutz der Gesundheit und der Arbeitskraft, auf Teilnahme am kulturellen Leben, auf Fürsorge im Alter und bei Invalidität sowie auf materielle Sicherheit bei Krankheit und Unfällen."[4]

– Das materielle und kulturelle Lebensniveau steigt stetig an und hat insbesondere seit dem VIII. Parteitag der SED einen bedeutenden Aufschwung genommen. Das findet seinen Ausdruck in den steigenden Einkommen, der Erhöhung des Verbrauches bei Änderung seiner Struktur, den verbesserten Wohnbedingungen, dem wachsenden Bildungsniveau, Verbesserung der gesundheitlichen und sozialen Betreuung, in zunehmender kultureller und sportlicher Betätigung und vielem anderem mehr.

– Die gesellschaftliche Aktivität, die qualitative Entwicklung des sozialistischen Wettbewerbs, einschließlich der Bewegung „Sozialistisch arbeiten, lernen und leben", erlebten einen nicht gekannten Aufschwung. Das findet auch seinen Ausdruck in der umfassenden Teilnahme an der Leitung und Planung, der Mitwirkung an der Diskussion grundlegender Gesetze, der millionenfachen ehrenamtlichen Tätigkeit in gesellschaftlichen Organisationen, im Betrieb, in der Schule, im Wohngebiet usw.

– Die auf der gesellschaftlichen Gleichberechtigung von Mann und Frau beruhende Gestaltung sozialistischer Familienbeziehungen konnte auf Grund des steigenden Wirtschaftswachstums weiter gefestigt werden. Verbesserung der Bedingungen für die Vereinbarkeit von Berufstätigkeit und Mutterschaft, Realisierung des Wohnungsbauprogramms, Entwicklung des Dienstleistungsbereichs und anderes waren dafür notwendige Voraussetzungen.

– Die Einsicht der Werktätigen in die politischen und ökonomischen Zusammenhänge, in die Ideologie der Arbeiterklasse vertieft sich. Die umfassende fachliche und politische Bildung wird mit einer wirksamen politisch-ideologischen Arbeit verbunden, so daß die Erkenntnisse und Einsichten der Werktätigen in politische und ökonomische Zusammenhänge wachsen sowie die Fähigkeit und Bereitschaft, in volkswirtschaftlichen Maßstäben zu denken, sich weiter ausprägen.

2. Die sozialistische Lebensweise entwickelte sich in allen sozialistischen Ländern von Anbeginn an als eine den kapitalistischen Verhältnissen qualitativ überlegene Lebensweise. Ihre Ausprägung und Entwicklung gewinnen zunehmendes Gewicht für die Auseinandersetzung zwischen Sozialismus und Imperialismus, für den Nachweis der Vorzüge des Sozialismus in allen Lebensbereichen.

Die Lebensweise unter kapitalistischen Bedingungen, als eine auf antagonistischen Klassengegensätzen beruhende Lebensweise der Klassen und Schichten, ist charakteri-

[3] Programm der Sozialistischen Einheitspartei Deutschlands, a. a. O., S. 53.

[4] Arbeitsgesetzbuch der Deutschen Demokratischen Republik vom 16. Juni 1977, in: Gesetzblatt der DDR, Teil I, S. 185, § 1.

siert durch die Ausbeutung des Menschen durch den Menschen, die Nichtgewährleistung der grundlegenden Menschenrechte, eine wachsende soziale Unsicherheit und den Abbau von sozialen Sicherungen, die auf Teilgebieten erreicht wurden. Das zwingt – bei zunehmender Ausstrahlungskraft des Beispiels der sozialistischen Länder – die bürgerlichen Ideologen zur Herabsetzung des Erreichten im Sozialismus sowie zu ständig neuen apologetischen Konzeptionen, die sich selbst in ihrer theoretischen Aussage zum Teil gegenseitig ausschließen, wie zum Beispiel die Konzeption von der Wohlstands- oder Konsumgesellschaft und die reformistische Konzeption von der „Qualität des Lebens" und andere. Diese Konzeptionen sind letztlich darauf gerichtet,

– dem zunehmenden Gewicht der Bedingungen und des Inhalts eines menschenwürdigen Daseins, der Persönlichkeitsentwicklung, der Rolle des Menschen in der Produktion und in der Gesellschaft in der Auseinandersetzung zwischen Sozialismus und Imperialismus Rechnung zu tragen;

– der wachsenden sozialen Unsicherheit sowie dem Unvermögen der kapitalistischen Gesellschaft, ein stetig steigendes materielles und kulturelles Lebensniveau zu erreichen, allgemeine apologetische Losungen gegenüberzustellen, die stabilisierend auf die kapitalistischen Verwertungsbedingungen wirken sollen;

– bei Eingeständnis unleugbarer Widersprüche des heutigen Imperialismus den Anschein zu wecken, daß diese Widersprüche entweder allgemein menschlicher Natur sind oder im Ergebnis der industriellen Entwicklung schlechthin entstanden, also klassenindifferent sind;

– durch klassenneutrale Forderungen den Kampf um die Einschränkung der Macht der Monopole in eine systemgerechte Richtung zu kanalisieren, die Positionen des Imperialismus zu bewahren und zu erweitern.[5]

3. Für die weitere Ausprägung der sozialistischen Lebensweise ist die konsequente Verwirklichung der Hauptaufgabe in ihrer Einheit von Wirtschafts- und Sozialpolitik bestimmend.

Die kontinuierliche und stabile wirtschaftliche Entwicklung in allen sozialistischen Ländern, die erfolgreiche Überwindung des ökonomischen, sozialen und ideologischen Erbes des Kapitalismus, der erreichte Grad der Effektivität der Wirtschaftsentwicklung schufen neue Möglichkeiten für die Lösung der wichtigsten sozialökonomischen Aufgaben. Das betrifft, wie Genosse Breshnew auf dem XXV. Parteitag der KPdSU sagte, vor allem die weitere Hebung des Wohlstandes der Menschen, „die Verbesserung ihrer Arbeits- und Lebensbedingungen, einen beträchtlichen Fortschritt des Gesundheits- und Bildungswesens und der Kultur – alles, was zur Formung des neuen Menschen, zur allseitigen Entwicklung der Persönlichkeit und zur Vervollkommnung der sozialistischen Lebensweise beiträgt."[6]

Ziel und Aufgabenstellung zur weiteren Ausprägung der sozialistischen Lebensweise beruhen auf dem wachsenden Zusammenhang von ökonomischen und sozialen Prozessen und deren Beherrschung in der Leitungs- und Planungstätigkeit. Das bedeutet:

a) Mit höherer wirtschaftlicher Leistungskraft werden die materiell-technischen

5 Vgl. W. Bürger, Verbesserung der Lebensqualität – reformistische Konzeption zur Stabilisierung des Kapitalismus, in: IWP-Berichte, 4/1975, S. 20 ff.; K. Franke, Die kapitalistische Wirklichkeit und die politökonomische Konzeption des „Orientierungsrahmens ‚85'" der SPD, in: IWP-Berichte, 2/1977, S. 12 ff.

6 L. I. Breshnew, XXV. Parteitag der KPdSU, Rechenschaftsbericht des Zentralkomitees der KPdSU und die nächsten Aufgaben in der Innen- und Außenpolitik, Berlin 1976, S. 50.

Voraussetzungen sowie sozialökonomischen Bedingungen für die Sicherung der erreichten Lebensweise und ihre weitere Ausprägung geschaffen.

b) Der Produktionsprozeß, insbesondere die Durchsetzung des wissenschaftlich-technischen Fortschritts, ist nicht nur als wirtschaftlicher, sondern zugleich als sozialer Prozeß zu organisieren, der vor allem über die Vervollkommnung des Charakters, besonders des Inhalts der Arbeit, so wichtige Seiten der sozialen Entwicklung, wie die Minderung körperlich-schwerer Arbeit, die Anreicherung der Arbeit mit geistigen Elementen usw., beeinflußt.

c) Die sozialistische Lebensweise wird in zunehmendem Maße zur Bedingung für die weitere wirtschaftliche Entwicklung, ihrer Stabilität und Kontinuität und setzt ihr langfristig anzustrebende Ziele.

Der seit dem VIII. Parteitag der SED erreichte wirtschaftliche Aufschwung führte zu einer stürmischen Entwicklung der Initiative, insbesondere im sozialistischen Wettbewerb, und beweist, wie es gelungen ist, „sozialen Fortschritt in soziale Energie, in gesellschaftliche Aktivität, in sichtbaren geistig-kulturellen Fortschritt umzusetzen. Dies hat wiederum mit wachsender Intensität auf den wirtschaftlichen Fortschritt zurückgewirkt."[7]

Mit der Feststellung im Programm der SED, daß die sozialistische Lebensweise die stetige Hebung des materiellen und kulturellen Lebensniveaus einschließt, wird einerseits hervorgehoben, daß sozialistische Lebensweise nicht einseitig auf Denk- und Verhaltensweisen bzw. moralisch-ethische Grundsätze reduzierbar ist im Sinne einer vom materiellen und kulturellen Lebensniveau losgelösten „Qualität des Lebens" bürgerlicher Prägung. Andererseits ist ein stetiges, wenn auch differenziertes Wachstum des materiellen und kulturellen Lebensniveaus eine entscheidende Bedingung für die weitere Ausprägung der Art und Weise des Lebens der Klassen, Schichten und sozialen Gruppen in der sozialistischen Gesellschaft.

Der Sozialismus ist nicht denkbar ohne ein stetig steigendes, hohes materielles und kulturelles Lebensniveau des Volkes, er ist weder als „Konsumgesellschaft" noch als asketische „Armutsgesellschaft" aufzufassen.[8] Es wäre jedoch falsch, die sozialistische Lebensweise auf das materielle und kulturelle Lebensniveau reduzieren zu wollen oder einen automatischen Zusammenhang von steigendem Lebensniveau und Entwicklung der Lebensweise zu unterstellen. Sozialistische Wirkungen, die weitere Ausprägung der sozialistischen Lebensweise gemäßer Denk- und Verhaltensweisen erfordern eine zielgerichtete politisch-ideologische Arbeit.

4. Der mit der weiteren Ausprägung der sozialistischen Lebensweise verbundene soziale Fortschritt erfordert ein planmäßiges Wirtschaftswachstum auf der Grundlage einer ständigen Stärkung der materiell-technischen Basis des Sozialismus.[9]

Dabei wird davon ausgegangen, daß der weitere Ausbau der materiell-technischen Basis so erfolgen muß, daß sie den Erfordernissen der entwickelten sozialistischen Gesellschaft noch weitaus vollständiger entspricht und daß sich damit die grundlegenden Voraussetzungen für den allmählichen Übergang zum Kommunismus mehr und mehr herausbilden.[10] Durch das planmäßige, dynamische Wachstum der Produktiv-

[7] K. Hager, Der IX. Parteitag und die Gesellschaftswissenschaften, Berlin 1976, S. 27.

[8] Vgl. ebenda, S. 29.

[9] Vgl. Aktuelle Probleme der planmäßigen Gestaltung der Wirtschaft des entwickelten Sozialismus, Wissenschaftlicher Rat für Politische Ökonomie des Sozialismus, Diskussionsmaterial für die Ratstagung vom 24. Februar 1977.

[10] Vgl. G. Mittag, Der Fünfjahrplan für die Entwicklung der Volkswirtschaft 1976 bis 1980. Der

kräfte werden unerläßliche Bedingungen für den weiteren sozialen Fortschritt geschaffen. Die damit verbundene weitere Vertiefung der Intensivierung und Beschleunigung des wissenschaftlich-technischen Fortschritts ermöglichen eine hohe Arbeitsproduktivität und Effektivität, eine solche wirtschaftliche Entwicklung, die eine solide Grundlage für die Durchführung des sozialpolitischen Programms bildet.

Die Wechselbeziehungen zwischen materiell-technischer Basis des Sozialismus und sozialistischer Lebensweise werden wesentlich durch den inneren Zusammenhang der Entwicklung des Menschen als Hauptproduktivkraft und der Entwicklung der Gesamtheit der materiell-technischen Existenz- und Entwicklungsbedingungen der Gesellschaft, als Elemente des Systems der Produktivkräfte bestimmt.

Die Vervollkommnung der materiell-technischen Basis des Sozialismus ist mit der Ausprägung der sozialistischen Lebensweise in vielfältiger Weise verbunden:

a) Die Entwicklung der materiell-technischen Basis sichert langfristig, bei voller Nutzung der Fähigkeiten und Fertigkeiten der Menschen, ein stabiles Wirtschaftswachstum als wesentliche Voraussetzung für die stetige Hebung des materiellen und kulturellen Lebensniveaus.

Umfang und Struktur der materiell-technischen Basis der Produktion sowie der materiell-technischen Ausstattung der nichtproduzierenden Bereiche bestimmen maßgeblich die Möglichkeiten einer den wachsenden Bedürfnissen der Werktätigen entsprechenden Struktur und Qualität an Konsumgütern und Dienstleistungen sowie Möglichkeiten der sozialen, kulturellen und sportlichen Betreuung bzw. Betätigung.

b) Die auf der Durchsetzung des wissenschaftlich-technischen Fortschritts beruhende Vervollkommnung der materiell-technischen Basis ist unmittelbar mit der weiteren Ausprägung des sozialistischen Charakters der Arbeit, besonders ihres Inhalts und der damit gegebenen Möglichkeiten zur Überwindung wesentlicher Unterschiede zwischen geistiger und körperlicher, manueller und mechanisierter, gelernter und anbzw. ungelernter, einfacher und komplizierter, körperlich schwerer und leichter, monotoner und abwechslungsreicher, unter erschwerenden und normalen Bedingungen geleisteter Arbeit sowie in den Arbeits- und Lebensbedingungen zwischen Stadt und Land verbunden.

c) Die materiellen Grundlagen der sozialistischen Produktion werden von den Menschen geschaffen, durch ihre Schöpferkraft, ihre Initiative und ihren Ideenreichtum ständig entsprechend den Erfordernissen des wissenschaftlich-technischen Fortschritts verbessert und vervollkommnet.

d) Die Entwicklung der materiell-technischen Basis des Sozialismus nimmt durch die Veränderungen in der Technologie, die gegenständlichen Bedingungen der Arbeitsteilung sowie die Organisation und Struktur der Produktion unmittelbar Einfluß auf die Gestaltung zwischenmenschlicher Beziehungen im Arbeitsprozeß.

5. Für die Ausprägung der sozialistischen Lebensweise, für das planmäßige Wachstum der Produktion und der Effektivität werden mit der konsequenten Verwirklichung des Prinzips „Jeder nach seinen Fähigkeiten, jedem nach seiner Leistung" neue Triebkräfte für den ökonomischen und sozialen Fortschritt freigesetzt. Das Leistungsprinzip ist Grundprinzip der Verteilung im Sozialismus. Seine organische Verbindung mit der Verteilung aus gesellschaftlichen Fonds ist eine unerläßliche Bedingung.

Die Ausnutzung des objektiv wirkenden Gesetzes der Verteilung nach der Arbeitsleistung ist einerseits mit der „strengste(n) Kontrolle seitens der Gesellschaft und

weitere Ausbau der materiell-technischen Basis. Die Notwendigkeit der Beschleunigung des wissenschaftlich-technischen Fortschritts, Berlin 1977, S. 8.

seitens des Staates über das Maß der Arbeit und das Maß der Konsumtion"[11] verbunden und bewirkt andererseits ein unmittelbar materielles Interesse des einzelnen Werktätigen bzw. des Kollektivs an der Erhöhung des eigenen bzw. kollektiven Anteils am volkswirtschaftlich zu erreichenden Ergebnis.

Die Verteilung nach der Arbeitsleistung ist ein entscheidender Vorzug des Sozialismus, der darin zum Ausdruck kommt, daß Ergebnisse fremder Arbeit nicht angeeignet werden können, daß Anerkennung und Würde des Menschen in der Gesellschaft vor allem durch das von ihm erbrachte Arbeitsergebnis bestimmt werden. Die Arbeitsleistung des einzelnen bestimmt seinen Anteil am gesellschaftlich produzierten und verfügbaren Reichtum.

Die Verteilung nach der Arbeitsleistung entspricht dem erreichten Stand der Entwicklung der Produktivkräfte und Produktionsverhältnisse, die weder objektiv noch subjektiv eine Verteilung nach den Bedürfnissen, also eine kommunistische Verteilung zulassen. Die Verteilung nach der Arbeitsleistung fördert das Streben nach ehrlicher, gesellschaftlich nützlicher Arbeit, nach Bildung und Wahrnehmung von Verantwortung. Es trägt dazu bei, den notwendigen wirtschaftlichen Leistungsanstieg zu gewährleisten. Die Verteilung nach der Arbeitsleistung bei Beseitigung diskriminierender Bedingungen (Geschlecht, Rasse, Nationalität, Alter) läßt Gleichmacherei, Nivellierung, Gleichheit im Einkommen unabhängig von der erbrachten Leistung nicht zu. Zugleich werden mit der Verteilung aus den gesellschaftlichen Fonds wichtige Bedingungen für die Gewährleistung der sozialen Gleichheit, die volle Durchsetzung der Verteilung nach der Arbeitsleistung und die Minderung sozialer Unterschiede geschaffen.

6. Die sozialistische Lebensweise ist, beruhend auf der sozialistischen Produktionsweise, eine einheitliche Lebensweise hinsichtlich ihrer Grundlagen, ihres Wesens und ihrer Ziele. Diese Einheitlichkeit der Lebensweise der Klassen, Schichten und sozialen Gruppen beruht auf der gleichen Stellung zum sozialistischen Eigentum, den gleichen sozialen Grundrechten, dem neuen Typ der gesellschaftlichen Beziehungen als Beziehungen der kameradschaftlichen Zusammenarbeit und gegenseitigen Hilfe, dem gleichen Ziel, welches im Aufbau der kommunistischen Gesellschaftsordnung besteht. Die Klassen und Schichten sind als Gruppen von Werktätigen „durch wesentliche sozialökonomische, politische und ideologische Gemeinsamkeiten miteinander verbunden."[12]

Der historische Grundprozeß der Ausprägung der sozialistischen Lebensweise in der entwickelten sozialistischen Gesellschaft ist der Prozeß der Annäherung, ausgehend von den Interessen der Arbeiterklasse und auf der Grundlage ihrer Ideologie. Durch diesen Grundprozeß unterscheidet sich die sozialistische Lebensweise grundsätzlich von der durch Klassenantagonismus und zunehmende Verschärfung der Klassenwidersprüche gekennzeichneten Entwicklung der Lebensweise der Klassen und Schichten in der kapitalistischen Gesellschaft.

Sie unterscheidet sich aber auch von der Lebensweise der zweiten Phase der kommunistischen Gesellschaft, in der die Klassen und die sie charakterisierenden sozialen Unterschiede und damit verbundene Differenzierungen in der Entwicklung und Ausprägung der neuen Lebensweise überwunden sein werden. Bis zur Errichtung der klassenlosen Gesellschaft ist der dynamische Prozeß der sozialen Annäherung und des Wachstums der sozialen Gemeinsamkeiten in der Lebensweise der befreundeten Klassen und Schichten die hauptsächliche Bewegungsform und Entwicklungsrichtung der

[11] W. I. Lenin, Staat und Revolution, in: Werke, Bd. 25, Berlin 1960, S. 484.
[12] K. Hager, Der IX. Parteitag und die Gesellschaftswissenschaften, a. a. O., S. 41.

Sozialstruktur und der Lebensweise in der Gesellschaft. Sie ist kein ferner Idealtyp, sondern sie entwickelt sich in unserer gesellschaftlichen Praxis gesetzmäßig als ein integrierender und differenzierender Prozeß. Das erfordert, die Differenziertheit in der Entwicklung, in den Ausdrucksformen und in der Ausprägung der sozialistischen Lebensweise zu beachten, deren Ursachen und Erscheinungsformen genau zu analysieren und eine konstruktive Wertung dieser Differenziertheit zu erarbeiten. Die Differenziertheit der Entwicklung und Ausprägung der sozialistischen Lebensweise zu umgehen oder als negatives Moment, das möglichst schnell zu überwinden wäre, zu werten, ist ein idealistisches Herangehen, sind illusionäre Vorstellungen über Charakter und Entwicklung der sozialistischen Lebensweise. Sozialistische Lebensweise ist vor allem durch die sozialistischen Produktionsverhältnisse, durch das dem Sozialismus entsprechende Entwicklungsniveau der Produktivkräfte und durch den Klassencharakter der sozialistischen Gesellschaft determiniert.

Die vorhandenen Differenzierungen in der Lebensweise sind ihrem Charakter und ihrer Ursache nach unterschiedlich. Für eine wirksame Wirtschafts- und Sozialpolitik ist Kenntnis und Analyse der Typen der Differenzierung von Bedeutung. Beim gegenwärtigen Stand der Entwicklung der Produktionsverhältnisse und Produktivkräfte, der objektiven und subjektiven Bedingungen unserer Entwicklung handelt es sich vor allem um

– Differenzierungen, die aus noch bestehenden sozialen Unterschieden resultieren und sich in besonderen Ausdrucksformen der sozialistischen Lebensweise der verschiedenen Klassen, Schichten und sozialen Gruppen unserer sozialistischen Gesellschaft äußern. Die sozialistische Gesellschaft ist zwar keine Klassengesellschaft im herkömmlichen Sinne mehr, aber sie ist auch keine klassenlose Gesellschaft. Auf der Basis der Entwicklung des sozialistischen Eigentums und der Macht der Arbeiterklasse konnte der Klassenantagonismus überwunden und die historische Tendenz der wachsenden Gemeinsamkeit der Klassen und Schichten durchgesetzt werden, aber in der ersten Phase der kommunistischen Gesellschaftsformation können wesentliche Unterschiede zwischen Stadt und Land, zwischen körperlicher und geistiger Arbeit noch nicht völlig überwunden werden. Der soziale Charakter dieser Unterschiede äußert sich im Rahmen der wachsenden Gemeinsamkeiten gerade in wichtigen Besonderheiten der Lebensweise; so in wesentlichen Unterschieden in den Arbeits- und Lebensbedingungen, im Inhalt der Arbeit, in Unterschieden im Lebensniveau und nach wesentlichen Differenzierungen in der Qualifikation, in unterschiedlichen Interessen sowie auch in unterschiedlichen Denk- und Verhaltensweisen der Werktätigen der verschiedenen sozialen Gruppen;

– Differenzierungen, die mit der harmonischen Entwicklung der Individualität und Kollektivität, mit der allseitigen Entwicklung der Fähigkeiten und der Persönlichkeit in der sozialistischen Gesellschaft und mit der sich im Sozialismus entwickelnden Vielfalt und Vielseitigkeit der materiellen und kulturellen Interessen, Bedürfnisse, Bildung und Lebenstätigkeiten verbunden sind. Wachsende Vielfalt im gesellschaftlichen und persönlichen Leben ist ein entscheidender Grundzug der sozialistischen Lebensweise.

Damit verbundene Besonderheiten und Differenzierungen in der Entwicklung und in den Ausdrucksformen der sozialistischen Lebensweise, die den Interessen der sozialistischen Persönlichkeitsentwicklung und der Entwicklung unserer Gesellschaft entsprechen, müssen weiter herausgebildet und gefördert werden. Diese der sozialistischen Lebensweise gemäßen Differenzierungen sind ein entscheidender, progressiver Faktor für die Entfaltung des Schöpfertums, der Initiative und der gesellschaftlichen Aktivität der Menschen in unserer Gesellschaft und widerlegen die bürgerlichen und revisionistischen Verleumdungen einer Nivellierung der Interessen und Bedürfnisse im Sozialismus;

– Differenzierungen in der Ausprägung der sozialistischen Lebensweise, die sich aus der Wirksamkeit von Überresten und Einflüssen der kapitalistischen Gesellschaft ergeben. Die Versuche des Gegners, ständig seine Ideologie und die Formen seiner Lebensweise in den Sozialismus zu exportieren, führen zum Teil dazu, daß Denk- und Verhaltensweisen sowie Verbrauchsgewohnheiten genährt und konserviert werden, die der sozialistischen Lebensweise widersprechen. Die Entwicklung und Ausprägung der sozialistischen Lebensweise erfordert deshalb ständig eine konsequente ideologische Arbeit, eine konsequente Durchsetzung der sozialistischen Gesetzlichkeit und Disziplin, um bürgerlichen Traditionen und Einflüssen entgegenzutreten und sie zurückzudrängen, um dem Sozialismus wesensfremde Handlungsweisen, wie sie zum Beispiel in Egoismus, Raffgier, Spießertum, dem persönlichen Bereichern auf Kosten der Gesellschaft zum Ausdruck kommen, zu überwinden;

– Differenzierungen, die mit natürlichen, geographischen und bestimmten territorialen Umwelt- und Lebensbedingungen oder auch Siedlungsformen verbunden sind und die in bestimmten Besonderheiten des gesellschaftlichen und individuellen Verhaltens ihren Ausdruck finden. Derartige Ungleichheiten in den Lebensbedingungen können auf ein Minimum reduziert, aber nie ganz beseitigt werden. So werden, bedingt durch bestimmte bleibende Besonderheiten, zum Beispiel der landwirtschaftlichen Produktion, auch in der Zukunft besondere Ausdrucksformen und Differenzierungen der sozialistischen Lebensweise auf dem Lande notwendig, erhalten und reproduziert werden.

Die allmähliche Reduzierung und schließliche Überwindung vorhandener Unterschiede in der sozialistischen Lebensweise ist eine wesentliche Bedingung und ein bedeutsamer Bestandteil der Annäherung der Klassen und Schichten und damit auch des weiteren Ausbaus der Grundlagen und der Durchsetzung der einheitlichen Grundmerkmale der sozialistischen Lebensweise.

7. Die Entwicklung und weitere Ausprägung der sozialistischen Lebensweise, die Schaffung der dafür erforderlichen materiellen und ideologischen Bedingungen vollzieht sich als planmäßiger Prozeß. In dem vom IX. Parteitag der SED beschlossenen Programm sowie in der Direktive zum Fünfjahrplan 1976 bis 1980 sind die grundlegenden sozialen Ziele sowie die notwendigen Bedingungen und Schritte zu ihrer Realisierung fixiert.

Die volkswirtschaftliche, territoriale und betriebliche Planung wurde und wird in zunehmendem Maße entsprechend den Erfordernissen der Ausprägung der sozialistischen Lebensweise vervollkommnet. Dabei gewinnen vor allem Fragen der Bestimmung der sozialen Ziele der Planung, der Erhöhung der sozialen Wirksamkeit der ökonomischen und wissenschaftlich-technischen Entwicklung an Gewicht.

In der Periode der Gestaltung der entwickelten sozialistischen Gesellschaft ist die Planung durch eine immer bessere Beherrschung der sich vollziehenden sozialen Prozesse, durch ständige Verbesserung ihrer materiellen Grundlagen gekennzeichnet. Die Planung im Sozialismus schließt die Gestaltung sozialer Prozesse ein, da Entwicklung der Produktion und der Produktionsverhältnisse nicht voneinander trennbar sind. Das bedeutet jedoch nicht automatisch die optimalste Lösung für soziale Veränderungen, die bestmögliche Gestaltung der Bedingungen für die soziale Entwicklung, bedeutet keineswegs automatisch eine für den Sozialismus erforderliche harmonische Entwicklung aller Seiten der sozialistischen Lebensweise.

Das erfordert, noch wirksamer

- die zu erreichenden sozialen Veränderungen als Ausgangspunkt und Zielsetzung der Planung zu erfassen;
- durch Verstärkung der analytischen Arbeit die wissenschaftlichen Grundlagen für die Planung weiter zu vervollkommnen. Seitens der Wissenschaften müssen dafür durch „Gemeinschaftsarbeit effektive Lösungen zur planmäßigen Verbindung der politischen, wirtschaftlichen und sozialen Entwicklung"[13] ausgearbeitet werden.

II.

8. Die weitere Entwicklung des sozialistischen Charakters der Arbeit, besonders ihres Inhalts, und Ausprägung der sozialistischen Lebensweise bilden bei der weiteren Gestaltung der entwickelten sozialistischen Gesellschaft eine Einheit. Die im Programm der Sozialistischen Einheitspartei Deutschlands gestellte Aufgabe, den sozialistischen Charakter der Arbeit allseitig auszuprägen, geht von der Tatsache aus, „daß die Arbeit die wichtigste Sphäre des gesellschaftlichen Lebens ist".[14]

Sie ist darauf gerichtet, immer wirkungsvoller die von Karl Marx erhobene Forderung zu realisieren, daß sich rationelles Arbeiten und effektives Wirtschaften als eine entscheidende Voraussetzung für den gesellschaftlichen Fortschritt unter den der „menschlichen Natur würdigsten und adäquatesten Bedingungen vollziehen"[15] müssen. Zwischen der Vervollkommnung der grundlegenden Merkmale des sozialistischen Charakters der Arbeit und der Ausprägung der sozialistischen Lebensweise bestehen enge Wechselbeziehungen vor allem in folgender Hinsicht:

– Die Arbeit vollzieht sich auf der Grundlage des gesellschaftlichen Eigentums an den Produktionsmitteln frei von Ausbeutung. Die Eigentums- und Machtverhältnisse sichern, daß die Arbeit der Menschen direkt auf den gesellschaftlichen Fortschritt gerichtet ist. Die Arbeit entwickelt sich mehr und mehr zum Grundbedürfnis.

– Die Arbeit dient der immer besseren Befriedigung der materiellen und kulturellen Bedürfnisse aller Mitglieder der Gesellschaft. Produktivität und Effektivität der Arbeit bestimmen die Möglichkeiten der stetigen Steigerung des materiellen und kulturellen Lebensniveaus des Volkes. Der einzelne sichert im Arbeitsprozeß sein Arbeitseinkommen als wichtigste Einkommensquelle entsprechend dem von ihm geleisteten Anteil.

– Die Bedürfnisse der Menschen beziehen sich nicht nur auf die Resultate der Arbeit, sondern zugleich auf die Art und Weise ihrer Gewinnung. Der Inhalt der Arbeit und die Arbeitsbedingungen repräsentieren für den Werktätigen den sozialistischen Charakter der Arbeit konkret am Arbeitsplatz. Die Möglichkeiten der Selbstverwirklichung der Persönlichkeit im Arbeitsprozeß prägen wesentlich die Einstellung und die Verhaltensweisen der Werktätigen. Die Schaffung solcher Bedingungen in der Arbeit, die Arbeitsfreude und Leistungsbereitschaft wirksam fördern, ist Bestandteil der Bedürfnisbefriedigung und wichtige Bedingung der weiteren Ausprägung der sozialistischen Lebensweise.

– Zur vollständigen Ausprägung des sozialistischen Charakters der Arbeit gehört vor allem, den wissenschaftlich-technischen Fortschritt bewußt und planmäßig zu nutzen, um für immer mehr Werktätige ihrer Bildung und ihren Bedürfnissen nach

[13] Vgl. ebenda, S. 38.

[14] Programm der Sozialistischen Einheitspartei Deutschlands, a. a. O., S. 24.

[15] K. Marx, Das Kapital, Dritter Band, in: Marx/Engels, Werke (im folgenden MEW), Bd. 25, Berlin 1964, S. 828.

schöpferischer Arbeit entsprechende Arbeitsaufgaben und -bedingungen zu schaffen, die gleichermaßen eine hohe Effektivität und die Persönlichkeitsentwicklung gewährleisten.

– Die Minderung wesentlicher Unterschiede zwischen körperlicher und geistiger Arbeit sowie zwischen landwirtschaftlicher und industrieller Arbeit in Abhängigkeit von der Entwicklung der Produktivkräfte und dem damit verbundenen Grad der Vergesellschaftung der Produktion und der Arbeit hängt unmittelbar zusammen mit einer schrittweisen Annäherung der Arbeits- und Lebensbedingungen aller Werktätigen.

Die vor allem mit dem wissenschaftlich-technischen Fortschritt verbundenen Veränderungen des Charakters der Arbeit, besonders ihres Inhalts, bestimmen wesentlich Tempo und Richtung der Entwicklung der sozialistischen Lebensweise.

Die Entwicklung der Werktätigen zu sozialistischen Persönlichkeiten und die Vervollkommnung ihrer gesellschaftlichen Beziehungen werden zugleich zur entscheidenden Voraussetzung der Meisterung des wissenschaftlich-technischen Fortschritts. Die Nutzung des wissenschaftlich-technischen Fortschritts im Interesse der Arbeiterklasse erfordert heute die umfassende Anwendung wissenschaftlicher Erkenntnisse und Methoden durch die Arbeiter selbst.

Wesentliche Grundlagen dafür sind die vom sozialistischen Staat geschaffenen Voraussetzungen, „daß das politisch-ideologische Entwicklungsniveau der Arbeiterklasse, die politische und berufliche Qualifikation der Werktätigen systematisch erhöht werden. Das trägt dazu bei, die wesentlichen Unterschiede zwischen körperlicher und geistiger Arbeit schrittweise zu überwinden. Der Anteil der Werktätigen mit Facharbeiterausbildung wird wachsen, immer mehr Arbeiter werden Fach- und Hochschulbildung erwerben."[16]

Die Aufdeckung der weit in die Zukunft reichenden Konsequenzen, die sich aus sozialökonomischen Veränderungen auf dem Gebiet der Arbeit für die sozialistische Lebensweise ergeben, ist ein notwendiger Beitrag zur immer engeren Verbindung von Wirtschafts- und Sozialpolitik bei der weiteren Gestaltung der entwickelten sozialistischen Gesellschaft.

9. Der wissenschaftlich-technische Fortschritt wirkt vor allem über Veränderungen des Arbeitsinhalts auf den Charakter der Arbeit. Die planmäßige Gestaltung progressiver Arbeitsinhalte ist deshalb ein wichtiger sozialer und ökonomischer Aspekt der weiteren Ausprägung der sozialistischen Lebensweise.

Für den einzelnen Werktätigen ergibt sich der Arbeitsinhalt vor allem aus der Gesamtheit der Arbeitsfunktionen, ihrer Struktur und Wechselbeziehungen, die er im gegebenen Arbeitsprozeß zu realisieren hat.

Insgesamt kommt im Arbeitsinhalt vor allem zum Ausdruck, ob die Arbeit schöpferische Tätigkeit zuläßt, ob sie interessant, abwechslungsreich, belastungsarm oder ob sie einseitig, einförmig und mit geringen Qualifikationsanforderungen verbunden ist. Der wachsende Einfluß dieser Gegebenheiten auf die Persönlichkeitsentwicklung der Werktätigen, ihre Denk- und Verhaltensweisen läßt den Arbeitsinhalt zu einem bedeutenden Faktor für die Entwicklung der sozialistischen Lebensweise werden. Die weitere Ausprägung der sozialistischen Lebensweise erfordert, so auf den Arbeitsinhalt des Werktätigen Einfluß zu nehmen, daß er im Arbeitsprozeß die Möglichkeit hat, „seine sämtlichen Fähigkeiten, körperliche wie geistige, nach allen Richtungen hin auszubilden und zu betätigen".[17]

16 Programm der Sozialistischen Einheitspartei Deutschlands, a. a. O., S. 38.

17 F. Engels, Herrn Eugen Dührings Umwälzung der Wissenschaft („Anti-Dühring"), in: MEW, Bd. 20, Berlin 1962, S. 274.

Die progressive Veränderung des Arbeitsinhalts ist im wesentlichen durch zwei eng miteinander verflochtene Prozesse gekennzeichnet:

- die Erleichterung der Arbeit, das heißt die Minderung und Beseitigung von Belastungen und Gefährdungen des Menschen und
- die Anreicherung der Arbeit mit Tätigkeiten, die höhere, vielseitige Anforderungen an die Qualifikation, an die Reife der Persönlichkeit des Werktätigen stellen und geistig-schöpferische Elemente beinhalten.

Mit der Erleichterung der Arbeit und ihrer Anreicherung mit schöpferischen Tätigkeiten werden zugleich Produktivitätsreserven erschlossen, die für das langfristige stabile Wachstum der Produktion als materielle Grundlage der sozialistischen Lebensweise von zunehmender Bedeutung sind. Im Wirksamwerden der schöpferischen Fähigkeiten und der Kenntnisse der Werktätigen liegt die eigentliche Quelle der Effektivitätssteigerung. Die enge Verbindung von Effektivitäts- und Persönlichkeitsentwicklung im Arbeitsprozeß wird vor allem durch die Anwendung der wissenschaftlichen Arbeitsorganisation gewährleistet. Für sie ist kennzeichnend, daß ihre Ergebnisse „dazu beitragen, die Produktion kontinuierlich zu gestalten, die Arbeitszeit effektiv zu nutzen und Schritt für Schritt solche Arbeitsbedingungen zu schaffen, die der sich entwickelnden sozialistischen Persönlichkeit entsprechen."[18] Die Lösung dieser Aufgabe ist nur möglich bei breitester Einbeziehung der Werktätigen.

Die Gestaltung progressiver Arbeitsinhalte in Abhängigkeit von den gegebenen bzw. zu erwartenden Produktionsaufgaben ist eine ständige Aufgabe. Jede Veränderung auf technischem, technologischem und arbeitsorganisatorischem Gebiet hat Einfluß auf den Inhalt der Arbeit von Werktätigen, die Struktur und den Umfang ihrer Arbeitsfunktionen. Das betrifft so entscheidende Charakteristika der Arbeit wie das Verhältnis von körperlichen und geistigen Tätigkeiten, die Kompliziertheit und Vielseitigkeit der Arbeit, das Entscheidungsfeld und die Möglichkeiten zu schöpferischer Arbeit.

Daraus ergeben sich Konsequenzen für die vom Werktätigen wahrzunehmende Verantwortung, die Anforderungen an sein Wissen und Können sowie an seine Verhaltensweisen.

Das differenzierte technische Niveau der Volkswirtschaft, der gegenwärtige Stand des wissenschaftlich-technischen Fortschritts sowie die gegebenen ökonomischen Möglichkeiten lassen noch nicht zu, bei allen Tätigkeiten einseitige physische und psychische Beanspruchungen der Werktätigen völlig auszuschließen. Aus den gleichen Gründen ist es in absehbarer Zeit objektiv noch nicht möglich, alle Arbeitsfunktionen mit geringen geistig-schöpferischen Anforderungen auf die Technik zu übertragen. Über eine längere Zeit wird noch ein Nebeneinanderbestehen von Arbeitsprozessen mit differenziertem Niveau charakteristisch sein. Daraus resultiert die Notwendigkeit differenzierter Vorgehensweisen bei der Gestaltung progressiver Arbeitsinhalte.

– Der Anteil einfacher, unqualifizierter Tätigkeit ist zu verringern. Das betrifft vorrangig solche Arbeitsprozesse wie Montage, Transport und Lagerwirtschaft. Gegenwärtig verrichtet noch fast jeder dritte Produktionsarbeiter in der Industrie vorwiegend Handarbeit. Untersuchungen in der metallverarbeitenden Industrie zeigen, daß mit zunehmender Mechanisierung und Automatisierung teilweise relativ einfache, einseitige und damit inhaltsarme körperliche Bedientätigkeiten an Maschinen und Anlagen zunehmen.

– Eine grundlegende Aufgabe besteht in der weiteren Verringerung der körperlich

[18] Direktive des IX. Parteitages der SED zum Fünfjahrplan für die Entwicklung der Volkswirtschaft der DDR in den Jahren 1976 bis 1980, Berlin 1976, S. 44.

schweren Arbeit. Wie Analysen zeigen, führten die Nutzung des wissenschaftlich-technischen Fortschritts und die verstärkte Anwendung der wissenschaftlichen Arbeitsorganisation zu einer Verringerung der schweren körperlichen Arbeit im Maßstab der Volkswirtschaft. Dieser Prozeß verläuft jedoch sehr differenziert. In einigen Industriezweigen hat sich die Anzahl der Produktionsarbeiter mit schwerer körperlicher Arbeit in den letzten Jahren erhöht.

– Bei Tätigkeiten der Prozeßregulation (Apparateprozesse, Steuer- und Überwachungstätigkeiten) kommt es vor allem darauf an, die Zuverlässigkeit zu erhöhen, indem eine rechtzeitige Informationsaufnahme gewährleistet und dadurch die Informationsverarbeitung erleichtert wird.

– Bei Montage- und Bedientätigkeiten besteht der Schwerpunkt vor allem in der Schaffung von Möglichkeiten zur rationellen Organisation der Arbeitstätigkeit durch die Werktätigen selbst.

Bekanntermaßen gibt es noch viele Probleme vor allem in Montageprozessen, in Betrieben der verarbeitenden und Leichtindustrie, die nicht kurzfristig grundsätzlich gelöst werden können. Um so notwendiger wird es, Mittel und Wege zu finden, die Vorzüge des Sozialismus auch für Werktätige in solchen Arbeitsprozessen wirksam zu machen.

Die Werktätigen verstehen sehr gut, daß nicht überall und gleichzeitig eine ideale Gestaltung ihrer Arbeitsbedingungen möglich ist. Umsomehr erwarten sie jedoch mit Recht, daß die anstehenden Probleme mit ihrer Hilfe aufgegriffen und im Rahmen des jeweils Möglichen gelöst werden.

Sozialistische, das heißt effektive und zugleich persönlichkeitsfördernde Lösungen erfordern, technische, technologische und arbeitswissenschaftliche Erkenntnisse komplex und planmäßig bereits im Stadium der Forschung und Entwicklung sowie der Produktionsvorbereitung zusammenzuführen. Rationell organisierte, sichere und effektive Arbeit ist mit der Gestaltung solcher Arbeitsinhalte zu verbinden, die besonders die Entfaltung der schöpferischen Fähigkeiten der Werktätigen fördern und ihnen konkrete Möglichkeiten zur Teilnahme an der Planung und Leitung der Produktion sichern.

10. Der Übergang zur industriemäßigen Produktion in der Landwirtschaft führt zur weiteren Verringerung wesentlicher Unterschiede zwischen Stadt und Land und fördert damit die Herausbildung der sozialistischen Lebensweise auf dem Lande.

Die Entwicklung der sozialen Struktur ist durch eine ständige Annäherung der Arbeiterklasse und der Klasse der Genossenschaftsbauern gekennzeichnet. Mit der weiteren Vergesellschaftung der Produktion, dem Übergang zu industriemäßiger Produktion, prägt sich der sozialistische Charakter der Arbeit weiter aus. Unter Berücksichtigung der Besonderheiten der Arbeit in der Landwirtschaft wird die landwirtschaftliche Arbeit zu einer Abart der industriellen Arbeit.

In den vergangenen Jahren konnte erfolgreich das Qualifikationsniveau der Berufstätigen in der Landwirtschaft erhöht werden. (Von den ständig Berufstätigen in der sozialistischen Landwirtschaft haben 67,1 Prozent eine Facharbeiterprüfung, 6,6 Prozent eine Meisterprüfung, 5,1 Prozent einen Fachschulabschluß, 1,7 Prozent einen Hochschulabschluß.[19]) Die erreichten Ergebnisse genügen noch nicht in vollem Umfang den wachsenden Anforderungen der industriemäßigen Produktion. Das Ziel besteht darin,

[19] Berechnet nach Ergebnissen der Qualifizierungsberichterstattung und des Absolventenzugangs aus dem Direktstudium, DDR-Ergebnisse nach WO, Band I (A), Stand 30. 9. 1976, Ministerrat der DDR, Staatliche Zentralverwaltung für Statistik.

daß bis zum Jahre 1980 90 Prozent der Berufstätigen über eine abgeschlossene Ausbildung verfügen. Ein Schwerpunkt der weiteren beruflichen Qualifizierung ist die Ausbildung von Mechanisatoren der Pflanzen- bzw. Tierproduktion. Ein Teil der Berufstätigen der Pflanzenproduktion wird darüber hinaus Kenntnisse in einem zweiten Beruf erwerben.

Die zielstrebige Bildungspolitik von Partei und Regierung sowie die Förderung der Berufsbildung in der Landwirtschaft, insbesondere die Ausbildung von Spezialisten, haben dazu geführt, daß das früher typische Bildungsgefälle zwischen Stadt und Land im wesentlichen überwunden ist.

Mit dem Übergang zu industriemäßiger Produktion im landwirtschaftlichen Arbeitsprozeß wandeln sich zugleich grundlegend die materiell-technischen und zeitlichen Arbeitsbedingungen der Berufstätigen, die zu wesentlichen Veränderungen in der Lebensweise führen. Das zeigt sich in der weiteren Verringerung des Anteils der einfachen manuellen Arbeit und Zunahme der komplizierten Arbeit, in der Erhöhung der geistig-nervalen Arbeitsbeanspruchung sowie im Übergang zu zusammenhängender Arbeitszeit und einem festen Arbeitszeitregime.

Der Übergang zu industriemäßiger Produktion führt gleichzeitig zur Ausgliederung bestimmter Teile aus dem landwirtschaftlichen Produktionsprozeß, zum Beispiel Reparatur und Instandhaltung in den Kreisbetrieben für Landtechnik, die Herausbildung agrochemischer Zentren, in denen unter industriemäßigen Bedingungen produziert wird.

Differenziert vollziehen sich die Veränderungen in den materiell-technischen und zeitlichen Arbeitsbedingungen in der Pflanzen- und Tierproduktion und innerhalb einzelner Zweige (zum Beispiel Milchproduktion, Mastschweinproduktion, Kartoffelproduktion, Zuckerrübenproduktion). Die Entwicklung der materiellen und zeitlichen Arbeitsbedingungen wird in entscheidendem Maße durch jene Produktionsmittel bestimmt, die durch die Arbeiterklasse den Berufstätigen in der Landwirtschaft zur Verfügung gestellt werden.

Für die Berufstätigen in der Pflanzenproduktion werden die materiell-technischen Arbeitsbedingungen in starkem Maße durch mobile Maschinen bestimmt. Die gegenwärtige Generation von Landmaschinen weist wesentliche Verbesserungen im Vergleich zu früheren Landmaschinen auf (zum Beispiel hinsichtlich Lärm, Anordnung der Bedienelemente, Vibration, Staubbelästigung). Im Interesse der weiteren Verbesserung der Arbeitsbedingungen bleiben jedoch entsprechende Anforderungen bestehen, die bei der Konstruktion zu berücksichtigen sind.

Ein bestimmter Anteil der Arbeit in der Pflanzenproduktion ist noch einfache manuelle Arbeit mit einfachen Geräten (zum Beispiel Rübenpflege mit Handhacke) bzw. einfache manuelle Arbeit an Maschinen (zum Beispiel Auslesen von Kartoffeln am Fließband). Diese Arbeiten, die gesellschaftlich notwendig sind und die zur Zeit überwiegend Frauen in den höheren Altersgruppen verrichten, werden in den nächsten Jahren weiter reduziert.

Für die Pflanzenproduktion wird die Saisonabhängigkeit des Arbeitsanfalles nicht beseitigt werden können. Daraus resultiert die Notwendigkeit, während bestimmter Zeitspannen (Kampagnen) im Mehrschichtsystem zu arbeiten und bestimmte Arbeitszeitverlagerungen vorzunehmen. Damit entstehen hohe Anforderungen an die Arbeitsbereitschaft der Berufstätigen und an die Ausstattung des Sozial- und Dienstleistungsbereiches auf betrieblicher und territorialer Ebene. Das erfordert zugleich, daß ein Teil der Berufstätigen durch zusätzliche Kenntnisse in einem zweiten Beruf dazu befähigt wird, in anderen Bereichen, zum Beispiel Landwirtschaftsbau, Kreisbetrieben für Landtechnik, arbeiten zu können.

Die Unterschiede im Entwicklungsstand der materiell-technischen und zeitlichen Arbeitsbedingungen resultieren vor allem aus dem differenzierten Entwicklungsstand der materiellen Produktivkräfte, dem unterschiedlichen Stand der Konzentration und Spezialisierung der Produktion. (So wird zum Beispiel die Milchproduktion in Stalleinheiten in einer Größenordnung von 20 Kühen bis zu industriemäßigen Anlagen mit einer Konzentration von 2 000 Kühen durchgeführt. Insgesamt sind gegenwärtig ca. 3,6 Prozent der Milchviehbestände, 17,8 Prozent der Sauenbestände und 33,8 Prozent der Legehennen in industriemäßigen Anlagen konzentriert.) Der größte Teil tierischer Erzeugnisse wird für lange Zeit noch in herkömmlichen Anlagen produziert werden müssen. Daher ist die Rekonstruktion und Rationalisierung der geeigneten Stallanlagen erforderlich, um die Kapazität zu erweitern und zielstrebig die Arbeitsbedingungen zu verbessern.

Durch die Einbeziehung von Elementen der Organisation der Arbeit, wie sie für die industriemäßige Tierproduktion charakteristisch sind, in den Arbeitsprozeß herkömmlicher und rationalisierter Anlagen sind die Arbeitsbedingungen planmäßig zu entwickeln.

11. Die sozialistische Lebensweise beinhaltet ein ausgewogenes, den gesellschaftlichen Erfordernissen und Möglichkeiten entsprechendes Verhältnis von Arbeitszeit und Freizeit.

Unter sozialistischen Produktionsverhältnissen ist der für die Werktätigen im Kapitalismus bestehende Widerspruch zwischen Arbeitszeit und Freizeit aufgehoben. Im Sozialismus bildet sich allmählich ein einheitlicher Lebensprozeß heraus, der sowohl die Tätigkeit in der Produktion, die gesellschaftliche Aktivität im Betrieb und Wohngebiet, die kulturelle Betätigung einschließlich Bildung, das Leben in der Familie, den Sport und die Erholung umfaßt.[20] Arbeitszeit und Freizeit wirken beide und wechselseitig auf die Persönlichkeitsentwicklung ein.

Durch den sozialistischen Staat werden in Abhängigkeit vom Entwicklungsstand der Produktivkräfte und der Steigerung der Arbeitsproduktivität Maßnahmen zur Verlängerung der Freizeit durchgeführt. Die Erweiterung der Freizeit und ihre sinnvolle Nutzung wirken selbst auf die Entwicklung der Produktivkräfte zurück. Die Entfaltung des Leistungsvermögens der Arbeitskraft hängt mit davon ab, wie die arbeitsfreie Zeit zur Bildung und Qualifikation, zu demokratischer und schöpferischer Aktivität, zur Entwicklung sozialistischer Familienbeziehungen genutzt wird.

In den gemeinsamen Beschlüssen zur Durchsetzung des sozialistischen Programms bei der Gestaltung des Verhältnisses von täglicher Arbeitszeit, Wochenarbeitstagen und Urlaubsdauer werden arbeitswissenschaftliche und medizinische Erkenntnisse durch die differenzierten Formen einer Arbeitszeitverkürzung berücksichtigt. Dabei dominieren die Gewährung bestimmter Formen der Reduzierung des Arbeitstages sowie der Verlängerung des Urlaubs entsprechend den gegebenen volkswirtschaftlichen Möglichkeiten nach einer Rangfolge, die spezifische Arbeitsanforderungen, demographische und spezielle Reproduktionserfordernisse ausgewählter Gruppen von Werktätigen einschließt.

Die Bestimmung des Verhältnisses von Arbeitszeit und arbeitsfreier Zeit wird auch künftig von Aspekten der vorhandenen sozialen Differenzierung der Werktätigen ausgehen. Entsprechende Veränderungen im Zeitbudget der Bevölkerung werden sich schwerpunktmäßig auch weiterhin auf solche Gruppen orientieren wie:

[20] Vgl. S. Bittighöfer, Sozialistische Lebensweise – Errungenschaft und Aufgabe, in: Einheit, 1/1977, S. 28.

- Beschäftigte mit schweren körperlichen und geistig-nervalen Belastungen, Gesundheitsgefährdungen, mit hohen zeitlichen (Mehrschicht-) oder ähnlichen Tätigkeitsbeanspruchungen;
- werktätige Frauen, insbesondere solche mit betreuungspflichtigen Kindern in ihrem Haushalt;
- ältere sowie gesundheitlich geschädigte Berufstätige.

Bisherige gemeinsame Beschlüsse von Partei, Gewerkschaft und Regierung trugen den hauptsächlichsten Bedürfnissen dieser Gruppen bereits Rechnung.

Große Fortschritte wurden im Zusammenhang mit der Weiterentwicklung der Produktivkräfte und Produktionsverhältnisse in der Landwirtschaft der DDR bei der Beseitigung der Disproportionen zwischen Arbeitszeit und arbeitsfreier Zeit, wie sie früher für die Einzelbauern und Landarbeiter bestanden, erreicht.

Von diesen Disproportionen waren besonders die Frauen betroffen. Mit der Weiterentwicklung der genossenschaftlichen Produktion reduzierte sich die Arbeitszeit von 11,6 Stunden je Tag (1954/55) auf 8,5 Stunden je Tag (1963/64) und beträgt gegenwärtig etwa 6,7 Stunden je Tag, bezogen auf 7 Tage in der Woche und auf ganzjährig arbeitende Mitglieder. Der Freizeitfonds stieg auf etwa 3 Stunden je Tag an, die überwiegend als zusammenhängende Zeit realisiert werden.

Ebenso realisieren die Genossenschaftsbäuerinnen und Genossenschaftsbauern einen überwiegend zusammenhängenden Jahresurlaub.

III.

12. Die ständige Erhöhung des materiellen und kulturellen Lebensniveaus ist Bestandteil der sozialistischen Lebensweise und gehört zum Wesen des Sozialismus.

Von dieser Zielsetzung wird die Wirtschafts- und Sozialpolitik in der DDR bestimmt. Die ökonomische und soziale Politik schließt die Festigung des bereits erreichten hohen Niveaus sozialer Sicherheit ein. Die sozialen Verhältnisse werden so weiterentwickelt, daß die Bevölkerung nicht nur über ein wachsendes Einkommen verfügt und dadurch ihre materiellen Bedürfnisse besser befriedigen kann, sondern auch ein zunehmend höheres Bildungsniveau erreicht, die berufliche Qualifikation erhöht und sich noch aktiver am geistig-kulturellen und gesellschaftlichen Leben beteiligt. Das Hauptergebnis dieser Politik seit dem VIII. Parteitag der SED besteht darin, die gesellschaftliche Entwicklung konsequent in den Dienst der besseren Befriedigung der materiellen und kulturellen Bedürfnisse des Volkes zu stellen. Die mit der Hauptaufgabe charakterisierte Einheit zwischen der Erhöhung des materiellen und kulturellen Lebensniveaus und eines hohen Entwicklungstempos der sozialistischen Produktion ist damit nicht nur ein für die weitere theoretische Arbeit wichtiger Ausgangspunkt, sondern auch ein aus der gesellschaftlichen Praxis nachweisbarer Erfahrungswert.

Die weitere Annäherung der Klassen und Schichten der Bevölkerung, die Verringerung der wesentlichen Unterschiede zwischen körperlicher und geistiger Arbeit, die Annäherung der Lebensbedingungen zwischen Stadt und Land sowie die konsequente Anwendung des Prinzips der Verteilung nach der Arbeitsleistung als Grundprinzip der Verteilung im Sozialismus und seine Verbindung mit der Verringerung sozialer Unterschiede sind gesellschaftliche und zugleich ökonomische Faktoren der sozialistischen Lebensweise, die unmittelbar mit der Entwicklung des Lebensniveaus verbunden sind. Zugleich sind es Bedingungen für die volle Entfaltung der Persönlichkeit und damit für die Entwicklung der Hauptproduktivkraft der Gesellschaft, die unmittelbar auf die weitere Gestaltung der sozialistischen Lebensweise Einfluß nimmt.

Die weitere Ausgestaltung der sozialistischen Lebensweise ist von der Planung der Entwicklung der Volkswirtschaft und der anderen Bereiche des gesellschaftlichen Lebens nicht zu trennen. Dementsprechend muß die Planung auf allen Gebieten und auf allen Leitungsebenen zunehmend die sich aus der Entwicklung des Lebensniveaus als Bestandteil der Lebensweise ableitenden Aufgaben zur quantitativen und qualitativen Erhöhung der Produktion, zum zweckmäßigsten Einsatz der Arbeitskräfte und anderen Ressourcen ermitteln. Planmäßig zu bestimmen ist, in welchem Tempo die beschlossenen grundlegenden Ziele realisiert werden können, damit sie mit den volkswirtschaftlichen Möglichkeiten der jeweiligen Planperiode übereinstimmen. Alle Erfahrungen bestätigen, daß die Erhöhung des Lebensniveaus der Bevölkerung nur in dem Maße möglich ist, wie eine entsprechende Leistungsentwicklung der Volkswirtschaft gesichert werden kann. Die Vervollkommnung der Anwendung des Leistungsprinzips, der weitere Ausbau des Systems der sozialen Sicherheit und das auf dieser Grundlage steigende Lebensniveau werden zugleich immer mehr selbst zum Wachstumsfaktor der Volkswirtschaft.

13. Die Hebung des Lebensniveaus ist für die sozialistische Gesellschaft eine ständige Aufgabe. Sie kann nicht als gelöst betrachtet werden, wenn ein bestimmtes Niveau der Befriedigung der materiellen und geistig-kulturellen Bedürfnisse oder ein entsprechender normativer Richtwert erreicht wurde. Ein „Nullwachstum" der Konsumtion widerspricht dem Charakter des Sozialismus und der gesetzmäßigen Entwicklung der Bedürfnisse. Die stetige Hebung des Lebensniveaus und die konsequente Durchsetzung des Leistungsprinzips bilden eine untrennbare Einheit, von deren Gewährleistung die stimulierende Wirkung des Leistungsprinzips abhängt. Der XXV. Parteitag der KPdSU und der IX. Parteitag der SED bekräftigen, daß bei aller Bedeutung der Einkommensentwicklung – insbesondere der leistungsgerechten Arbeitseinkommen – für die Erhöhung des Lebensniveaus die vollständige Deckung des Bedarfs nach den verschiedensten Waren und Dienstleistungen eine erstrangige politische und ökonomische Aufgabe bleibt, um eine reale Steigerung des materiellen und kulturellen Lebensniveaus zu erreichen. In der Gewährleistung der Befriedigung der sich weiter differenzierenden Ansprüche und Interessen liegt die Spezifik der Anforderungen an die proportionale Entwicklung der Geldeinnahmen und des Warenfonds der kommenden Jahre, ebenso natürlich der wachsenden Anforderungen an die Entwicklung der dienstleistenden Bereiche der Gesellschaft. Es bleibt deshalb weiter zu untersuchen, welche Wechselwirkungen zwischen den Faktoren der Einkommensentwicklung und denen der Realisierungsbedingungen, bezogen auf die Stimulierung der Leistungen, bestehen und wie sie sich mit zunehmendem materiellen und geistig-kulturellem Lebensniveau entwickeln.

Die ideologische Wirkung der Gewährleistung eines ständig ansteigenden Lebensniveaus in den sozialistischen Ländern gewinnt darüber hinaus in der ökonomischen Auseinandersetzung der beiden Gesellschaftssysteme an Bedeutung. Das Lebensniveau und seine Entwicklung wird immer mehr zu einer der wichtigsten Sphären des wirtschaftlichen Wettbewerbs der beiden Gesellschaftssysteme.

14. Das Realeinkommen repräsentiert als synthetische Kennziffer in bedeutendem Maße die Entwicklung des Lebensniveaus des Volkes. Es steht in engem Zusammenhang mit der wachsenden Leistungsfähigkeit der Volkswirtschaft. Das Realeinkommen pro Kopf der Bevölkerung ist von 1970 bis 1975 von ca. 5800 Mark auf ca. 7600 Mark gewachsen und soll sich bis 1980 auf etwa 9200 bis 9400 Mark erhöhen. Durch die Einheit von Wirtschafts- und Sozialpolitik ist die Fortsetzung dieser Entwicklung auch über 1980 hinaus gesichert.

Damit entwickelt sich das Lebensniveau in der DDR ständig auf qualitativ höherer Stufe.

Hauptquelle des Realeinkommens sind und bleiben in der entwickelten sozialistischen Gesellschaft die Arbeitseinkommen. Der konsequenten Verwirklichung des Leistungsprinzips, des Grundprinzips der Verteilung in der sozialistischen Gesellschaft, kommt deshalb wachsende Bedeutung zu. Die weitere Vervollkommnung seiner Anwendung entspricht den Erfordernissen der Förderung der Initiative der Werktätigen, der weiteren Erhöhung der Arbeitsproduktivität durch die beschleunigte Anwendung der Erkenntnisse des wissenschaftlich-technischen Fortschritts bei der sozialistischen Intensivierung der Produktion, und sie dient zugleich der weiteren persönlichen Qualifizierung. Das Prinzip der Verteilung nach der Arbeitsleistung ist nicht nur eine Form der Verteilung, sondern ein Grundprinzip des ökonomischen und sozialen Lebens im Sozialismus, das weitreichende soziale und ideologische Auswirkungen hat.

Im Einklang mit den steigenden Arbeitsleistungen wachsen auf der Grundlage der leistungsorientierten Lohnpolitik die Arbeitseinkommen. Eine der Aufgaben der Lohnpolitik ist es, in allen Bereichen der Volkswirtschaft eine zunehmende Übereinstimmung zwischen gesellschaftlichen und individuellen Interessen zu gewährleisten. Damit entwickeln sich zugleich die qualitativen Beziehungen zwischen der Entwicklung der Arbeitsleistung, dem persönlichen Lebensniveau und der weiteren Ausgestaltung der sozialistischen Lebensweise.

Eine wesentliche Rolle bei der Erhöhung der leistungsbezogenen Arbeitseinkommen spielt das wachsende Qualifikationsniveau der Werktätigen. Es gewinnt langfristig für die Entwicklung der Arbeitseinkommen an Bedeutung und trägt auch in bestimmtem Maße zur Minderung sozialer Unterschiede bei.

Im Zusammenhang damit vollzieht sich ein spezifischer Prozeß der allmählichen Annäherung des Durchschnittslohnniveaus der weiblichen Berufstätigen an das der männlichen Werktätigen. Die gegenwärtigen Unterschiede sind vor allem verursacht durch das unterschiedliche Qualifikationsniveau, die noch weitgehend geschlechtsspezifisch geprägte Berufsstruktur in Verbindung mit der Bereichs- und Zweigstruktur der Beschäftigten sowie durch die Unterschiede in der Kontinuität der Ausnutzung der erworbenen Qualifikation. Diese Unterschiede werden noch verstärkt durch die Dauer der Arbeitszeit, weil vor allem Frauen Teilzeitbeschäftigung in Anspruch nehmen. Das relative Lohnniveau der Frauen wird unter Beachtung der Bedeutung der Arbeit für die Persönlichkeit des Menschen auch als ein Kriterium des Grades der Verwirklichung der sozialen Gleichstellung der Frauen im Sozialismus angesehen. Das unterstreicht den besonderen Platz, den die weiterhin kontinuierlich zu verbessernden Bedingungen für die Berufstätigkeit und Qualifizierung der Frauen, insbesondere der Mütter mit mehreren Kindern, in der Sozialpolitik der Partei einnehmen.

Zunehmende Bedeutung für die Erhöhung des Realeinkommens erhalten in der entwickelten sozialistischen Gesellschaft die gesellschaftlichen Fonds aus Mitteln des Staates, der Betriebe und Organisationen. Ihre bisherige und vorgesehene Entwicklung entspricht der im Programm der SED getroffenen Feststellung, daß sie schneller wachsen als die Lohn- und Prämienfonds und daß sie vor allem für Maßnahmen zur Entwicklung des Gesundheits- und Sozialwesens, der Volksbildung, der Kultur und des Sports verwendet werden. Sie tragen zur Gewährleistung gleicher Entwicklungsmöglichkeiten für alle Bürger bei, und sie fördern die Herausbildung solcher gesellschaftlicher Beziehungen, die im Interesse der sozialistischen Lebensweise liegen. Zugleich erhöhen die gesellschaftlichen Fonds die direkten, vor allem aber die indirekten Einkommen der Bevölkerung.

Im Jahre 1980 werden die unmittelbaren Geldeinkommen pro Kopf der Bevölkerung über 610 Mark/Monat betragen. Damit setzt sich die Erhöhung der Pro-Kopf-Nettogeldeinnahmen seit 1970 um jeweils über 100 Mark je Fünfjahrplanzeitraum fort. Bei stabilen Verbraucherpreisen und Tarifen sind das erhebliche reale Erhöhungen des Lebensniveaus.

15. Im Zeitraum von 1970 bis 1980 werden im Rahmen der sozialpolitischen Maßnahmen des VIII. und IX. Parteitages bedeutende Mittel eingesetzt. Sie bestimmten etwa 25 Prozent der gesamten Erhöhung der Nettogeldeinnahmen der Bevölkerung von 1970 bis 1975. Die sozialpolitischen Maßnahmen haben das Ziel, die Leistungsentwicklung zu stimulieren, hohe Leistungen für die Gesellschaft besonders anzuerkennen, die Einkommen für ausgewählte Berufe und Beschäftigtengruppen zu erhöhen und das System der sozialen Sicherheit weiter zu vervollkommnen. Dadurch wurden und werden nicht der Leistung entsprechende Lohndifferenzierungen eingeschränkt und bei konsequenterer Anwendung des Leistungsprinzips zugleich die Unterschiede zwischen den niederen und höheren Einkommen weiter verringert. In den letzten Jahren hat sich vor allem das Verhältnis zwischen dem Mindestlohn und dem durchschnittlichen Lohn angenähert.

Ein Charakteristikum der Sozialpolitik der Partei ist die umfassende Fürsorge für die Veteranen der Arbeit. Ihr Ziel ist sowohl die weitere Ausprägung der sozialen Sicherheit und Geborgenheit als auch die Sicherung ihrer aktiven Teilnahme am gesellschaftlichen Leben.

Einen wichtigen Platz nehmen darin die in den Jahren 1972 und 1973 sowie Ende des Jahres 1976 vorgenommenen umfangreichen Rentenerhöhungen ein, in deren Genuß mehr als 3,4 Millionen Rentner kamen. Besondere Aufmerksamkeit galt der Erhöhung der Mindestrenten. Mit der Einführung der freiwilligen Zusatzrentenversicherung (FZR) ist eine bedeutende Entscheidung über die zukünftige Rentengestaltung getroffen worden. Gegenwärtig beteiligen sich daran mehr als 2,6 Millionen Werktätige. Mit der weiteren Erhöhung des Anteiles der Gesellschaft an der Rentenfinanzierung ist eine erhöhte Wirksamkeit der FZR bei der zukünftigen Rentenhöhe zu erwarten. Es prägen sich damit zugleich auch Verhaltensweisen aus, die einen direkten Bestandteil der sozialistischen Lebensweise bilden.

Zu den Mitteln des Staates für die soziale Sicherstellung der Bevölkerung und zu den Zielen der Sozialpolitik zählen auch die weitere Verbesserung der Versorgung der Werktätigen im Krankheitsfalle und die Förderung der Familien mit mehreren Kindern.

16. Die Wirtschafts- und Sozialpolitik verbindet die Verwirklichung des Leistungsprinzips mit der Minderung sozialer Unterschiede. Dieser historische Prozeß, der alle Bereiche des gesellschaftlichen Lebens einschließt, ist gegenwärtig noch unzureichend untersucht und nachgewiesen. Trotz dieser notwendigen Einschränkungen läßt sich feststellen, daß zumindest die relativen Differenzierungen im Lebensniveau der Bevölkerung eine abnehmende Tendenz haben:

a) Im Jahre 1970 hatten noch 60 Prozent der Bevölkerung ein monatliches Pro-Kopf-Nettoeinkommen unter 400 Mark, 1975 waren es nur noch 40 Prozent, und im Jahre 1980 werden es nur noch 20 Prozent der Bevölkerung sein.

b) In den Haushalten vermindern sich die Unterschiede im quantitativen Ausstattungsniveau.

c) Die Lebens- und Verbrauchsgewohnheiten der Stadt- und der Landbevölkerung haben sich spürbar angenähert.

Die Differenziertheit des Lebensniveaus zwischen den Klassen und Schichten der

Bevölkerung und innerhalb dieser Bevölkerungsgruppen wird jedoch von einer Vielzahl objektiver und subjektiver Faktoren bestimmt, deren Entwicklungstendenzen gegenwärtig offenbar noch unterschiedlich und zum Teil widersprüchlich verlaufen. Zu den Faktoren der Differenzierung zählen – bezogen auf das Arbeitseinkommen – die Qualifiktation, die Arbeitsbedingungen und Einsatzmöglichkeiten auf Grund der territorialen Standortverteilung der Produktivkräfte, das Verhältnis zwischen Produktions- und Qualifikationsstruktur sowie die Unterschiede in den individuellen Leistungen der Werktätigen und den kollektiven Leistungen der Betriebe, die zu einer sehr differenzierten Höhe der Entwicklung der persönlichen Arbeitseinkommen führen. Weitere Faktoren der Differenzierung im Lebensniveau sind die Struktur der Haushalte und ihre Entwicklungstendenzen, das heißt die Anzahl und das Alter der Familienmitglieder, die mit dem Beschäftigungsgrad der Frauen in engem Zusammenhang stehen und auf die Höhe und Verwendung des Haushalteinkommens maßgeblichen Einfluß nehmen. Damit im Zusammenhang stehen die nach unterschiedlichen allgemeinen gesellschaftlichen Zielen bzw. die nach unmittelbar einkommensbezogenen Aspekten differenzierten Einkommen aus gesellschaftlichen Fonds.

Diese Faktoren wirken noch langfristig und führen nur allmählich zu einer Verringerung der Differenzierung. Dabei ist auch zu beachten, daß teilweise gegenläufige Prozesse wirksam werden, die sich aus der Umverteilung der Einkommen innerhalb der Bevölkerung auf Grund unterschiedlich wirkender Faktoren der Verteilung ergeben. Die sozialistische Gesellschaft kann die sozialen Unterschiede nicht beseitigen. Sie strebt jedoch eine zielgerichtete Verminderung an.

17. Über die Versorgung mit Konsumgütern und Dienstleistungen wird für jeden einzelnen Werktätigen am unmittelbarsten spürbar, wie sich höhere Leistungen für die Gesellschaft und für ihn selbst lohnen. Entsprechend dem Leistungsprinzip wachsende Geldeinkünfte wirken um so stimulierender auf die Leistungsbereitschaft, je günstiger die Bedingungen zur Realisierung dieser Geldeinkünfte sind. Eine diesen Anforderungen Rechnung tragende planmäßige Entwicklung der Konsumgüterproduktion, der Ausbau der Dienstleistungen zu einem leistungsfähigen Bereich der gesellschaftlichen Produktion und die Erweiterung der materiell-technischen Basis des Konsumgüterbinnenhandels sind Voraussetzungen für die Sicherung einer stabilen Versorgung der Bevölkerung als einer erstrangigen politischen Aufgabe. Mit dem stetigen Anwachsen der Bedürfnisse sowie der Voraussetzungen und Möglichkeiten ihrer Befriedigung als einem historischen Prozeß verändern sich zugleich ihre qualitativen und quantitativen Strukturen. Diese Veränderungen sind zugleich Ausdruck des erreichten höheren materiellen und kulturellen Lebensniveaus und der ihm entsprechenden Lebensgewohnheiten. Sie werden nicht nur von den materiellen Lebensbedingungen wesentlich bestimmt, sondern zunehmend von der weiteren Ausprägung der sozialistischen Ideologie, von den Denk- und Verhaltensweisen. Ihre differenzierte Entwicklung in unterschiedlichen Bevölkerungsgruppen, ihre Abhängigkeit von der sozialen Struktur der Bevölkerung, vom Bildungsgrad, von der beruflichen Tätigkeit und anderem bedürfen einer weiteren zielstrebigen Untersuchung, um die Beziehungen zwischen dem wachsenden Lebensniveau und der Ausprägung der sozialistischen Lebensweise genauer bestimmen zu können.

18. Die Entwicklungstendenzen des Verbrauches von Waren und der Inanspruchnahme von bezahlten Dienstleistungen werden wesentlich bestimmt durch

- die mit dem wachsenden Bildungsniveau und der Persönlichkeitsentwicklung steigenden materiellen und geistig-kulturellen Bedürfnisse;
- die mit dem wissenschaftlich-technischen Fortschritt verbundenen Neu- und Weiter-

entwicklungen von Konsumgütern und Dienstleistungen, deren nationales und internationales Angebot die Bedürfnisentwicklung stimuliert;

- die wachsenden Einkommen, die durch die allgemeine – wenn auch differenzierte – Erhöhung der Kaufkraft eine quantitativ und qualitativ wachsende Befriedigung der Bedürfnisse ermöglichen und eine dementsprechende Steigerung des Angebots vor allem von industriellen Konsumgütern sowie Dienstleistungen in bedarfsgerechter Struktur verlangen;
- den bereits erreichten hohen Ausstattungsgrad der Haushalte mit langlebigen Konsumgütern, der wachsende Anforderungen an Neu- und Weiterentwicklungen dieser Erzeugnisse sowie spezifische, sich weiter verändernde Ansprüche an die Wartungs- und Reparaturdienste stellt;
- das Angebot von Konsumgütern und Dienstleistungen durch die Produktion und den Handel in Menge, Qualität, Sortiment, das zeit- und bedarfsgerecht in den entsprechenden Preisgruppen zur Verfügung steht, da letztlich nur das verbraucht werden kann, was angeboten wird;
- die Stabilität der Preise für Grundnahrungsmittel, Mieten und Dienstleistungen, die dazu beiträgt, daß sich der Bedarf der Bevölkerung bei wachsenden Einkommen zunehmend auf industrielle Konsumgüter und ausgewählte Dienstleistungen konzentriert.

Warenkäufe und Inanspruchnahme von Dienstleistungen, wofür die Bevölkerung auch künftig mehr als 90 Prozent ihrer steigenden Nettogeldeinnahmen verwendet, bleiben der Hauptweg zur Befriedigung der Bedürfnisse im Sozialismus.

Um eine im gesellschaftlichen Interesse liegende Verbrauchsentwicklung zu erreichen, ist die direkte und indirekte gesellschaftliche Einflußnahme eine objektive Notwendigkeit. Das ist ein ideologischer und ökonomischer Prozeß, in dem sich beide Seiten ergänzen müssen. Die gesellschaftliche Einflußnahme auf die Herausbildung sozialistischer Lebens- und Verbrauchsgewohnheiten stellt hohe Anforderungen an die Planung sowohl der materiellen als auch der kulturell-sozialen Bereiche.

Einer der Schwerpunkte der Vervollkommnung dieser Planung bleibt die Proportion zwischen der Entwicklung des Kauffonds und des Warenfonds. Ihre weitere Untersetzung durch differenziertere Berechnungen der Kaufkraftentwicklung nach Einkommens- und Bevölkerungsgruppen sowie nach Warengruppen ist ein wichtiges Instrument der Planung und Analyse der Entwicklung der Verbrauchsgewohnheiten. Im überschaubaren Zeitraum wird sich jedoch in der Verbrauchsstruktur im Vergleich zu der bisherigen keine völlig neue Qualität entwickeln. Es werden zwar neue Verbrauchsarten entstehen, neue Formen der Befriedigung der Bedürfnisse, aber sie werden gegenüber den gegenwärtigen Verbrauchsgewohnheiten nicht überwiegen. Die weitere Gestaltung der sozialistischen Lebensweise, insbesondere die weitere Annäherung der Klassen und Schichten und die weitere Annäherung der Lebensbedingungen zwischen Stadt und Land, führt zu einer Annäherung der sich ständig weiter entwickelnden Grund- und Standardbedürfnisse und der Möglichkeiten ihrer Befriedigung. Die planmäßige Entwicklung der sozialistischen Lebensweise bedeutet aber keine Nivellierung der Interessen und Bedürfnisse. Die allseitige Entwicklung der Fähigkeiten und Talente läßt eine weitere Differenzierung vor allem der geistig-kulturellen Bedürfnisse erwarten und stellt höhere Anforderungen an ein nach Gebrauchswert und Sortiment differenzierteres, zeit- und bedarfsgerechtes Angebot.

19. Die Veränderung der Struktur der Nachfrage nach Konsumgütern ist vor allem gekennzeichnet durch einen rückläufigen Anteil der Ausgaben für Nahrungsmittel. Bereits in den letzten beiden Fünfjahrplanzeiträumen zeichneten sich Sättigungsten-

denzen und eine dadurch bei wachsenden Einkommen mögliche Erhöhung des Anteils der sonstigen Industriewaren ab. Deshalb wird für den Fünfjahrplanzeitraum 1976 bis 1980 die Aufgabe gestellt, die Warenbereitstellung von Industriewaren um durchschnittlich 4,5 bis 5 Prozent und von Nahrungs- und Genußmitteln um durchschnittlich 2,5 bis 3 Prozent zu erhöhen.

Innerhalb der Industriewaren zeichnen sich insbesondere die Warengruppen bzw. Erzeugnisse durch eine hohe Dynamik der Bedarfsentwicklung aus, die Bedürfnisse auf den Gebieten Wohnen und Hauswirtschaft sowie Erholung, Bildung und Kultur befriedigen. Es ist zum Beispiel zu erwarten, daß sich

- das Ausstattungsniveau der Haushalte weiter erhöht einschließlich der Zweit- und Mehrfachausstattung bei ausgewählten Konsumgütern und der Deckung des Ersatzbedarfs auf qualitativ höherem Niveau;
- die Nachfrage besonders auf solche Dienstleistungen konzentriert, die mit der Erhöhung der Haushaltsbestände, ihrer Nutzung und mit der Freizeitverwendung im Zusammenhang stehen.

Diese Entwicklungstendenzen sind Ausdruck der angestrebten Erhöhung des Wohnkomforts, der Mobilität sowie der weiteren Rationalisierung hauswirtschaftlicher Tätigkeiten und einer niveauvollen Freizeitgestaltung.

Der in der Erstausstattungsphase geschaffene Ausstattungsgrad der Haushalte mit langlebigen Konsumgütern und sein Gebrauchswertniveau bestimmen neben den finanziellen Voraussetzungen maßgeblich den Zeitpunkt der Ersatzbeschaffung. Die Befriedigung dieses Ersatzbedarfs setzt Kenntnisse über die gebrauchswert- und wertmäßigen Entwicklungstendenzen des Bedarfs sowie des ihm entsprechenden Angebots von Neu- und Weiterentwicklungen unter Berücksichtigung der Einkommensentwicklung der Haushalte voraus.

Rationelle und effektive Bedürfnisbefriedigung bedeutet, unterschiedliche Lösungswege zu finden, die vorhandenen Potenzen zweckmäßig einzusetzen und jegliche Verschwendung volkswirtschaftlicher Ressourcen zu vermeiden. Eine kapitalistische Wegwerfideologie, das heißt die Produktion minderwertiger Erzeugnisse und die Förderung des Prestigekonsums, hat mit sozialistischer Bedürfnisbefriedigung nichts zu tun.

Die Regelungen über die Ausarbeitung der Fünfjahrpläne und der Jahresvolkswirtschaftspläne orientieren auf die Ausarbeitung analytisch-prognostischer Studien und Analysen über die voraussichtliche Entwicklung der Bedürfnisse, über die Versorgungs- und Verbrauchsziele für ausgewählte Waren und Leistungen, auf die Berechnung der Entwicklung der Haushalts- und Familieneinkommen sowie des Verbrauchs nach sozialen Hauptgruppen der Bevölkerung, auf Studien zur Entwicklung der Geldakkumulation der Bevölkerung sowie auf weitere Schwerpunkte der Entwicklung des Lebensniveaus als Bestandteil der sozialistischen Lebensweise. Diese und andere Aufgaben sind im wesentlichen Bestandteil des Zentralen Forschungsplanes der marxistisch-leninistischen Gesellschaftswissenschaften der DDR für den Zeitraum von 1976 bis 1980. In Übereinstimmung mit der auf der Konferenz der Gesellschaftswissenschaftler gestellten Aufgabe, Lösungswege und Lösungsvarianten für neue und heranreifende Aufgaben zu erarbeiten, ist es für die Vorbereitung des Fünfjahrplanes 1981 bis 1985 sowie die langfristige Planung für ausgewählte Gebiete notwendig, den Forschungsvorlauf zu beschleunigen und zu vergrößern und ihn im Sinne von Vorschlägen zu konkretisieren. Das gilt vor allem für Untersuchungen zur Bedürfnisentwicklung, um die dabei entstehenden Möglichkeiten für eine stärkere Wirksamkeit der Interessen als Triebkräfte des Sozialismus zu nutzen, für die Beziehungen zwischen den Verteilungsverhältnissen und der Leistungsstimulierung und in diesem Zusammenhang auch der Kriterien und der Wirksamkeit des Einsatzes gesellschaftlicher Fonds sowie für die Beziehungen zwischen der Einkommensentwicklung und ihren konkreten Anforderungen an das Angebot von Waren und Dienstleistungen unter Berücksichtigung der sich verändernden Verbrauchs- und Lebensgewohnheiten. Mit der weiteren Gestaltung der sozialistischen Lebensweise gewinnt auch die Entwicklung der gesellschaftlich organisierten Form des Verbrauchs an Bedeutung. Zu untersuchen wären dabei die gesellschaftlichen Faktoren und Schwerpunkte sowie die wissenschaftlich-technischen, ökonomischen und organisatorischen Bedingungen und Voraussetzungen.

20. Für die Entwicklung des Lebensniveaus der Bevölkerung gewinnen die Leistungen der kulturell-sozialen Bereiche der Volkswirtschaft zunehmend an Bedeutung. Die weitere Ausdehnung der gesellschaftlichen Fonds in den nächsten Jahren ist mit der Erhöhung der Wirksamkeit ihres Einsatzes zu verbinden.

Die Leistungen dieser Bereiche ermöglichen es allen Mitgliedern der Gesellschaft, die entsprechenden Bedürfnisse relativ unabhängig von der individuellen Arbeitsleistung zu befriedigen und damit wesentliche, in der Verfassung garantierte soziale Rechte in Anspruch zu nehmen.

Berechnungen auf der Grundlage statistischer Daten für das Jahr 1974 ergeben, daß von den Aufwendungen des Wohnungswesens sowie der Kultur, des Sports und der Erholung etwa zwei Drittel, von denen des Gesundheits- und Sozialwesens mehr als drei Viertel und von denen des Bildungswesens mehr als 90 Prozent aus dem Staatshaushalt finanziert werden. Die Anteile der Bevölkerung werden in Form von Mieten, Ausgaben für Lehrmittel, Sozialversicherungsbeiträgen sowie durch Eintrittspreise für kulturelle und sportliche Veranstaltungen und ähnliche gezahlt.

Die Lösung der Wohnungsfrage ist in der Sozialpolitik das Kernstück. Die Wohnungen und die Wohnumwelt sind eine wichtige Basis für die Herausbildung einer sozialistischen Lebensweise. Ausreichender Wohnraum schafft günstige Voraussetzungen für die Qualifizierung der Werktätigen sowie für eine kulturvolle Gestaltung der Freizeit und fördert das sozialistische Familienleben.

Mit der Gewährleistung des Rechts auf eine hohe Bildung für alle Kinder und Jugendlichen einschließlich der Vorbereitung auf die Anforderungen der späteren Berufstätigkeit sichert die sozialistische Gesellschaft, daß jeder seinen Fähigkeiten entsprechend an der Produktion teilnehmen und durch hohe Leistungen ein hohes Lebensniveau erreichen kann. Das wachsende Bildungsniveau hat somit sowohl einen wesentlichen Einfluß auf den Inhalt und das Niveau der beruflichen Tätigkeit, die zukünftige wissenschaftlich-technische Entwicklung als auch – in Verbindung mit der wachsenden Freizeit – auf das Konsum- und Freizeitverhalten der Bevölkerung.

Ein grundlegender Bestandteil des materiellen und kulturellen Lebensniveaus der Bevölkerung ist die stetige Verbesserung der medizinischen und sozialen Betreuung. Die Sicherung unentgeltlicher Leistungen des Gesundheits- und Sozialwesens ist Ausdruck des humanitären Grundanliegens des Sozialismus, allen Menschen die mögliche und notwendige gesundheitliche und soziale Betreuung auf dem jeweiligen Stand von Wissenschaft und Technik zu sichern. Körperkultur und Sport sowie die kulturell-künstlerischen Bereiche tragen wesentlich zur Persönlichkeitsentwicklung bei.

Die bisher durchgeführten Analysen über die Inanspruchnahme der indirekten Einkommen nach altersabhängigen sozialen Gruppen der Bevölkerung, wie Kinder, Jugendliche, Berufstätige und Rentner, zeigen, daß die Inanspruchnahme von kulturell-sozialen Leistungen stark von spezifischen Bedürfnissen des Menschen in bestimmten Lebensphasen beeinflußt wird. Auf Grund des hohen Anteils der indirekten Einkommen aus dem Bildungswesen nutzen die Kinder und Jugendlichen bis zu 25 Jahren mit 53 Prozent über die Hälfte der indirekten Einkommen aus Mitteln des Staates und der Betriebe, bei einem Anteil dieser Altersgruppe an der Gesamtbevölkerung von nur 37 Prozent.

Für die Entwicklung der Leistungen des kulturell-sozialen Bereichs ist charakteristisch, daß die wertmäßigen Aufwendungen und damit die indirekten Einkommen der Bevölkerung häufig schneller wachsen als die quantitativen Leistungskennziffern, die im Ergebnis der wissenschaftlich-technischen Entwicklung auf qualitativ höherem Niveau zu erbringen sind. Das erfordert analytisch-prognostische Untersuchungen über die zukünftigen Anforderungen dieser Bereiche an das Nationaleinkommen bzw. den Konsumtionsfonds. Für den sozialpolitisch effektivsten Einsatz der gesellschaftlichen Fonds ist auch die gezielte Einflußnahme auf die Investitionen für die Schaffung von kulturell-sozialen Einrichtungen notwendig, um eine den künftigen Erfordernissen entsprechende Standortverteilung zu erreichen.

Bei der Ausarbeitung langfristiger sozialpolitischer Zielsetzungen für den kulturell-sozialen Bereich sollte zunehmend von den spezifischen, dabei auch altersabhängigen Bedürfnissen sozialer Gruppen der Bevölkerung ausgegangen werden, um eine sozialpolitisch gezielte Vervollkommnung der Leistungen der kulturell-sozialen Bereiche ständig zu sichern.

IV.

21. Das Wohnungsbauprogramm als Kernstück des sozialpolitischen Programms ist darauf gerichtet, bis 1990 die Wohnungsfrage als soziales Problem zu lösen.[21] Dabei geht es gegenwärtig vorrangig darum, die Wohnbedingungen der Arbeiterklasse und der kinderreichen Familien zu verbessern.

Der Wohnungsbau leistet einen entscheidenden Beitrag zur Entwicklung der sozialistischen Lebensweise. Nahezu 70 Prozent ihrer Freizeit verbringt die Bevölkerung der DDR gegenwärtig in ihrem Wohngebiet. Die soziale und bauliche Umwelt des Wohngebietes, des Wohgebäudes und der Wohnung nehmen erheblichen Einfluß auf die Entwicklung der Persönlichkeit des Menschen, seine Verhaltensweisen in der individuellen und gesellschaftlichen Sphäre, auf die Befriedigung seiner materiellen und geistig-kulturellen Bedürfnisse. Zufriedenheit und Geborgensein werden enscheidend durch die Wohnung selbst – in ihrer technischen Ausstattung, ihrer Größe der Räume und deren Zuordnung entsprechend der Größe und Struktur der Familie – als auch in ihrer Lage im Wohngebiet mit den Möglichkeiten der Erholung, der Nachbarschaftsbeziehungen, der Nutzung der gesellschaftlichen Einrichtungen der Kultur und der Versorgung bestimmt. Die untrennbare Einheit von Wirtschafts- und Sozialpolitik verlangt den vorrangigen Bau von Wohnungen und Einrichtungen des komplexen Wohnungsbaus dort, wo auch die wirtschaftspolitischen Schwerpunkte liegen. So ist 1976 bis 1980 der komplexe Wohnungsneubau „auf die Zentren der industriellen Entwicklung zu konzentrieren. Dadurch sind die Ansiedlung von Arbeitskräften zur mehrschichtigen Nutzung vorhandener Grundfonds und die Bildung von Stammbelegschaften in volkswirtschaftlich wichtigen Betrieben zu unterstützen."[22] Die Entscheidung für einen Arbeitsplatz in einem bestimmten Betrieb wird heute unter anderem vom Ange-

[21] E. Honecker, Bericht des Zentralkomitees der Sozialistischen Einheitspartei Deutschlands an den IX. Parteitag der SED, Berlin 1976, S. 32.

[22] Direktive des IX. Parteitages der SED zum Fünfjahrplan für die Entwicklung der Volkswirtschaft der DDR in den Jahren 1976–1980, a. a. O., S. 100.

bot einer Wohnung stimuliert. Die Wohnung hat aber nicht immer den entscheidenden Einfluß auf den Verbleib am Arbeitsplatz. Der Einfluß der Wohnung auf die Bildung von Stammbelegschaften und auf die stabile mehrschichtige Nutzung vorhandener Grundfonds muß durch wirtschaftswissenschaftliche und soziologische Forschungen analytisch erfaßt werden. Das exakte Erfassen der Bedingungen dieses Einflusses und seiner Entwicklungstendenzen im Komplex der sozialen Faktoren ist für die weiteren Entscheidungen zum Wohnungsbauprogramm im Rahmen des sozialpolitischen Programms bedeutsam.

Der komplexe Wohnungsbau schließt zugleich den Bau von Krippen, Kindergärten, Sportanlagen, Kultur- und Versorgungseinrichtungen usw. ein. Das erfordert eine gründliche Vorbereitung der komplexen Bauaufgaben in der Phase der Vorentscheidung durch alle Investträger sowie die Abstimmung zwischen den staatlichen Organen und den Betrieben, deren Arbeiter vor allem mit Wohnraum versorgt werden sollen. Ökonomische Reserven und bessere Bedingungen für die Entwicklung der sozialistischen Lebensweise sind durch Mehrzwecknutzung der gesellschaftlichen Einrichtungen des komplexen Wohnungsbaus gegeben. Ihre gemeinsame Nutzung ist durch Zusammenarbeit in der Investitionstätigkeit und durch eine entsprechend juristisch geregelte Zuständigkeit möglich.

Flächennutzungsentscheidungen im komplexen Wohnungsbau haben neben unmittelbar wirkenden Aspekten auch entscheidende, in die Zukunft reichende sozialpolitische und ökonomische Aspekte. Wohnungen sind keine kurzlebigen Konsumgüter. Wohngebäude und gesellschaftliche Einrichtungen werden mindestens fünfzig, aber auch bis zu hundert Jahren genutzt.

Flächennutzungsentscheidungen für den komplexen Wohnungsbau entsprechen dann ausreichend den Anforderungen für die Entwicklung der sozialistischen Lebensweise, wenn sie nicht nur dem gegenwärtig notwendigen und möglichen Bedarf nach Erholung, Sport, Durchdringung des Wohngebietes und auch des ruhenden Verkehrs entsprechen, sondern in zunehmendem Maße auch den Platz und die Möglichkeit lassen zur späteren Ergänzung oder Änderung entsprechend den wachsenden Bedürfnissen und volkswirtschaftlichen Möglichkeiten bei geringstmöglichem Kostenaufwand für langfristige Zeiträume.

Nachträgliche Ergänzungen oder Änderungen führen zu wesentlich erhöhten Kosten, wenn in der Standortplanung des komplexen Wohnungsbaus nicht eine entsprechende Variabilität und Flexibilität der Gebäude und Flächen für spätere Entscheidungen beachtet wurde.

22. Die weitere Ausprägung der sozialistischen Lebensweise erfordert die Beachtung der wachsenden Rolle der Familie für die Erziehung der Kinder, aber auch für die Freizeit der berufstätigen Eltern, für ihre Ausgeglichenheit und Leistungsfähigkeit im Arbeitsprozeß. Die Lösung der Wohnungsfrage als soziales Problem, die Verfügbarkeit über eine Wohnung für jeden Haushalt, unterstützt wesentlich sozialistische Beziehungen und Verhaltensweisen in der Familie.

Die schrittweise Zunahme der durchschnittlichen Fläche pro Wohnung erlaubt es, vordringlich den Kindern eine größere Wohnfläche zu gewährleisten, aber auch allmählich die Möglichkeiten für Weiterbildung in der Wohnung zu verbessern.

Demographische und soziologische Forschungen müssen durch Analyse der Entwicklungstendenzen der Familie, ihrer Größe und ihrer Beziehungen in der Gesellschaft sichere Entscheidungen über die Proportionen von 1- und 2-Raum-Wohnungen einerseits und 3- und 4-Raum-Wohnungen andererseits ermöglichen. Das betrifft auch den Bedarf an Mehrgenerationenwohnungen bzw. Wohnungskombinationen für mehrere Generationen einer Familie sowie über die Entwicklungstendenzen in der Nutzung der Räume in der Wohnung, aber auch im gesellschaftlichen Bereich durch die Familie.

Soziologische und ökonomische Forschungen zur Rolle gemeinschaftlicher Einrichtungen im Wohngebäude und Wohnbereich, die durch die Bewohner nicht nur genutzt, sondern auch verwaltet und gepflegt werden müssen, sind Voraussetzungen sowohl für den Bau und die Ausstattung solcher Einrichtungen als auch für die Entscheidung, durch welchen Kostenträger die Investitions- und Erhaltungskosten zu übernehmen sind.

23. Das Wohnungsbauprogramm ist in seinem Umfang auch Städtebauprogramm sowohl durch den Wohnungsneubau als auch durch den Ersatzneubau, die Rekonstruktion sowie die Modernisierung von Altbauwohngebieten. Damit wird jetzt schon in zunehmendem Maße über die Struktur, die Funktionen und die Gestalt unserer Städte und Siedlungen entschieden, in denen nicht nur die baulich-räumlichen Bedingungen der weiteren Entwicklung der sozialistischen Lebensweise, sondern auch der sich herausbildenden kommunistischen Lebensweise geschaffen werden. Das erfordert langfristige Konzeptionen und die Bilanzierung des volkswirtschaftlichen Bedarfs zur schrittweisen Lösung dieser verantwortungsvollen Aufgabe.

Das gilt nicht nur für die Bilanzierung der Maßnahmen des Wohnungsbauprogramms, sondern im Rahmen der gesellschaftspolitischen Zielstellung einer Stadt auch für die Entwicklung der Arbeitsstätten und der damit gegebenen Arbeitsmöglichkeiten entsprechend der Beschäftigten- und demographischen Struktur. Die Um- und Auslagerung von zumeist Kleinindustrie und dienstleistendem Handwerk aus den Altbauwohngebieten muß sowohl einer höheren ökonomischen Effektivität gerecht werden als auch eine höhere soziale Wirksamkeit sichern.

24. Die materiellen Lebensbedingungen der Menschen sind stets an bestimmte Territorien gebunden. Sie werden dort in ihrer territorialen Komplexität wirksam und müssen dementsprechend geleitet und geplant werden. Im Ergebnis der in die sozialistische Wirtschafts- und Sozialpolitik organisch eingebundenen Territorialpolitik sind im Prozeß der ständigen Erhöhung des materiellen und kulturellen Lebensniveaus des Volkes wesentliche Unterschiede in grundlegenden Lebensbereichen verringert bzw. beseitigt worden.

Aus der Gebundenheit der materiellen Voraussetzungen für die Herausbildung der sozialistischen Lebensweise an die Territorialstruktur des Landes ergeben sich jedoch weiterhin territoriale Unterschiede, die vor allem in den Lebensbedingungen und -gewohnheiten der Menschen zum Ausdruck kommen.

Die im Prozeß der gesellschaftlichen und damit auch territorialen Arbeitsteilung historisch entstandenen sozialökonomisch determinierten Hauptkategorien dieser Unterschiede sind die Stadt und das Land. Innerhalb dieser beiden Kategorien gibt es viele ökonomisch, sozial, demographisch sowie naturgeographisch bedingte Differenzierungen. Die territorial bedingten Einflußfaktoren müssen intensiver erforscht, quantifiziert und gesellschaftlich bewertet werden.

Einen entscheidenden Einfluß auf die effektive Gestaltung der Lebensbedingungen übt die territoriale Konzentration der Produktivkräfte aus. Die Differenzierung der territorialen Konzentration der Produktivkräfte ruft wesentliche territoriale Unterschiede in den Reproduktionsbedingungen überhaupt hervor. Sie hat Einfluß auf die Produktivität der gesellschaftlichen Arbeit und auf die Lebensbedingungen.

Die Differenzierung der territorialen Konzentration der Produktivkräfte kommt vor allem zum Ausdruck in der Bevölkerungs- und Beschäftigtendichte, im Grundmittelbesatz, in der Siedlungs-, insbesondere Städtedichte, in der durchschnittlichen Siedlungsgröße und im Verstädterungsgrad, in der Netzdichte der technischen und sozialen Infrastruktur sowie in der Bebauungsdichte.

Der territoriale Konzentrationsgrad und -prozeß steht im Zusammenhang mit der differenzierten Ausstattung und Komplexität der Territorien in bezug auf die materiellen Lebensbedingungen, das heißt die Vielfalt des Arbeitsplatzangebotes, der Wohnbedingungen, der Einrichtungen der Betreuung und Versorgung der Bevölkerung usw.

Neben den Unterschieden in der territorialen Konzentration, Kombination und Komplexität der materiellen Bedingungen für die weitere Ausprägung der sozialistischen Lebensweise, die zwischen Stadt und Land bestehen, treten diese auch großräumig auf.

Dabei sind die südlichen Bezirke der DDR mit hoher Bevölkerungsdichte und hohem Industrialisierungs- und Verstädterungsgrad in bezug auf territoriale Bedingungen für die Befriedigung wesentlicher materieller und kultureller Bedürfnisse gegenüber den dünner bevölkerten ländlichen Gebieten im Norden der DDR in zweifacher Hinsicht weiter entwickelt:

a) Sie besitzen ein engmaschiges Netz von leistungsfähigen Siedlungszentren (Städten), in denen wesentliche Einrichtungen der Bedürfnisbefriedigung der Stadt- und Landbevölkerung in der entsprechenden Komplexität lokalisiert sind.

b) Sie sind außerdem verkehrsmäßig besser erschlossen (Linien- und Verkehrsdichte) und dadurch für die Bevölkerung des Umlandes gut erreichbar.

In den ländlich-agrarischen Gebieten wird durch ungünstigere territoriale Bedingungen ein vergleichsweise höherer gesellschaftlicher und individueller Verkehrsaufwand bei der Befriedigung solcher materieller und geistiger Bedürfnisse verursacht, die nicht im Wohnort realisiert werden können. Damit ist teilweise eine zeitliche Beschränkung der Möglichkeiten für die Befriedigung bestimmter Bedürfnisse (wie zum Beispiel Teilnahme an kulturellen und Unterhaltungsveranstaltungen, Inanspruchnahme von Weiterbildungs-, spezialisierten Handels-, Dienstleistungs- und Gesundheitseinrichtungen), das heißt für die Ausprägung bestimmter Seiten der sozialistischen Lebensweise verbunden. Auch die stärkere Abhängigkeit wichtiger Bereiche der materiellen Produktion von den natürlichen Bedingungen (vor allem von Wetter- und Witterungsfaktoren) wirkt über die Beeinflussung der Arbeitsbedingungen auf die Entfaltung der sozialistischen Lebensweise ein. Andererseits gibt es in den industriellen Ballungsgebieten territoriale Bedingungen, die sich hemmend auf die Ausprägung der sozialistischen Lebensweise auswirken und demzufolge planmäßig verändert werden müssen.

Dazu gehören:

- die relative und absolute Verknappung wichtiger territorialer Ressourcen, insbesondere an Arbeitskräften, Baukapazitäten, Wasser und Fläche;
- überdurchschnittliche Umweltbelastungen durch Luftverunreinigungen, Lärmbelästigung, Verschmutzung der Gewässer und teilweise ungeordnete Deponie von Abprodukten;
- die historisch entstandene städtische Bebauung, die durch zum Teil störendes Nebeneinander von Industrie- und Wohnstandorten, standörtliche Zersplitterung der Produktionsstätten und unrationelle Flächennutzung charakterisiert wurde und deshalb vorrangig territoriale Rationalisierungsmaßnahmen zur Verbesserung der Produktions- und Lebensbedingungen erfordert;
- ein überdurchschnittlich hoher Verschleißgrad der Grundfonds wichtiger Einrichtungen, Anlagen und Netze der Infrastruktur, die im Rahmen der städtebaulichen Gesamtentwicklung komplex rekonstruiert bzw. ersetzt werden müssen.

25. Ausgehend von den gesellschaftlichen Zielsetzungen der weiteren Gestaltung der

entwickelten sozialistischen Gesellschaft und damit der Schaffung von grundlegenden Voraussetzungen für den allmählichen Übergang zum Kommunismus, wird durch die sozialistische Territorialpolitik die Entfaltung der sozialistischen Lebensweise unter den Bedingungen einer hohen gesellschaftlichen Effektivität sowie der Vervollkommnung und Weiterentwicklung der sozialistischen Produktionsverhältnisse langfristig realisiert. Das erfolgt durch folgende Hauptrichtungen der Standortverteilung der Produktivkräfte, der Nutzung und Weiterentwicklung der Territorialstruktur der gesellschaftlichen Reproduktion:

- fortschreitende Konzentration und Kombination der Produktivkräfte und deren Reproduktionsbedingungen auf lokaler und regionaler Ebene;
- schrittweise Verringerung und Beseitigung derjenigen großräumigen Unterschiede im territorialen Konzentrations- und Kombinationsgrad der Produktivkräfte, die die weitere Ausprägung der sozialistischen Lebensweise im Gesamtmaßstab des Landes hemmen.

Ein wichtiger Indikator für die wirtschafts- und sozialpolitische Wirksamkeit der Territorialpolitik ist die Binnenwanderung. Die Analyse der Binnenwanderung zeigt, daß es in der großräumigen Wanderungsbewegung (zwischenbezirkliche Wanderung) zur Zeit Tendenzen gibt, die durch übermäßig hohe absolute bzw. relative Wanderungsverluste einiger industrieller Ballungsgebiete, zum Beispiel Halle, Leipzig, Karl-Marx-Stadt, und Agrargebiete, beispielsweise Teile des Bezirkes Neubrandenburg, die territorialen Bedingungen für die volle Entfaltung der sozialistischen Produktions- und Lebensweise bei hoher Effektivität beeinträchtigen. Die Ursachen für die Auslösung dieser in Ausmaß und Richtung zum Teil unplanmäßigen Migration liegen in den Lebensbedingungen dieser Gebiete begründet, die in ihrer komplexen Wirkungsweise und einzelnen Komponenten erforscht, verglichen und bewertet werden müssen, um sie künftig im Leitungs- und Planungsprozeß besser berücksichtigen zu können.

Der Konzentrationsprozeß der Produktivkräfte, der Bevölkerung und der materiellen Lebensbedingungen verläuft auf lokaler und regionaler Ebene kontinuierlich, das heißt, daß vor allem die Mittel- und Großstädte – hauptsächlich durch Wanderungsgewinn – absolut und relativ wachsen. Das ist Ausdruck einer wesentlichen Seite des Urbanisierungsprozesses, der jedoch bezüglich seines sozialökonomischen und territorialen Inhalts insgesamt weiter gefaßt wird. Die Urbanisierung hat die qualitative und quantitative Entwicklung und Ausbreitung städtischer Siedlungsformen (Städte, städtischer Agglomerationen) sowie städtischer Lebensformen und -bedingungen zum Inhalt und fördert damit unter sozialistischen Produktionsverhältnissen die Ausprägung der sozialistischen Lebensweise in allen Teilen des Landes.

26. Die volle Entfaltung der sozialistischen Produktions- und Lebensweise wird dadurch charakterisiert, daß sich die Bedürfnisbefriedigung und -entwicklung der Menschen, die damit verbundene gesellschaftliche Reproduktion sowie die Entwicklung der vielfältigen sozialen Beziehungen der Menschen zunehmend im Gesamtrahmen der Siedlungsstruktur, das heißt der arbeitsteilig miteinander verbundenen Siedlungen verschiedener Funktion, Ausstattung und Größe, innerhalb des Landes bzw. einzelner Gebiete vollziehen. Art und Niveau der Bedürfnisbefriedigung und damit die Effektivität des gesellschaftlichen Reproduktionsprozesses werden deshalb zunehmend beeinflußt

- durch eine planmäßig differenzierte arbeitsteilige Entwicklung der Funktionen verschiedener Siedlungen (Städte und Dörfer verschiedener Kategorien);
- durch eine rationelle Standortverteilung der Arbeits- und Wohnstätten, der Handels- und Dienstleistungs-, Bildungs-, Kultur- und Sozialeinrichtungen und andere im

Gesamtrahmen der Siedlungsstruktur und durch die planmäßig differenzierte Reproduktion der Siedlungen, der in ihnen lokalisierten materiellen Bedingungen des gesellschaftlichen Lebens.

Die Siedlungsstruktur der DDR ist wesentlich durch vergangene historische Epochen geprägt. Die territoriale Verteilung der Siedlungen, ihre Funktionsteilung sowie der hohe Grad der Zersplitterung der Siedlungssubstanz entsprechen teilweise nicht mehr den Anforderungen für die volle Entfaltung der sozialistischen Produktions- und Lebensweise in allen Teilen des Landes. Dieser Widerspruch zwischen den gegenwärtigen und künftigen Anforderungen der Gestaltung der entwickelten sozialistischen Gesellschaft und dem historisch entstandenen Siedlungsnetz kann nur langfristig und schrittweise überwunden werden. Als Hauptweg für die planmäßige, proportionale Weiterentwicklung der Siedlungsstruktur zeichnen sich in diesem Zusammenhang drei wechselseitig miteinander verbundene Richtungen ab:

a) Es muß der Konzentrations- und Zentralisierungsprozeß der Bevölkerung und der materiellen Fonds in den Siedlungszentren planmäßig weitergeführt werden. Dabei müssen folgende Bedingungen eingehalten werden:

- intensive Nutzung der in den Städten vorhandenen materiellen Fonds der Produktions- und Infrastruktur;
- rationelle Nutzung und Ausbau der funktionsteiligen Verflechtungen zwischen den Städten im Gesamtrahmen der Siedlungsstruktur;
- Einhaltung bestimmter Proportionen zwischen dem Wachstum der Städte und dem Rückgang der Bevölkerung in den ländlichen Siedlungen;
- für jede Phase der Entwicklung nachweisbare Erhöhung der ökonomischen Effektivität und sozialen Wirksamkeit des Konzentrationsprozesses in der Siedlungsstruktur.

Die Konzentration der Bevölkerung, der Produktion und Infrastruktur vollzieht sich auch weiterhin besonders in den Groß- und Mittelstädten. Aus diesem Grunde werden ca. 140 Groß- und Mittelstädte sowie ausgewählte Kleinstädte mit bedeutenden Industrievorhaben, in denen über zwei Fünftel (ca. 42 Prozent) der Bevölkerung der DDR leben, auf zentraler Ebene in die langfristige Planung der Standortverteilung der Produktivkräfte einbezogen. Für diese Städte ist bis auf wenige Ausnahmen ein Wachstum um durchschnittlich ca. 10 Prozent in der Zeit bis zum Jahre 1990 konzipiert. Dabei treten jedoch erhebliche territoriale Unterschiede auf, die vor allem mit der differenzierten regionalen und lokalen Entwicklung von Produktion und Wohnungsbau, von Bevölkerung und gesellschaftlichem Arbeitsvermögen im Zusammenhang stehen.

b) Es müssen die funktionsteiligen Beziehungen zwischen den Siedlungen, vor allem zwischen den Städten und den umliegenden Siedlungen, rationell weiterentwickelt sowie schrittweise integrierte Siedlungsgebiete herausgebildet werden. Eine besondere Rolle spielt die effektive Nutzung und Weiterentwicklung der Stadt-Umland-Beziehungen im Gesamtrahmen der Siedlungsstruktur des Landes. Dadurch können

- eine schnellere Anpassung der Siedlungsstruktur an die wachsenden Erfordernisse der sozialistischen Produktions- und Lebensweise erreicht werden, als es allein auf dem Wege der durch Konzentration der Bevölkerung und gesellschaftliche Grundfonds nur langfristig zu verwirklichenden Veränderungen des Siedlungsnetzes möglich wäre;
- Möglichkeiten für die Bewohner der kleineren, geringer ausgestatteten Siedlungen des Umlandes geschaffen werden, die vielfältigen und hochwertigen Leistungen der Städte besser in Anspruch zu nehmen. Dadurch wird die Ausbreitung städtischer bzw. stadtähnlicher Lebensbedingungen gefördert und damit der Prozeß der vollen Entfaltung der sozialistischen Lebensweise in allen Teilen des Landes beschleunigt;

– unproduktive Wegezeiten zwischen den Wohn-, Arbeits-, Bildungs-, Versorgungs- und Erholungsstätten für einen beträchtlichen Teil der Bevölkerung reduziert werden. Die Verbesserung der territorialen Organisation der Beziehungen zwischen Stadt und Umland bewirkt daher eine Vergrößerung des Freizeitfonds der Werktätigen. Eine wesentliche Voraussetzung ist die Verbesserung der Verkehrsbeziehungen (Fahrthäufigkeit, Reisegeschwindigkeit und Reisekomfort) und der Ausbau des Verkehrswegenetzes.

c) Es müssen die ländlichen Siedlungen im Gesamtrahmen der Siedlungsstruktur so weiterentwickelt werden, daß für die in ihnen wohnende Bevölkerung sozialistische Lebensbedingungen realisiert werden können.

Dieser Prozeß wird wesentlich durch die schrittweise Konzentration im Siedlungsnetz ländlicher Gebiete und die planmäßige Herausbildung ländlicher Siedlungsschwerpunkte im Zusammenhang mit der Durchsetzung industriemäßiger Produktionsmethoden in der Landwirtschaft unterstützt, in denen wichtige Einrichtungen der infrastrukturellen Ausstattung konzentiert werden. Das freiwillige Zusammenwirken ländlicher Gemeinden und Kleinstädte in Gemeindeverbänden erweist sich unter den Bedingungen der DDR als ein effektiver Weg zur Verbesserung der Lebensbedingungen auf dem Lande.

27. Dieser Prozeß in Verbindung der vollen Ausprägung der sozialistischen Lebensweise und der Schaffung bzw. Vervollkommnung der dazu notwendigen territorialen Bedingungen ist unter anderem mit Problemen verbunden, die sich ergeben

- aus der wachsenden Intensivierung des gesellschaftlichen Reproduktionsprozesses, der neben der materiellen Produktion in zunehmendem Maße auch die intensive Nutzung der ständig wachsenden Grundfonds und den rationellen Einsatz des gesellschaftlichen Arbeitsvermögens in den Bereichen der Infrastruktur einschließt;
- aus der Bevölkerungsentwickluung in der DDR.

Dabei zeichnen sich regional differenziert folgende Tendenzen und Richtungen der langfristigen Entwicklung ab:

a) In den hochindustrialisierten, stark veränderten und verkehrsmäßig gut erschlossenen Gebieten im Süden der DDR (Bezirke Karl-Marx-Stadt, Dresden, Leipzig, Halle, Gera, Teile der Bezirke Suhl, Erfurt und Magdeburg) ist die weitere Städteentwicklung mit der qualitativen Vervollkommnung der Produktions- und Infrastruktur, hauptsächlich der Wohnbedingungen, in den Städten und einem relativ geringen Städtewachstum (absolut und zum Teil nur relativ) verbunden. Diese Gebiete weisen teilweise seit einem Jahrzehnt eine negative natürliche Bevölkerungsentwicklung auf, die in einigen Fällen durch lang andauernde übergebietliche Wanderungsverluste ergänzt und damit verstärkt wird. Dieser Konzentrationsprozeß in größeren Städten als Zentren der Industrie und des gesellschaftlichen Lebens zur Unterstützung des volkswirtschaftlichen Intensivierungsprozesses kann nur durch die Abwanderung der Bevölkerung aus den anderen Siedlungen der Einzugsgebiete realisiert werden. Eine starke Bevölkerungsmigration vom Land in die Städte ist in diesem Gebiet mit bisher stagnierender bzw. rückläufiger natürlicher Bevölkerungsentwicklung mit einer im Vergleich zum Landesdurchschnitt übermäßigen Verschlechterung der Altersstruktur der auf dem Lande verbleibenden Wohnbevölkerung verbunden. Das hat negative Auswirkungen auf die Entfaltung der sozialistischen Lebensweise auf dem Lande und unter volkswirtschaftlichem Aspekt auch auf die effektive Auslastung infrastruktureller Einrichtungen in den Dörfern und Kleinstädten mit abnehmender Einwohnerzahl, besonders in bezug auf die Kindererziehung und Kinderbetreuung.

Die volkswirtschaftlich notwendige Sicherung der Arbeitskräfte in den Betrieben und Einrichtungen der städtischen Zentren sollte deshalb hier in stärkerem Maße neben der Migration in die Städte auch durch die planmäßige Nutzung und Weiterentwicklung der Arbeitspendelbeziehungen erfolgen.

Der überwiegende Teil der Arbeitspendler befindet sich in diesen in der Regel verkehrsmäßig gut erschlossenen Gebieten im zumutbaren Distanzbereich bis 45 Minuten (meistens bis 30 Minuten) Reisezeit (mit öffentlichen Verkehrsmitteln) zwischen Wohn- und Arbeitsort. Bei der Bestimmung und Planung der Relationen zwischen Migration und Pendelbeziehungen sollten solche wirtschafts- und sozialpolitisch günstigen Proportionen zwischen Pendleransiedlungen in den Städten und planmäßiger Ausgestaltung der Arbeitspendelbeziehungen, zwischen dem Wohnungsneubau für Ersatz- und Erweiterungszwecke in den Städten sowie Ersatzwohnungsbau, Modernisierung und Erhaltung der Wohnbausubstanz in den Kleinstädten und Dörfern der Umlandbereiche ermittelt und festgelegt werden, die den Intensivierungsprozeß fördern und gleichzeitig die Ausprägung der sozialistischen Lebensweise in allen Teilen des Landes gewährleisten. Die Sicherung des gesamtgesellschaftlich notwendigen Arbeitskräftebedarfs für die Produktion und die Infrastruktur in den Kleinstädten und Dörfern muß dabei mit einer rationellen territorialen Organisation der Einrichtungen, Anlagen und Netze dieser Bereiche der Volkswirtschaft verbunden werden. Dafür bietet der im Vergleich zu den mittleren unud nördlichen Bezirken der DDR bereits erreichte höhere Konzentrationsgrad der Bevölkerung und gesellschaftlichen Grundfonds im Siedlungsnetz günstige territoriale Voraussetzungen.

b) In den stärker agrarisch geprägten Gebieten der mittleren und nördlichen Bezirke der DDR mit niedrigem Verstädterungsgrad und weitmaschigerem Siedlungs- und Verkehrsnetz (Teile des Bezirkes Rostock, Bezirke Schwerin, Neubrandenburg, Potsdam, Frankfurt/Oder, Cottbus, Nordteil des Bezirkes Magdeburg) ist neben der qualitativen Weiterentwicklung der Städte auch ein stärkeres Bevölkerungswachstum ausgewählter größerer Städte (Groß- und Mittelstädte über 20 000 Einwohner) möglich sowie politisch und ökonomisch erforderlich. Der territoriale Konzentrationsprozeß der Produktivkräfte auf die Städte wird in diesen Gebieten bei schwacher Bevölkerungszunahme bzw. -stagnation durch die relativ stärkere Zunahme der Bevölkerung im arbeitsfähigen Alter – des gesellschaftlichen Arbeitsvermögens – und damit der Zahl der Haushalte bis zum Jahre 1985/90 begünstigt.

Auch hier bedeutet weiteres Wachstum der Städte in erster Linie Zentralisierung der Bevölkerung, das heißt Abwanderung aus anderen Gebieten, aus den Kleinstädten und Dörfern. Jedoch weist ein Teil der Städte, der bisher im Zusammenhang mit der Industrieentwicklung und reger Wohnungsbautätigkeit einen stabilen Wanderungsgewinn und damit eine Verjüngung der Altersstruktur ihrer Wohnbevölkerung erzielte, auch eine positive natürliche Bevölkerungsentwicklung auf. Die Deformation der Altersstruktur (Überalterung der Wohnbevölkerung in den ländlichen Abwanderungsgebieten) ist vergleichsweise geringer, da diese Gebiete bis Ende der sechziger Jahre, Anfang der siebziger Jahre noch eine positive natürliche Bevölkerungsentwicklung verzeichnen konnten. Infolge des überdurchschnittlich hohen Zersplitterungsgrades des Siedlungsnetzes tritt jedoch in diesen Gebieten als Problem die weitere Verkleinerung der jetzt schon kleinen Dörfer und die damit verbundene Verschlechterung der Bedingungen für die ökonomische Effektivität und zum Teil auch für die soziale Wirksamkeit der Versorgung und Betreuung der Landbevölkerung auf.

Untersuchungen zu Kapazitäten, Netzen sowie laufenden Aufwendungen in Bereichen der sozialen Infrastruktur haben ergeben, daß die Kosten je Einwohner mit abnehmender Siedlungsgröße progressiv wachsen sowie untere Grenzen für die ökonomisch vertretbaren und funktionellen Mindestgrößen für wichtige Einrichtungen der Grundausstattung bei Siedlungen im Größenbereich von 200 bis 300 Einwohnern pro Siedlung nachweisbar sind.

Sollen langfristig wirkende Effektivitätsverluste sowie eine Vergrößerung ungerechtfertigter territorialer Niveauunterschiede in den Lebensbedingungen zwischen Stadt und Land vermieden werden, muß der Konzentrationsprozeß auf die Städte mit einem Zentralisierungsprozeß – der schrittweisen Überwindung der Zersplitterung – im Siedlungsnetz auf dem Lande begleitet werden.

Für diesen „kleinräumigen" Zentralisierungsprozeß der Bevölkerung und der gesellschaftlichen Grundfonds bieten sich vor allem die bestehenden Kleinstädte und ausgewählte große Dörfer mit überörtlichen Funktionen als Konzentrationspunkte im Siedlungsnetz an. Dieser Prozeß wird durch die planmäßige Entwicklung industriemäßiger Produktionsmethoden in der Landwirtschaft produktionsseitig vorangetrieben. Dazu trägt auch die obengenannte Bildung von Gemeindeverbänden und kommunalen Zweckverbänden zur effektiven Nutzung und Entwicklung der gesellschaftlichen Einrichtungen in den gleichberechtigt kooperativ zusammenwirkenden Kleinstädten und Landgemeinden bei.

28. Bei der Entwicklung des Sozial- und Dienstleistungsbereiches konnten vor allem in der sozialistischen Landwirtschaft in den vergangenen Jahren auf betrieblicher und territorialer Ebene (Gemeinde und Gemeindeverband) erhebliche Fortschritte erreicht werden. Jedoch ist das erreichte Niveau sowohl in betrieblicher als auch in territorialer Hinsicht differenziert.

Mit dem Übergang zu industriemäßiger Produktion erhöhen sich die Bedürfnisse hinsichtlich der gesellschaftlichen Kinderbetreuung, der sanitär-hygienischen Bedingungen im Betrieb, der medizinischen Betreuung, des Verkehrswesens bis hin zu solchen stadtwirtschaftlichen Dienstleistungen, wie Straßenbeleuchtung, Müllabfuhr und -deponie sowie anderen.

Da die Frauen in der Landwirtschaft nach durchgeführten Untersuchungen etwa 36 Stunden je Woche für familiäre und Haushaltsverpflichtungen einsetzen und vergleichsweise zu den Männern ca. ein Drittel weniger Freizeit realisieren, werden vorrangig jene Sozial- und Dienstleistungen gefördert, durch die kurzfristig eine spürbare Verbesserung der Arbeits- und Lebensbedingungen der Frauen in der Landwirtschaft erreicht wird. Das betrifft Einrichtungen der Kinderbetreuung, Einrichtungen zur gesellschaftlichen Speisenversorgung (Betriebsküchen und öffentliche Gaststätten), Maßnahmen zur Erleichterung des Einkaufs für die Berufstätigen in ländlichen Einkaufszentren, Einrichtungen zur Erleichterung schwerer und zeitaufwendiger Hausarbeit und Einrichtungen zur medizinischen Betreuung.

Viele Versorgungs- und Betreuungseinrichtungen sind in den Dörfern meist in Altbausubstanz untergebracht und haben oft nur eine kleine Kapazität. Diese deckt zwar den örtlichen Bedarf quantitativ, liegt aber oft unterhalb effektiver Größen. Möglichkeiten zur Weiterentwicklung des Sozial- und Dienstleistungsbereiches im Territorium bieten sich an, indem Neuinvestitionen für Sozial-, Dienstleistungs- und Versorgungseinrichtungen in den sich entwickelnden Siedlungszentren vorgenommen werden. Neuinvestitionen für Kapazitätserweiterung von Kinderbetreuungseinrichtungen sollten vor allem dort vorgenommen werden, wo auf Grund der entsprechenden Bevölkerungsentwicklung ein langfristiger Bedarf besteht. Dabei ist eine Berücksichtigung der Wanderungsverluste in Landgemeinden erforderlich. Ein anderer Weg zur wirksamen Verbesserung der Sozial-, Dienstleistungs- und Versorgungseinrichtungen auf dem Lande bietet sich über die verstärkte Kooperation der landwirtschaftlichen Betriebe auf diesen Gebieten und die Rationalisierung vorhandener Einrichtungen an.

29. Mit dem Übergang zu industriemäßiger Produktion vollziehen sich tiefgründige ökonomische und soziale Prozesse, in deren Verlauf allmählich wesentliche Unterschiede zwischen Stadt und Land überwunden werden. Das schließt die Weiterentwicklung der Siedlungsstruktur und Infrastruktur ländlicher Gebiete mit ein. Die Weiterentwicklung der Siedlungsstruktur wird auch dadurch mitbestimmt, daß in den Landgemeinden und in den Kleinstädten, territorial differenziert, ein großer Teil Berufstätiger anderer Volkswirtschaftsbereiche wohnt.

Die weitere Entwicklung der landwirtschaftlichen Produktion führt, verbunden mit der Konzentration der Produktion, zu einer neuen Standortverteilung der Produktivkräfte. Einerseits gewinnen Siedlungszentren als Standorte der Produktion an Bedeutung, andererseits bildet sich eine Vielzahl ländlicher Siedlungen heraus, die keine Produktionsfunktionen mehr ausüben. Sie fungieren zukünftig als Wohnstandorte und können in entsprechender Lage für Erholungsuchende genutzt werden.

In ländlichen Siedlungen ohne Produktionsfunktionen und entsprechende Lage für Erholungsuchende hält die Abwanderung der Wohnbevölkerung an. Sie bewirkt jedoch in den nächsten Jahren keine wesentlichen Veränderungen in bezug auf das bestehende Siedlungsnetz und kann sich nur in Übereinstimmung mit den gesellschaftlichen Erfordernissen und volkswirtschaftlichen Möglichkeiten vollziehen. Die in solchen Gemeinden wachsenden Anforderungen an den Sozial- und Dienstleistungsbereich, an Bildungs- und Kultureinrichtungen müssen durch überörtliche Leistungen der Siedlungszentren abgedeckt werden.

Schwerpunkt der Rekonstruktion ländlicher Siedlungen ist eine sinnvolle Nutzung der nicht mehr für den landwirtschaftlichen Produktionsprozeß benötigten landwirtschaftlichen Produktionsgebäude bzw. ihr Abbruch, die Wasserbereitstellung und Abwasserbeseitigung sowie die damit verbundene Verbesserung der sanitärhygienischen Bedingungen in den Wohnungen.

2. Einführungsvortrag

G. Winkler

Einführungsvortrag auf der 20. Tagung des Wissenschaftlichen Rates für die wirtschaftswissenschaftliche Forschung bei der Akademie der Wissenschaften der DDR

Die heutige Tagung widerspiegelt den zunehmenden Zwang für alle wissenschaftlichen Disziplinen, sich mit Fragen der Entwicklung der sozialistischen Lebensweise tiefgehender zu beschäftigen. Probleme der sozialistischen Lebensweise und ihrer Entwicklung finden entsprechend dem erreichten historischen Entwicklungsstand gegenwärtig in allen sozialistischen Ländern größere Beachtung. Die Ursachen dafür liegen vor allem darin begründet, daß

- die ökonomischen und politischen Bedingungen, die in der Sowjetunion und in den anderen sozialistischen Ländern erreicht wurden, es ermöglichen, heute Aufgaben zu stellen, die – wie bereits auf dem XXIV. Parteitag der KPdSU hervorgehoben – die Schaffung der Bedingungen gestatten, die der Hebung des materiellen und kulturellen Lebensniveaus dienen und „die allseitige Entwicklung der Fähigkeiten und der schöpferischen Aktivität . . . aller Werktätigen begünstigen"[1];
- sich zugleich die Auseinandersetzung zwischen Sozialismus und Imperialismus in zunehmendem Maße aus der Sicht der Entwicklung des Menschen, seiner Würde, Freiheit, seiner Fähigkeiten, d. h. seiner Persönlichkeitsentwicklung, vollzieht. Die weitere Ausprägung der sozialistischen Lebensweise wird damit zugleich zu einer wichtigen Seite des Nachweises der Vorzüge des Sozialismus, seiner Überlegenheit gegenüber dem kapitalistischen System.

In der Entwicklung und bei der weiteren Ausprägung der sozialistischen Lebensweise kommt unmittelbar das soziale und humanistische Grundanliegen unserer sozialistischen Entwicklung zum Ausdruck. Es ergibt sich zwangsläufig, wenn wir gerade in diesem Jahr, in dem wir den 60. Jahrestag der Großen Sozialistischen Oktoberrevolution begehen, feststellen, welche weittragende Bedeutung die Oktoberrevolution auf den Prozeß der Ausprägung der sozialistischen Lebensweise hatte. Meines Erachtens ist dabei vor allem hervorzuheben:

1. Mit der Beseitigung der kapitalistischen Macht- und Eigentumsverhältnisse, mit der Entwicklung der sozialistischen Produktionsweise wurden durch die Überwindung der kapitalistischen Ausbeutungsverhältnisse, durch Orientierung der Produktion an den wachsenden Bedürfnissen der Menschen, durch Entwicklung der kameradschaftlichen Hilfe und gegenseitigen Zusammenarbeit, durch Brechung des Bildungsmonopols, durch Schaffung der Bedingungen für die soziale Gleichstellung der Frau, durch Entwicklung der sozialistischen Demokratie erstmalig die wesentlichen politischen, ökonomischen und sozialen Bedingungen für die Ausprägung der sozialistischen Lebensweise geschaffen. Es wurde der historische Nachweis erbracht, daß unter sozialistischen Bedingungen „Wachstum und qualitative Vervollkommnung der Wirtschaft der direkte und zuverlässige Weg zur Verbesserung der Lebensbedingungen des werk-

[1] L. I. Breshnew, Rechenschaftsbericht des ZK der KPdSU an den XXIV. Parteitag der KPdSU, Moskau 1971, S. 57.

tätigen Menschen, seiner Familie und aller Bürger"[2] zur Entwicklung sozialistischer Persönlichkeiten ist.

2. Die historischen Erfahrungen der Sowjetunion, der von ihr geleistete „Hauptbeitrag zur schöpferischen Bereicherung der marxistisch-leninistischen Theorie und Praxis"[3] sowie die gewährte materielle Hilfe und Unterstützung trugen wesentlich dazu bei, die sozialistische Entwicklung in allen Ländern zu beschleunigen. Die theoretische Arbeit gerade zu Problemen der Vervollkommnung der sozialistischen Lebensweise ist dafür anschaulicher Beweis.

Mit der sich vertiefenden sozialistischen ökonomischen Integration werden zugleich Bedingungen geschaffen, die eine noch wirksamere Entwicklung aller sozialistischen Länder ermöglichen.

3. Mit dem Sieg über den Faschismus, mit dem ständigen Ringen um die Durchsetzung der Prinzipien der friedlichen Koexistenz, gestützt auf die politische, ökonomische und militärische Macht, wurde durch die Sowjetunion ein unmittelbarer Beitrag geleistet, um in allen sozialistischen Staaten, so auch in unserer Republik, die äußeren Bedingungen zu schaffen, die es ermöglichen, die politische, ökonomische und soziale Entwicklung zu nutzen, um auch in unseren Ländern soziale Sicherheit zu gewährleisten, das materielle und kulturelle Lebensniveau stetig zu erhöhen, die sozialistische Lebensweise auszuprägen.

4. Das Beispiel der Sowjetunion, die differenzierten Bedingungen der einzelnen Völker und Nationen bringen zugleich den Nachweis, daß bei Nutzung der allgemeinen Gesetzmäßigkeiten unter unterschiedlichsten Bedingungen der Weg zur Verwirklichung der Menschenrechte und zur Entwicklung der sozialistischen Lebensweise erfolgreich beschritten werden kann.

Ausgehend von den sowjetischen Erfahrungen sowie entsprechend dem erreichten Stand der politischen, ökonomischen und sozialen Entwicklung wurde im Programm unserer Partei das strategische Ziel gestellt, in der DDR weiterhin die entwickelte sozialistische Gesellschaft zu gestalten und damit grundlegende Voraussetzungen für den allmählichen Übergang zum Kommunismus zu schaffen.

Wenn im Programm der SED festgestellt wird, daß das heißt, „alle materiellen, sozialökonomischen und politisch-ideologischen Voraussetzungen zu schaffen, damit der Sinn des Sozialismus, alles zu tun für das Wohl des Volkes, für die Interessen der Arbeiterklasse, der Genossenschaftsbauern, der Intelligenz und der anderen Werktätigen, auf ständig höherer Stufe verwirklicht wird"[4], so widerspiegelt sich das unmittelbar und für jeden faßbar in der weiteren Ausprägung der sozialistischen Lebensweise.

Mit dieser Aufgabenstellung ergeben sich zugleich neue Anforderungen an die wissenschaftliche Arbeit. Viele Fragen, die gegenwärtig in der Sowjetunion und bei uns im Zusammenhang mit der weiteren Ausprägung der sozialistischen Lebensweise diskutiert werden, sind im einzelnen nicht neu. Fragen der Vervollkommnung des sozialistischen Charakters der Arbeit, der Vervollkommnung der sozialistischen Demokratie, der Entwicklung der individuellen und gesellschaftlichen Konsumtion, der territorialen Entwicklung, der Rolle der Familie usw. befinden sich seit vielen Jahren

[2] L. I. Breshnew, UdSSR steuert unbeirrt den Leninschen Kurs des Friedens, in: Neues Deutschland vom 22. März 1977.

[3] E. Honecker, 5. Tagung des ZK der SED, Aus dem Bericht des Politbüros an das Zentralkomitee der SED, Berlin 1977, S. 10.

[4] Programm der Sozialistischen Einheitspartei Deutschlands, Berlin 1976, S. 19/20.

in der Diskussion und führten auch zu entsprechenden Veränderungen in der Praxis. Aber gerade auf dem XVI. Kongreß der Sowjetgewerkschaften stellte Genosse Breshnew fest, daß wir heute viele Fragen auf neue Art stellen müssen, da die gesellschaftlichen Bedingungen und Bedürfnisse andere sind.

Das Problem besteht vor allem darin, zu sichern, daß theoretische Erkenntnisse und wissenschaftliche Ergebnisse bis zu den Konsequenzen geführt werden, die sie für die Entwicklung der sozialistischen Lebensweise haben. Es geht darum, ihre Wirksamkeit aus der Sicht der zu erreichenden ökonomischen, sozialen und geistig-kulturellen Entwicklung ständig zu erhöhen. Insofern sind Forschungen auf dem Gebiet der sozialistischen Lebensweise keine neue Spezialisierung, die gewissermaßen nur diejenigen betrifft, die sich mit der Analyse des Charakters der Arbeit oder der individuellen und gesellschaftlichen Konsumtion beschäftigen. Die Entwicklung der sozialistischen Lebensweise setzt Ziele und Kriterien für jede lang- und kurzfristig zu lösende Forschungsaufgabe.

Forschungen auf dem Gebiet der sozialistischen Lebensweise sind auch nicht nur dem wissenschaftlichen Kommunismus zuzuordnen, weil bei aller notwendigen Verallgemeinerung und Erarbeitung grundlegender Gesetzmäßigkeiten Fragen der sozialistischen Lebensweise in allen Bereichen des gesellschaftlichen Lebens, auf allen Ebenen und durch alle Tätigkeiten und Verhaltensweisen beeinflußt werden.

Die Entwicklung der sozialistischen Lebensweise stellt an die wissenschaftliche Arbeit Anforderungen in zweierlei Hinsicht: einerseits aus der Sicht jeder Disziplin die Erfordernisse zur Ausprägung der sozialistischen Lebensweise zu bestimmen und andererseits interdisziplinär die sich vertiefenden Zusammenhänge von ökonomischer, sozialer und geistig-kultureller Entwicklung zu erfassen. Dabei stehen wir aus der Sicht der wissenschaftlichen Arbeit zu Problemen der Lebensweise noch am Anfang. Für den Ökonomen können Forschungen auf dem Gebiet der Lebensweise auch nicht damit abgetan werden, daß sie vorrangig Fragen der Verhaltensweisen, der Handlungsmotivationen beinhalten würden und somit in den Bereich der Soziologie, der Psychologie usw. gehören.

Die Ausprägung der sozialistischen Lebensweise vollzieht sich gleichermaßen durch Gestaltung und Entwicklung der Gesamtheit der materiellen Bedingungen in unserer Gesellschaft als auch durch die aus wachsendem sozialistischen Bewußtsein resultierenden Verhaltensweisen und Einstellungen. Nach der marxistisch-leninistischen Weltanschauung sind diese Prozesse nicht voneinander zu trennen, und sie entwickeln sich nicht unabhängig von leitender und planender sowie der ideologischen Arbeit der Partei, des Staates und der Gewerkschaften.

Es kann nicht Ziel und Aufgabe der heutigen Tagung sein, der Vielzahl vorhandener Definitionen zur sozialistischen Lebensweise eine neue hinzufügen zu wollen, ohne damit die Verantwortung auch der Ökonomen für die inhaltliche und begriffliche Bestimmung der sozialistischen Lebensweise negieren zu wollen. Es war auch nicht Anliegen der vorliegenden Diskussionsgrundlage, eine umfassende inhaltliche Bestimmung der sozialistischen Lebensweise, der ihrer Entwicklung zugrunde liegenden ökonomischen und sozialen Gesetze und Gesetzmäßigkeiten darzustellen. Viele, auch wesentliche Fragen wie Probleme der Entwicklung der sozialistischen Demokratie, der Rolle der Familie, des Arbeitskollektivs, des proletarischen Internationalismus und andere wurden ausgeklammert, nicht weil sie nichts oder wenig mit ökonomischen Problemen zu tun hätten, sondern um die Diskussion auf einige ausgewählte Schwerpunkte zu konzentrieren. In den einführenden Bemerkungen sollen deshalb auch keine neuen Probleme aufgeworfen, sondern die in der Diskussionsgrundlage behandelten Probleme des Charakters und des Inhalts der Arbeit sowie des materiellen und kulturellen Lebensniveaus ergänzt werden.

Zunächst sind einige Bemerkungen zum Komplex Charakter und Inhalt der Arbeit voranzustellen. Im Programm unserer Partei wird die ehrliche, gesellschaftlich nützliche Arbeit als Herzstück der sozialistischen Lebensweise bezeichnet, entsprechend unserer Auffassung über die Rolle der Arbeit bei der Entwicklung des Menschen. Das war das Ergebnis einer Diskussion, vor allem in der Sowjetunion und in der DDR, zur Überwindung einer einseitigen Betrachtungsweise der sozialistischen Lebensweise. Noch 1973 wurde zum Teil die Auffassung vertreten, daß unter der Lebensweise die nichtproduktive Sphäre des menschlichen Lebens zu verstehen sei, daß die Lebensweise den Konsum materieller und geistiger Güter, die Erziehung der Kinder, den Umgang mit Verwandten und Bekannten, die Gestaltung der Freizeit umfasse.

Die Ausprägung der sozialistischen Lebensweise ist von der Arbeit nicht zu trennen, gleich, ob es sich um die Schaffung materieller Werte oder um moralische Werte und um Haltungen handelt. Auf dem XVI. Kongreß der Sowjetgewerkschaften betonte Genosse Breshnew: Der Mensch in der sozialistischen Gesellschaft „ist der einzige Schöpfer der Kraft und des Reichtums der Gesellschaft. Niemand außer dem Volk kann bei uns die Ergebnisse der gesellschaftlichen Arbeit genießen, aber es gibt auch niemanden, der uns die Arbeit abnimmt"[5].

Es ist nicht nötig, im Rahmen der heutigen Tagung über die Arbeit als Quelle des materiellen Reichtums zu referieren. Die Orientierung der Partei auf die Erhöhung der Produktivität der Arbeit und höhere Effektivität widerspiegelt diese Zielstellung. Es scheint jedoch notwendig, darauf hinzuweisen, daß Einseitigkeiten in der Betrachtungsweise der Arbeit überwunden werden müssen. Die Arbeit ist unter sozialistischen Bedingungen zunächst und vor allem

- Quelle des materiellen Reichtums der Gesellschaft; sie ist aber zugleich
- Quelle der sozialen Veränderungen der Klassen, Schichten und sozialen Gruppen und damit verbunden
- Quelle der Persönlichkeitsentwicklung jedes einzelnen.

Wenn die Ergebnisse auch im unterschiedlichen Grade faß- und meßbar sind, so müssen sie jedoch komplex als Zielgröße der Leitung und Planung zugrunde liegen. Für die Entwicklung der sozialistischen Lebensweise ist im Gesamtsystem der geschaffenen politischen, ökonomischen und sozialen Bedingungen die volle Verwirklichung des Rechts auf Arbeit, einer von Ausbeutung freien Arbeit, von besonderer Bedeutung.

Gerade in jüngster Zeit häufen sich gezielt die Bemühungen westlicher Ideologen, die erfolgreiche Verwirklichung dieses grundlegenden Menschenrechtes in unserer Republik, aber auch in anderen sozialistischen Ländern zu diffamieren. In der „Frankfurter Allgemeinen" erschien Ende vergangenen Jahres ein Artikel unter der Überschrift „Vollbeschäftigung als Zeichen der Unfreiheit"[6]. Der Verfasser kommt dort zu folgenden Aussagen: „Ständige Vollbeschäftigung kann auch ein Zeichen der Unfreiheit sein, dann nämlich, wenn auf Menschen ökonomischer und politischer Druck ausgeübt wird, bestimmte Arbeitsplätze anzunehmen, die die Arbeitslosen in unseren freiheitlichen Ländern niemals anzunehmen bereit sind. ... Strukturveränderungen

[5] L. I. Breshnew, UdSSR steuert unbeirrt den Leninschen Kurs des Friedens, in: Neues Deutschland vom 22. März 1977.

[6] U. Wagner, Vollbeschäftigung als Zeichen der Unfreiheit, Zur Ökonomie des Ostblocks, in: Frankfurter Allgemeine, Frankfurt/M. D-Ausgabe Nr. 251 vom 6. November 1976, S. 11.

lassen sich in freiheitlichen Systemen ohne vorübergehende Arbeitslosigkeit der Betroffenen kaum bewerkstelligen. Will man die Arbeitslosigkeit völlig vermeiden, so muß man entweder auf die Strukturveränderung verzichten ... oder man muß auf die Freiheit verzichten – (man muß) Arbeitskräfte lenken, ‚delegieren' oder ‚abordnen' ... ihnen einen neuen Arbeitsplatz zuteilen."[7]

Der Verfasser gelangt schließlich zu der Feststellung, daß – ohne das so direkt zu sagen – der Kampf der Arbeiterklasse um Erhaltung und Erhöhung ihres Reallohnes eine Ursache für die Nichtgewährleistung des Rechts auf Arbeit sei. Es heißt wörtlich: „Schließlich ist Arbeitslosigkeit in westlichen Marktwirtschaften auch immer ein Indiz für zu hohe Reallöhne. Die Senkung der Reallöhne würde recht schnell Vollbeschäftigung wieder herbeiführen."[8]

Die Zielstellungen einer solchen bürgerlichen Ideologie sind eindeutig. Sie sind vor allem gerichtet

- gegen den Kampf der Arbeiterklasse um die Verwirklichung des Grundrechtes auf Arbeit und Verbesserung ihrer Lebenslage;
- gegen die erreichten Ergebnisse der wirtschaftlichen und sozialen Entwicklung in den sozialistischen Ländern.

Bereits Marx wies bekanntlich in den „Grundrissen der Kritik der Politischen Ökonomie" darauf hin, daß „Freiheit und Glück" nicht außerhalb des Arbeitsprozesses angesiedelt sind, „daß das Individuum ‚in seinem normalen Zustand von Gesundheit, Kraft, Tätigkeit, Geschicklichkeit, Gewandtheit' auch das Bedürfnis (nach) einer normalen Portion von Arbeit hat"[9]. Er verweist in diesem Zusammenhang auf die Notwendigkeit, daß sich die Arbeit die Bedingungen schaffen muß, subjektive und objektive, damit die Arbeit der Selbstverwirklichung des Individuums dient.[10]
Vergleicht man die Entwicklung des Beschäftigtengrades in der DDR, in den im Ausbildungsprozeß Stehende sowie Angehörige der NVA nicht einbezogen sind, so stieg der Beschäftigtengrad je 100 der Bevölkerung im arbeitsfähigen Alter:

1949	61,1
1960	72,9
1970	78,6
1975	79,1

Diese Entwicklung ist vor allem auf die immer wirksamere Einbeziehung der Frauen in den Arbeitsprozeß zurückzuführen:

1949	45,0
1960	61,9
1970	74,8
1975	78,7

Wir können heute von einer sehr hohen Nutzung des gesellschaftlichen Arbeitsvermögens in unserer Republik ausgehen. Unsere ökonomische Entwicklung sicherte und sichert, anfangs auch durch extensive Ausdehnung unserer Wirtschaft, daß jeder Bürger, der dazu in der Lage und willens ist, eine Tätigkeit ausüben konnte und kann. Die Sicherung des Rechts auf Arbeit, der erreichte Beschäftigtengrad führten sogar dazu, daß es bei uns einen Mangel an Arbeitskräften gibt.

7 Ebenda.
8 Ebenda.
9 K. Marx, Grundrisse der Kritik der Politischen Ökonomie, Berlin 1974, S. 505.
10 Vgl. ebenda.

Wenn wir gegenwärtig – und Genosse Honecker machte auf der 5. Tagung des ZK der SED erneut darauf aufmerksam – einen Widerspruch zwischen der Zahl der vorhandenen Arbeitsplätze und den zur Verfügung stehenden Arbeitskräften haben, so ist dieser Widerspruch nur durch Reduzierung vorhandener Arbeitsplätze zu überwinden. Das ist sowohl ein ökonomisches als auch soziales Anliegen. Es geht dabei sowohl um Fragen der Rentabilität und Effektivität unserer Produktion, aber auch um die Schaffung solcher Bedingungen, die nicht zu Widersprüchen zwischen Beschäftigten einzelner Zweige und Betriebe bis hinein in die Familie führen.

Auf der Grundlage des gesicherten Rechtes auf Arbeit ist die weitere Vervollkommnung des sozialistischen Charakters der Arbeit, besonders ihres Inhalts, eines der wesentlichen Merkmale der Gestaltung der sozialistischen Lebensweise. Die Gestaltung der Arbeitsbedingungen, die Veränderung der Arbeitsinhalte ist eine wesentliche Seite der Ausprägung der sozialistischen Lebensweise, der Persönlichkeitsentwicklung, die sich im Prozeß der Produktion selbst vollzieht.
Die erhöhten Anforderungen an den Inhalt der Arbeit resultieren nicht zuletzt aus dem steigenden Bildungsniveau in unserer Republik (vergl. Tabelle 1).

Tabelle 1
Qualifikationsstruktur der Werktätigen in der DDR
(in Prozent)

	Hoch- und Fachschulkader	Facharbeiter Meister	An- und Ungelernte
1955	4,4	25,6	70,0
1964	7,4	45,6	47,0
1970	12,5	48,5	39,0
1975	13,6	62,2	24,2
1980 (Plan)	18,0	66,0	16,0

Quelle: A. Knauer, Zur politischen und beruflichen Qualifikation der Facharbeiter, in: Zur schöpferischen Initiative der Arbeiterklasse und der wissenschaftlich-technischen Intelligenz bei der Beschleunigung des wissenschaftlich-technischen Fortschritts – Vorlesungen und Schriften der Parteihochschule „Karl Marx" beim ZK der SED, Berlin 1976, S. 84.

Vergleicht man vorgenommene Untersuchungen der Soziologen, so ergibt sich in Gegenüberstellung zum Grad der Technisierung folgendes Bild (vgl. Tabelle 2):

Tabelle 2
Technisierungsstufe und Qualifikationsstruktur
(in Prozent)

Technisierungsstufe	Arbeitskräfte		
	ungelernt angelernt	Teilfacharbeiter	Facharbeiter
manuell	35	9	56
teilmechanisiert	17	5	78
vollmechanisiert	30	8	62
teilautomatisiert	28	14	58
vollautomatisiert	24	7	69

Quelle: Fitze und andere, Wissenschaftlich-technischer Fortschritt – Sozialistische Arbeit – Persönlichkeit, Berlin 1976, S. 104.

Offensichtlich ist, daß in vielen Bereichen mit der Zunahme der Technisierung eine Vereinseitigung der Arbeitsaufgaben, eine Reduzierung der Arbeitsanforderungen, eine einfache Beobachtungstätigkeit treten.[11]

Daraus ergibt sich zwangsläufig die Forderung nach Anreicherung des Inhalts der Arbeit, nach Zunahme der schöpferischen Komponente im Arbeitsprozeß. Für die Gestaltung von Arbeitsbedingungen, die in höherem Maße dem steigenden Bildungsniveau sowie den Forderungen nach verbesserten Arbeitsbedingungen entsprechen, sind vor allem zwei Wege bestimmend:

a) Ein Weg führt über neue Technologien zur Veränderung der Arbeitsinhalte. Darauf wird auch nochmals auf der 5. Tagung des ZK der SED hingewiesen. Die Forderung nach Verstärkung der technologischen Forschung schließt sowohl Fragen der Qualität und Effektivität als auch die Möglichkeiten zur Veränderung der Arbeitsinhalte entsprechend den Erkenntnissen der Arbeitswissenschaften ein.

b) Ein anderer Weg besteht in der Umsetzung der Erkenntnisse der wissenschaftlichen Arbeitsorganisation unter den Bedingungen vorhandener Technologien, das heißt, daß mit dem steigenden Niveau der Arbeitsmittel und erhöhten Qualifikationsanforderungen zugleich solche Formen der Teilung der Arbeit angewendet werden, die einer Vereinseitigung oder Verarmung der Arbeitstätigkeit entgegenwirken.

Das ist zweifellos kein Prozeß, der von heute auf morgen lösbar ist. Nach wie vor werden in vielen Bereichen auch in den nächsten Jahren noch manuelle, zum Teil auch einseitige Arbeitsbeanspruchungen auftreten.

Wir haben in den vergangenen Jahren mittels der WAO rund 25 Prozent aller Arbeitsplätze in der Industrie, im Verkehr und im Bauwesen neu- oder umgestaltet (1973 bis 1976 waren das 507000 Arbeitsplätze bei einem Gesamtvolumen von 2 Millionen Arbeitsplätzen). Allein von 1973 bis 1975 konnten die Arbeiten unter erschwerten Bedingungen um 30 Prozent gesenkt werden.

Sicher hat niemand illusionäre Vorstellungen über das Mögliche. Es geht auch nicht um übertriebene Forderungen, nicht darum, daß überall und sofort Arbeitserschwernisse beseitigt, die Arbeitsinhalte angereichert werden, sondern darum, auf jeden Fall keine gegenläufigen Tendenzen zuzulassen. Die Durchsetzung der Einheit von Wirtschafts- und Sozialpolitik vollzieht sich nicht unmaßgeblich direkt im Betrieb. Nicht nur durch bedarfs- und qualitätsgerechte Produktion, sondern auch durch ständige Erhöhung der sozialen Wirksamkeit von Wissenschaft und Technik im Produktionsprozeß selbst. Es wäre vereinfacht und falsch, alle damit verbundenen Probleme auf fehlende ökonomische Mittel oder technische Lösungen zurückführen zu wollen.

Die Gestaltung der Arbeitsbedingungen, die Reduzierung schwerer körperlicher Arbeit, monotoner Arbeit usw. können nicht allein aus der Sicht betrachtet werden, daß dafür höhere Aufwendungen erforderlich sind. Sie sind auch eine wichtige Quelle zur Erschließung vorhandener Reserven.

Die volle Nutzung des vorhandenen Bildungsvermögens, die aus normalen Arbeitsbedingungen resultierende Leistungsbereitschaft sind Reserven, für deren Erschließung es dringend entsprechender Lösungen bedarf, die im Zusammenwirken von Technikern, Technologen und Arbeitswissenschaftlern zu erarbeiten sind. Mit der Schaffung von 150 Typenlösungen für rund 10000 Arbeitsplätze der Bereiche Elektronik, Keramik, Leichtindustrie und andere wurden hier schon wichtige Ansatzpunkte geschaffen.

[11] Fitze und andere, Wissenschaftlich-technischer Fortschritt, Sozialistische Arbeit – Persönlichkeit, Berlin 1976, S. 104.

Für die planmäßige Verbesserung der Arbeitsbedingungen ergibt sich zwingend die Notwendigkeit, noch stärker von einer differenzierten Analyse auszugehen, um auch differenziert Einfluß nehmen zu können.

Ich möchte in diesem Zusammenhang auf die Arbeitsbedingungen der werktätigen Frauen verweisen. Die weiblichen Beschäftigten stellen 50 Prozent unseres Arbeitsvermögens dar. In seiner Rede auf dem XVI. Kongreß der Sowjetgewerkschaften stellte Genosse Breshnew unter anderem fest, daß bei weitem noch nicht alles getan ist, um den werktätigen Frauen die zweifache Last – Beruf und Haushalt – zu erleichtern. Das trifft auch für die DDR zu.

Als Teil des sozialpolitischen Programms wurde bei uns in der Republik am 1. 1. 1974 die Arbeitsschutzanordnung 5 – für Frauen und Jugendliche – erlassen. Durchgeführte Massenkontrollen Ende 1975 ergaben folgendes Bild: In vielen Betrieben, Kombinaten und Einrichtungen konnten wirksame Verbesserungen auf dem Gebiet des Gesundheits- und Arbeitsschutzes für Frauen erreicht werden. Auch die Erkenntnisse der Arbeitswissenschaften und der Arbeitshygiene für die Gestaltung leistungsfördernder, erschwernisfreier und arbeitssicherer Arbeitsbedingungen wurden besser genutzt.

Vorhandene Mängel, auf die es noch Einfluß zu nehmen gilt, sind dagegen:

- Nichteinhaltung der Hebe- und Tragenormen. Es treten Rückstände, vor allem durch noch unzureichende Rationalisierung, zum Beispiel im Handel auf (zu schwere Abpackgrößen; bei 1,5 Stunden Kassendienst werden rund 850 kg Waren manuell bewegt);
- Beeinträchtigung durch gesundheitsschädigenden Lärm, zum Beispiel in Textilbetrieben;
- unzureichende Lufthygiene.

Es mag dem einen oder anderen im Verhältnis zu den Problemen, mit denen er sich beschäftigt, unbedeutend erscheinen, aber es sollte nicht übersehen werden, daß mangelhafte Arbeitsbedingungen sich im Verhalten und in der Einstellung der Frauen zur Arbeit niederschlagen, zu überhöhten Belastungen führen, die die Reproduktionserfordernisse beeinflussen, zugleich auch Auswirkungen auf die Familie haben und daß schließlich mangelhafte Arbeitsbedingungen gerade im Handel letztlich auch die Versorgung der Bevölkerung und damit das Lebensniveau aller Bürger beeinflussen.

Der Arbeitsprozeß ist zugleich das Feld der für die sozialistische Lebensweise charakteristischen Entwicklung von Initiative und Schöpfertum. Die Entwicklungszahlen sind bekannt. Gerade hier zeigt sich äußerlich, wie die erreichten sozialen Fortschritte sich in Leistungsanstieg, in Leistungsbereitschaft und Einsatzbereitschaft umschlagen.

Insbesondere in Vorbereitung und Auswertung des IX. Parteitages entwickelte sich, organisiert von den Gewerkschaften, eine umfangreiche Initiative im sozialistischen Wettbewerb. Dabei wurden eine Reihe neuer Züge des sozialistischen Wettbewerbs sichtbar, die qualitativ die Ziele und den Inhalt des sozialistischen Wettbewerbs bereicherten. Es sei hier vor allem auf folgende Aspekte hingewiesen:

1. Die ökonomischen Aufgaben werden immer wirksamer aus den Erfordernissen der Intensivierung abgeleitet. Im sozialistischen Wettbewerb wird damit ein direkter Beitrag zur Erhöhung der Grundfonds- und Materialökonomie, zur Durchsetzung des wissenschaftlich-technischen Fortschritts, zur verbesserten Nutzung des gesellschaftlichen Arbeitsvermögens, zur vollen Ausnutzung der Arbeitszeit, zur Anwendung fortschrittlicher Arbeitsmethoden und Arbeitsinhalte geleistet.

2. Es erfolgt eine zunehmende Einbeziehung der Werktätigen in den Prozeß der Durchsetzung des wissenschaftlich-technischen Fortschritts. Das findet seinen Ausdruck vor allem in der Entwicklung der Neuererbewegung sowie der wirksameren Zusammenarbeit von Produktionsarbeitern und Angehörigen der wissenschaftlich-technischen Intelligenz in sozialistischen Arbeits- und Forschungsgemeinschaften.

So beteiligten sich 1976 in der volkseigenen Wirtschaft 1,6 Millionen Werktätige, darunter 1 Million Produktionsarbeiter. Über 500 000 Frauen und 300 000 Jugendliche nahmen an der Neuererbewegung teil. Der in den Jahren 1971 bis 1975 erzielte Jahresnutzen aus Neuerervorschlägen betrug 16,7 Milliarden Mark und 1976 3,74 Milliarden Mark. Kontinuierlich erhöhte sich der Anteil der Neuerer und stieg von 19 Prozent (1971) auf 30 Prozent (1976). Das heißt, daß jeder dritte Werktätige in der zentralgeleiteten Industrie und im Bauwesen sich mit Fragen der Durchsetzung des wissenschaftlich-technischen Fortschritts, der Gestaltung seiner Arbeitsbedingungen beschäftigte und Vorschläge zu ihrer Verbesserung unterbreitete.

3. Der sozialistische Wettbewerb geht in Inhalt und Form immer wirksamer von den unterschiedlichen materiellen und ideellen Bedingungen der Arbeitskollektive und den von ihnen zu lösenden Aufgaben aus.

Die Vielfalt von Initiativen entspricht dem Erfordernis, durch Anwendung zweckmäßiger Formen der Organisation der Masseninitiative die ökonomische Wirksamkeit des sozialistischen Wettbewerbs zu erhöhen und an den Erfordernissen der Intensivierung zu orientieren. Das zeigt sich vor allem an spezifischen Initiativen zur Steigerung der Arbeitsproduktivität (persönliche und kollektiv-schöpferische Pläne), zur Aufdeckung von Reserven in der Arbeits- und Produktionsorganisation (Notizen zum Plan, Initiativschichten usw.), zur Verbesserung der Qualität, zur rationellen Nutzung vorhandenen Materials und der Grundfonds (Erfüllung des Jahresplanes in 50 Wochen, 10-Minuten-Bewegung, ein Tag im Monat mit eingespartem Material usw.), zur Verbesserung der materiellen Arbeitsbedingungen (Wettbewerb um Ordnung und Sicherheit) und anderen.

Große Bedeutung kommt dabei der Aneignung von fachlichem, ökonomischem und politischem Wissen zu. Durch die Entwicklung spezifischer Formen der Massenschulung wird das für die Beherrschung der Intensivierung notwendige ökonomische Wissen an die Wettbewerbsteilnehmer herangetragen. Untersuchungen belegen, daß durch solche zum Beispiel in den „Schulen der sozialistischen Arbeit" behandelten Themen wie Qualität der Produktion, Rolle des wissenschaftlich-technischen Fortschritts, Material- und Grundfondsökonomie, Gebrauchswert-Kostenanalyse usw. einerseits erforderliches theoretisches Wissen zur Beherrschung des Produktionsprozesses vermittelt wird und andererseits eine Fülle von praktischen Erfahrungen und Anregungen verbreitet wird, die unmittelbar zur Erhöhung der Produktivität und Effektivität beiträgt.

Die weitere Ausprägung der sozialistischen Lebensweise findet ihren Ausdruck vor allem in der Entwicklung der Bewegung „Sozialistisch arbeiten, lernen und leben". Genosse Erich Honecker stellte auf dem IX. Parteitag fest: „In ihr verbinden sich in hervorragender Weise das bewußte Streben nach hohen ökonomischen Ergebnissen, die gewissenhafte und ehrliche Arbeit für die Gesellschaft als Kern der sozialistischen Lebensweise mit der schöpferischen Aneignung der Weltanschauung der Arbeiterklasse. Das ist der Weg, auf dem die Arbeit mehr und mehr zum echten Lebensbedürfnis sozialistischer Persönlichkeiten wird."[12]

[12] E. Honecker, IX. Parteitag der SED, Bericht des Zentralkomitees der Sozialistischen Einheitspartei Deutschlands an den IX. Parteitag der SED, Berlin 1976, S. 115.

Ausgehend von dieser Orientierung, vollzogen und vollziehen sich, organisiert von den Gewerkschaften, zwei unmittelbar miteinander verbundene Prozesse. Einerseits werden immer mehr Kollektive über die Organisierung des sozialistischen Wettbewerbs, über die Erhöhung ihrer eigenen Ansprüche an die Gestaltung des Wettbewerbs, an die Bewegung „Sozialistisch arbeiten, lernen und leben" herangeführt, andererseits erhöhen sich vor allem die inhaltlichen Anforderungen an die Aufgaben und Ziele, die sich die um den Staatstitel „Kollektiv der sozialistischen Arbeit" kämpfenden Kollektive im sozialistischen Wettbewerb stellen.

Zu einigen Problemen der Entwicklung des materiellen und kulturellen Lebensniveaus sind folgende Bemerkungen zu machen. Im Programm der SED wird festgestellt: „Die sozialistische Lebensweise ist in der sozialistischen Produktionsweise begründet und schließt die stetige Hebung des materiellen und geistigen Lebensniveaus ein."[13]

Damit wendet sich unsere Partei, in Übereinstimmung mit den Auffassungen der anderen sozialistischen Länder, gegen eine einseitige Darstellung der sozialistischen Lebensweise im Sinne einer Qualität des Lebens, wie sie in westlichen Ländern interpretiert wird, die sich unabhängig vom erreichten materiellen und kulturellen Lebensniveau entwickelt. Die Versuche bürgerlicher Ideologen, Fragen des Kampfes um die Verbesserung der materiellen Lebensbedingungen durch allgemeine Forderungen zu verwässern, stoßen selbst in den kapitalistischen Ländern auf Unverständnis. So sah sich zum Beispiel der Vorsitzende des westdeutschen Gewerkschaftsbundes O. Vetter gezwungen, festzustellen: „Die Gewerkschaften können es nicht zulassen, daß qualitative Verbesserungen gegen die Sicherung der materiellen Existenzgrundlage ausgespielt werden. Durch die Forderung nach Qualität des Lebens können wir uns als Gewerkschaften nicht den Blick für die Quantität des Lebensnotwendigen verstellen lassen. Wer jedoch die privatwirtschaftliche Ordnung im Prinzip bejaht (und Vetter bejaht sie, G. W.), ist verpflichtet, zugleich die Grenzen ihrer Wirksamkeit zu sehen."[14]

Damit unterscheidet sich die sozialistische Lebensweise auch aus dieser Sicht bereits heute grundsätzlich von der Lebensweise der Klassen und Schichten im Kapitalismus. Sie ist unter kapitalistischen Bedingungen gekennzeichnet durch soziale Unsicherheit, da zum Beispiel eine relativ hohe Arbeitslosenunterstützung maximal nur 68 Prozent des letzten Nettoeinkommens ausmacht. Sie ist ferner charakterisiert durch das Unvermögen, den Lebensstandard für den Arbeiter und seine Familie in Abhängigkeit von der eigenen erbrachten Leistung durch Sicherung des Rechts auf Arbeit zu gewährleisten und schließlich durch die Diskrepanz im Verhältnis von Entwicklung des Arbeitseinkommens und des Realeinkommens.

Die Zielstellung des sozialistischen Wirtschaftssystems, das materielle und kulturelle Lebensniveau zu erhöhen, ist auf die Verbesserung der Gesamtheit der Arbeits- und Lebensbedingungen gerichtet. Es schließt ein

- die Verbesserung der materiellen und zeitlichen Arbeitsbedingungen;
- die Erhöhung der individuellen Konsumtion als Verbrauch oder Gebrauch von Konsumgütern und Inanspruchnahme von Dienstleistungen sowie der gesellschaftlich organisierten Konsumtion;
- die Verbesserung der Wohnbedingungen im Sinne einer komplexen Wohngebietsgestaltung;

[13] Programm der Sozialistischen Einheitspartei Deutschlands, a. a. O., S. 53.

[14] H. O. Vetter, Die Aufgaben der Gewerkschaften in dieser Gesellschaft, in: Sozialpolitik – Ziel und Weg, Köln 1974.

- die Erhöhung der Freizeit und deren rationelle Nutzung sowie die dafür erforderlichen materiellen Bedingungen;
- die Bedingungen der sozialen und gesundheitlichen Betreuung;
- die Bedingungen der kulturellen und sportlichen Betätigung;
- die Erhöhung des erreichten Bildungsniveaus in fachlicher und politischer Hinsicht;
- die Verbesserung der Umweltbedingungen des Menschen.

Dabei ist für die sozialistische Gesellschaft sowohl ein hohes Niveau des materiellen und kulturellen Lebens als aber vor allem die stetige Hebung des Lebensniveaus charakteristisch, bei weitgehender Übereinstimmung von Entwicklung des Arbeitseinkommens und steigendem materiellem Wohlstand.

Bei der Entwicklung der Einkommen und der sich daraus ergebenden Konsequenzen für unsere Wirtschafts- und Sozialpolitik muß beachtet werden, daß die Sicherung der Preisstabilität von außerordentlicher Bedeutung ist. Die nach wie vor unveränderten niedrigen Preise für Nahrungsmittel, die niedrigen Mieten und Verkehrstarife führen zu einem sinkenden Anteil dieser Ausgaben am Haushaltseinkommen. Jede Erhöhung der Arbeitseinkommen beeinflußt deshalb unmittelbar und nachhaltig die Lebenslage.

Dabei muß nach wie vor darauf geachtet werden, daß die Wirkung der Arbeitseinkommen auf die Erhöhung des materiellen Lebensniveaus verringert wird, wenn Erzeugnisse in einem geringfügigen Detail verändert werden und daraus Preisveränderungen auf Grund fehlender Vergleichbarkeit abgeleitet werden, wenn bei gleichbleibenden Preisen die Qualität verschlechtert wird und wenn die Struktur des Angebots zugunsten teurerer Waren verschoben wird.

Ein solches Vorgehen würde zu einer Diskreditierung unserer Politik stabiler Preise für die Werktätigen führen, die Wirksamkeit des sozialistischen Verteilungsprinzips mindern und zugleich dem Klassengegner Ansatzpunkte für die Verfälschung des Inhalts und der Ziele unserer Wirtschafts- und Sozialpolitik liefern.[15]

Die Verteilung nach der Arbeitsleistung wirkt letztlich nur in dem Maße leistungsfördernd und stimulierend, wie dem steigenden Einkommen entsprechende Waren und Leistungen gegenüberstehen. Darauf wies bekanntlich Genosse Breshnew auf dem XXV. Parteitag der KPdSU hin, indem er feststellte, daß steigende Geldeinnahmen zugleich erfordern, eine diesen Geldeinnahmen entsprechende Entwicklung der Waren und Dienstleistungen zu erreichen.[16]

In der vorliegenden Diskussionsgrundlage wird, ausgehend von den Ergebnissen der soziologischen Forschung, festgestellt, daß der Prozeß der Annäherung der Klassen und Schichten der bestimmende Grundprozeß der sozialen Entwicklung ist.

Das wurde in der Vergangenheit besonders deutlich in der Annäherung der Arbeits- und Lebensbedingungen zwischen Stadt und Land und in der Annäherung im Bildungsniveau.

Unsere Wirtschafts- und Sozialpolitik ist, wie im Programm der SED formuliert, auf die Minderung vorhandener Unterschiede gerichtet.

Aber – und das ist notwendig, es stets zu betonen – es geht dabei um solche Unterschiede, die nicht aus unterschiedlichen Leistungen, unterschiedlichen Fähigkeiten,

[15] Vgl. U. Wagner, Vollbeschäftigung als Zeichen der Unfreiheit. Zur Ökonomie des Ostblocks, a. a. O., S. 11.

[16] Vgl. L. I. Breshnew, XXV. Parteitag der KPdSU, Rechenschaftsbericht des Zentralkomitees der KPdSU und die nächsten Aufgaben in der Innen- und Außenpolitik, Berlin 1976, S. 66.

Erfahrungen und Verantwortung resultieren. Es ist notwendig hervorzuheben, daß es keine ungerechtfertigten Unterschiede gibt, die aus der Anwendung der Verteilung nach der Arbeitsleistung resultieren (die richtige Anwendung natürlich vorausgesetzt). Es ist voll die auf einer kürzlich in Halle stattgefundenen Konferenz zu Problemen der Bedürfnisentwicklung vertretene Auffassung zu unterstützen: Es gibt, entsprechend dem erreichten Entwicklungsstand, kein gerechteres Entlohnungssystem als die Verteilung nach Quantität und Qualität der geleisteten Arbeit. Unterschiede im Sozialismus, aus der Verteilung nach Arbeitsleistung resultierende Ungleichheiten sind deshalb nicht von vornherein als ungerecht zu definieren; sie werden sich im Maße der Differenzierung bzw. Annäherung der Arbeitsleistung vergrößern oder verringern.

Die Annäherung der Arbeitseinkommen ist selbstverständlich nicht nur erreichbar über die ständige Erhöhung der Mindestlöhne, obwohl ihr eine große Bedeutung zukommt. Die Annäherung vollzieht sich als ein Komplex von Maßnahmen, zu denen gehören

- die Annäherung der Leistungen auf Grund eines sich angleichenden Bildungsniveaus in Verbindung mit der Durchsetzung des wissenschaftlich-technischen Fortschritts;
- die Annäherung der Leistungen bei vergleichbarer Qualifikation;
- die Gestaltung solcher Arbeitsbedingungen, die eine volle Ausschöpfung der vorhandenen Leistungsfähigkeit ermöglichen und zugleich das Streben nach höherer Leistung fördern;
- die Annäherung der Arbeitseinkommen bei vergleichbaren Leistungen und Tätigkeiten zwischen den Zweigen und Bereichen der Volkswirtschaft, die letztlich über lohnpolitische Maßnahmen erfolgt.

Für die volle Durchsetzung des Prinzips der Verteilung nach der Arbeitsleistung gewinnen die gesellschaftlichen Fonds eine zunehmende Bedeutung. Über die gesellschaftlichen Fonds wird einerseits gesichert, daß die Bedingungen für die Bildung, die Aneignung von Wissen und Fähigkeiten sich für jeden Bürger gleich gestalten. Durch ihren Einsatz für die Sicherung stabiler Verbraucherpreise wirkt andererseits die Entwicklung des Arbeitseinkommens leistungsstimulierend. Durch die Übernahme von Aufwendungen für die Betreuung und Erziehung der Kinder werden die Unterschiede im Verbrauch bei gleichem Arbeitseinkommen, aber unterschiedlicher Familiengröße gemindert.

Es kann und wird dabei jedoch keineswegs übersehen, daß wir auch gegenwärtig noch eine Reihe von Differenzierungen haben, die enormer wirtschaftlicher, aber auch politisch-ideologischer Anstrengungen bedürfen, um sie schrittweise zu mindern.

Ich möchte hier nur verweisen auf Unterschiede in den Arbeits- und Lebensbedingungen der Männer und Frauen, der Jugendlichen und älteren Bürger (Arbeitsbedingungen, Freizeitverwendung, Arbeitseinkommen, materielle und moralische Anerkennung) sowie auf Unterschiede im materiellen Lebensniveau in Abhängigkeit von der Familiengröße. Diese Unterschiede bedürfen der gezielten und komplexeren Analyse über Ursachen und Wege ihrer Minderung.

Es soll gerade aus der Sicht der Differenzierung in den Arbeits- und Lebensbedingungen nur auf ein Problem hingewiesen werden, um nochmals die Komplexität des Herangehens aus der Sicht der Entwicklung der sozialistischen Lebensweise deutlich zu machen. Wir haben bekanntlich seit Jahren eine große Differenz in der Verwendung der arbeitsfreien Zeit. Nach den Erhebungen der Staatlichen Zentralverwaltung für Statistik wurden 1974 in Familienhaushalten von Arbeitern und Angestellten geleistet (in Stunden pro Woche):[17]

	Ehemann	*Ehefrau*
hauswirtschaftliche Tätigkeit	14,35 Std.	31,03 Std.
einkaufen	1,40 Std.	4,32 Std.
	15,75 Std.	35,35 Std.

das heißt insgesamt rund 51 Stunden mit einem Anteil der Frau von über zwei Dritteln der anfallenden Zeit.

Darüber hinaus fallen für die Erziehung und Betreuung der Kinder bei den Ehemänner 1,40 Stunden und bei den Ehefrauen 4,78 Stunden an.

Nach Untersuchungen des Instituts für Marktforschung sind reduzierbar (theoretisch pro Jahr):[18]

Einkaufszeiten von rund	300 Std.	um	75 Std.
Wäschereinigung von	420 Std.	um	195 Std.
Speisenzubereitung von	800 Std.	um	208–380 Std.
Wohnungsreinigung von	630 Std.	um	155 Std.
sonstige Hausarbeit von	310 Std.	um	100 Std.

Die im Haushalt anfallende Hauswirtschaftszeit wäre also insgesamt von rund 2500 Stunden um 770 bis 900 Stunden zu reduzieren, das heißt, in diesen Bereichen wäre bereits gegenwärtig eine tägliche Reduzierung des Arbeitsaufwandes von 2 bis 3 Stunden möglich, wenn entsprechende materielle Voraussetzungen geschaffen werden. Die Erhöhung der Freizeit durch Reduzierung der Hausarbeitszeit stellt somit eine der Hauptlinien unserer Entwicklung dar.

Die durch den wissenschaftlich-technischen Fortschritt mögliche Zeiteinsparung darf aber nicht durch entgegenwirkende Tendenzen wieder beseitigt werden (zum Beispiel ungenügendes Angebot im Handel, lange Wartezeiten gleichen eine mögliche Einsparung durch Kühlmöbel aus; ähnlich ist es bei hoher Störanfälligkeit technischer Haushaltsartikel und langen Dienstleistungszeiten).

Das bedeutet, die erforderliche Entwicklung gerade auf diesem Gebiet ist nur aus der Sicht einer komplexen Entwicklung der Konsumgüterproduktion, der Entwicklung des Dienstleistungsbereiches, aber auch der Änderung bestimmter Verhaltensweisen möglich.

Abschließend möchte ich noch einige kurze Bemerkungen zu Problemen der Forschungsarbeit machen, die sich zumindest aus der Sicht des Rates für Sozialpolitik und Demografie ergeben. Zu Beginn des Jahres tagte der Rat für Sozialpolitik und Demografie gemeinsam mit dem Wissenschaftlichen Rat für soziologische Forschung und zog im Ergebnis der Tagung Schlußfolgerungen für die gemeinsame Arbeit. Das betrifft – ausgehend vom heutigen Thema – solche Fragen, wie

– die weitere Erforschung des Prozesses der Annäherung und Differenzierung der Sozialstruktur und der sozialistischen Lebensweise;

17 Vgl. Ministerrat der DDR, Staatliche Zentralverwaltung für Statistik, Erhebung über das Zeitbudget in Arbeiter- und Angestelltenhaushalten, Berlin 1975.

18 Vgl. W. Hartmann, Zur ökonomischen Analyse individueller Konsumtionsprozesse, in: Wirtschaftswissenschaft, 2/1973, S. 223.

- die Vervollkommnung der Leitung und Planung aus der Sicht der zu erreichenden sozialen Entwicklung, insbesondere die Bestimmung quantitativer und qualitativer Größen der sozialen Entwicklung und ihnen zugrunde liegende Bedingungen;
- die Entwicklung der materiellen und geistig-kulturellen Bedürfnisse der Klassen und Schichten sowie sozialer Gruppen, wobei hier der Schwerpunkt noch mehr auf die Analyse sozialer Gruppierungen innerhalb der Klassen, insbesondere der Arbeiterklasse, gelegt werden muß. Das betrifft aber auch spezielle geschlechtliche und altersmäßige Strukturierungen;
- die volle Durchsetzung des sozialistischen Leistungsprinzips und die Entwicklung der inneren Triebkräfte der Arbeit;
- die Vervollkommnung des sozialistischen Charakters, besonders des Inhalts der Arbeit, die Erhöhung der sozialen Wirksamkeit des wissenschaftlich-technischen Fortschritts;
- den Zusammenhang von ökonomischer und sozialer Entwicklung und Gestaltung sozialistischer Kollektiv- und Familienbeziehungen.

Dabei muß vor allem die Praxiswirksamkeit der Forschungsarbeit wesentlich zielgerichteter erhöht werden. Ich darf in diesem Zusammenhang an die Ausführungen von Genossen Breshnew auf dem XVI. Kongreß der Sowjetgewerkschaften erinnern, wo er feststellt, daß nicht die Menge des Papiers, sondern die politische Orientierung, Sachlichkeit und die praktischen Ergebnisse die Kriterien für die Beurteilung unserer Arbeit sind.

Wir müssen uns darüber im klaren sein, daß Praxiswirksamkeit auf unseren Gebieten bedeutet, solche Forschungsergebnisse zu erreichen,
- die sich in wirtschafts- und sozialpolitischen Maßnahmen der Partei, des Staates und der Gewerkschaften niederschlagen, die die soziale Wirksamkeit unserer Wirtschaftspolitik weiter erhöhen;
- die es ermöglichen, auf allen Ebenen (Betrieb, Territorien und in allen Bereichen des gesellschaftlichen Lebens) ökonomische und soziale Prozesse wirksamer miteinander zu verbinden (das ist sowohl eine Forderung aus der Sicht der politisch-ideologischen Arbeit als auch der praktisch-organisierenden Tätigkeit);
- die sowohl kurzfristig auf die Lösung vorhandener Probleme Einfluß nehmen als auch eine langfristig gezielte wissenschaftliche Arbeit ermöglichen.

Meine einführenden Bemerkungen konnten weder umfassend sein, noch war es möglich, auf Grund heute noch fehlender Forschungsergebnisse – disziplinär und interdisziplinär – alle Fragen der sozialistischen Lebensweise zu behandeln. Daher wurden nur zu ausgewählten Fragen einige neue Probleme und auch neue Erkenntnisse dargelegt. Durch die Einbeziehung der Aufgaben zur Ausprägung der sozialistischen Lebensweise in die ökonomische Forschung ebenso wie in andere Disziplinen, durch die organisierte Zusammenarbeit werden auch auf diesem Gebiet in Zukunft wirksamere Beiträge geleistet werden können.

3. Diskussion

H. Luft

Leistungsprinzip, Sozialpolitik und sozialistische Lebensweise

Als Ausdruck des durch das sozialistische Eigentum an den Produktionsmitteln bedingten neuen Ziels der Produktion sind die sozialpolitischen Maßnahmen darauf gerichtet, das Leben der Arbeiterklasse und des ganzen Volkes weiter zu verbessern. In der großen Breite unserer Sozialpolitik, von Erich Honecker als eine ihrer wichtigen Charakteristika hervorgehoben[1], widerspiegelt sich der gesellschaftliche Charakter des sozialistischen Eigentums an den Produktionsmitteln ebenso wie in der Tatsache, daß die SED in ihren sozialpolitischen Maßnahmen den Aufgaben den Vorrang gibt, die für die Menschen am wichtigsten sind, wo Verbesserungen am notwendigsten sind und mit den verfügbaren Fonds für die Werktätigen besonders wesentliche Fortschritte erzielt werden können.

Nicht Interessengegensätze und soziale Konflikte, wie sie in den auf Privateigentum an den Produktionsmitteln beruhenden Gesellschaftsordnungen unvermeidlich sind, sondern die Übereinstimmung der gesellschaftlichen mit den persönlichen Interessen ist die entscheidende Triebkraft der gesellschaftlichen Entwicklung im Sozialismus. Deshalb ist die Sozialpolitik untrennbar mit der materiellen Interessiertheit, mit der konsequenten Anwendung des Leistungsprinzips verbunden. Karl Marx begründete bekanntlich in der „Kritik des Gothaer Programms", warum der Sozialismus durch das Prinzip „Jeder nach seinen Fähigkeiten, jedem nach seiner Leistung" charakterisiert ist. Und Lenin forderte, „daß man jeden großen Zweig der Volkswirtschaft auf der persönlichen Interessiertheit aufbauen muß", daß man die Sache so einrichten muß, „daß jeder Werktätige seine Kraft für die Stärkung des Arbeiter-und-Bauern-Staates einsetzt"[2].

Das Leistungsprinzip zielt auf die *Übereinstimmung der gesellschaftlichen mit den persönlichen Interessen.* Derjenige, der mehr für die Gesellschaft leistet, soll sich auch persönlich mehr leisten können. Damit fördert das Leistungsprinzip die schöpferische Initiative der Werktätigen zur Steigerung der Arbeitsproduktivtät und das Interesse an ihrer eigenen Qualifizierung. Die konsequente Verwirklichung der Hauptaufgabe hat die tägliche Lebenserfahrung der Menschen bekräftigt, daß sich gute Arbeit für sie selbst und ihre Familien auszahlt. Das hat zu einem großen Aufschwung der Initiativen der Arbeiterklasse, der Genossenschaftsbauern, der Intelligenz sowie aller anderen Werktätigen bei der Erfüllung der Pläne geführt.

Die Zielstellung des sozialistischen Wettbewerbs, an dem praktisch alle Werk-

[1] Vgl. E. Honecker, Das Wohl des Volkes ist der Sinn unseres Kampfes. Aus dem Referat des Genossen Erich Honecker, Generalsekretär des Zentralkomitees der SED, vor den 1. Sekretären der Kreisleitungen am 25. 2. 1977, in: Neuer Weg, 6/1977, S. 247.

[2] W. I. Lenin, Die neue ökonomische Politik und die Aufgaben der Ausschüsse für politisch-kulturelle Aufklärung, in: Werke, Bd. 33, Berlin 1962, S. 50 und 53.

tätigen der Produktion und auch der nichtproduzierenden Bereiche der Volkswirtschaft teilnehmen, „Aus jeder Mark, jedem Gramm Material, jeder Stunde Arbeitszeit einen größeren Nutzeffekt", erfaßt treffend das Wesen der Intensivierung des Reproduktionsprozesses als Hauptweg zur Verwirklichung der Einheit von Wirtschafts- und Sozialpolitik. In diesem Zusammenhang möchte ich noch zwei Detailbemerkungen machen:

Erstens: Wir verwenden manchmal Leistungsprinzip und Verteilung nach der Arbeitsleistung als synonyme Begriffe. In Wirklichkeit geht das Leistungsprinzip weit über die Verteilung nach Arbeitsleistung hinaus. Es ist ein gesamtgesellschaftliches Prinzip im Sozialismus. Das Leistungsprinzip wenden wir zum Beispiel schon bei der Ausbildung unserer Kinder an, wenn ich allein an die Leistungsbewertung in Form von Zensuren und Prüfungen denke. Das Leistungsprinzip gilt auch beim Einsatz der Werktätigen für die entsprechenden Arbeitsaufgaben und Funktionen. Schließlich gilt das Leistungsprinzip auch für die Betriebe untereinander im Zusammenhang mit dem Äquivalenzprinzip oder mit der Einschätzung der Ergebnisse des sozialistischen Wettbewerbs, der Leistungsbewertung der Betriebe bei der Planerfüllung, wo es bekanntlich noch viele Probleme zu lösen gibt.

Zweitens: Die Verteilung nach Arbeitsleistung erfaßt nicht nur das notwendige Produkt, sondern auch den Teil des durch die Werktätigen in den produzierenden Bereichen geschaffenen Mehrprodukts (Produkt für die Gesellschaft), der in der nichtproduzierenden Sphäre für die Vergütung der dort Beschäftigten verwendet wird. Der Fonds für die individuelle Konsumtion ist also größer als das notwendige Produkt. Bei der Erhöhung des Realeinkommens erlangen die gesellschaftlichen Fonds, die ebenfalls aus dem Mehrprodukt als dem Produkt für die Gesellschaft gespeist werden, eine zunehmende Bedeutung. Ihre Inanspruchnahme dient dem weiteren Ausbau der durch die sozialistische Planwirtschaft von vornherein gewährleisteten sozialen Sicherheit der Bürger für ihr ganzes Leben. Zugleich fördert sie die immer bessere Wirksamkeit der Verteilung nach Arbeitsleistung. Deutlich wird das am Beispiel der einzelnen Positionen der Leistungen und Zuwendungen des sozialistischen Staates aus den gesellschaftlichen Fonds (vgl. Tabelle 1).

Tabelle 1
Verwendung der Leistungen und Zuwendungen des Staates aus den gesellschaftlichen Fonds in der DDR in Mrd. Mark

Art der Leistung	1966–1970	1971–1975
Wohnungswirtschaft (einschl. Mieten)	8,9	15,0
Preis- und Tarifsubventionen	36,2	50,1
Bildungswesen	22,5	33,6
Kultur, Sport und Erholungswesen	3,7	7,4
Gesundheits- und Sozialwesen	12,6	14,0
Zuwendungen für die Sozialversicherung	25,1	41,0
Insgesamt	110,0	161,1

Quelle: Statistisches Jahrbuch der DDR 1976, S. 288.

So stellen die Subventionen für die Aufrechterhaltung der stabilen Einzelhandelsverkaufspreise, Mieten und Tarife den größten Posten der Leistungen und Zuwendungen des Staates aus gesellschaftlichen Fonds dar. Aber gerade durch die Stabilität der Kaufkraft des Geldes wird, bedarfsgerechtes Warenangebot vorausgesetzt, was die große Bedeutung der bedarfsgerechten Versorgung unterstreicht, die Wirksamkeit der stimulierenden Wirkung der Geldeinkünfte der Werktätigen gesichert. Bei uns bleiben die Löhne der Arbeiter nicht hinter steigenden Preisen zurück, wie das im Kapitalismus – als eine beliebte Form der indirekten Ausbeutung, begründet von Keynes – der Fall ist, sondern umgekehrt: Dank der stabilen Kaufkraft des Geldes werden die Maßnahmen der Lohnpolitik voll realeinkommenswirksam.

Die Unentgeltlichkeit wichtiger sozialer Leistungen wie Bildung, medizinische Betreuung, ständiger Ausbau des Gesundheits- und Bildungswesens als wichtige Schwerpunkte im sozialpolitischen Programm der Partei garantieren ihre Inanspruchnahme durch alle Bürger im Interesse der allseitigen Entwicklung ihrer Persönlichkeit unabhängig von unterschiedlichen Einkommen. So hat jeder Bürger vielfältige Möglichkeiten, sich durch höhere Leistungen tatsächlich ein höheres Lebensniveau zu erarbeiten. Damit wird eine wesentliche Voraussetzung im Sinne der Chancengleichheit für jeden geschaffen, so daß die Verteilung nach der Arbeitsleistung über die Interessenübereinstimmung als entscheidende Triebkraft zur Steigerung der Arbeitsproduktivität wirksam wird.

Dagegen gibt es im Kapitalismus infolge der Ausbeutung des Menschen durch den Menschen kein Leistungsprinzip. Dort ist der Arbeitslohn der Preis der Ware Arbeitskraft. Der Profit des Kapitalisten ist arbeitsloses Einkommen. Die sozialistische Gesellschaft dagegen ist leistungs- und wachstumsorientiert, benötigt eine hohe Effektivität, deren Kernstück die Arbeitsproduktivität ist, um die materiellen Voraussetzungen für die immer bessere Befriedigung der Bedürfnisse der Menschen zu schaffen.

In diesem Zusammenhang wird zuweilen der Begriff der sozialen Effektivität gebraucht. Ich verwende diesen Begriff nicht, weil er meines Erachtens das Anliegen des Kampfes um eine höhere Effektivität verwischen kann. Nur durch die Verbesserung des Verhältnisses von Aufwand und Ergebnis wird der Spielraum der Sozialpolitik erweitert, werden die Voraussetzungen für die Lösung solcher sozialpolitischer Aufgaben geschaffen, die fühlbar das Leben der Menschen verbessern. Man muß also zwischen Effektivität und Nutzung ihrer Ergebnisse entsprechend dem Ziel der sozialistischen Produktion klar unterscheiden.

Es wäre verdienstvoll, wenn wir in unseren Publikationen über die sozialistische Lebensweise noch stärker den Aspekt der Auseinandersetzung mit den bürgerlichen Verleumdungen über die angebliche Unfreiheit im Sozialismus beachten. Einerseits wurde vor dem IX. Parteitag behauptet, daß auch in der DDR das Wachstum gedrosselt werde, die SED zu Abstrichen an ihrem Sozialprogramm gezwungen sei. Jetzt müssen die bürgerlichen Ideologen zur Kenntnis nehmen, daß wir das sozialpolitische Programm trotz außenwirtschaftlicher Erschwernisse und kapitalistischer Krise im Vertrauen auf die Leistungsbereitschaft der Werktätigen konsequent verwirklichen. Andererseits rufen die Gefährdung der Arbeitsplätze, inflationistische Preistreiberei, steigende Rüstungslasten und Sparmaßnahmen bei den Sozialausgaben (Rentenversicherung, Volksbildung, Gesundheitswesen und anderen Bereichen) selbst in den entwickelten kapitalistischen Industriestaaten ein Klima der Angst vor dem morgigen Tag hervor, das trotz aller Schönrederei der bourgeoisen Ideologen das glatte Gegenteil von Freiheit und Menschenwürde ist, die sie so oft beschwören. In die Defensive gedrängt, zieht deshalb die bürgerliche Ideologie alle Register des Antikommunismus und Antisowjetismus, verleumdet wütend die sozialistische Planwirtschaft und versucht, Ausbeutung, soziale Unsicherheit und Ungerechtigkeit zu bagatellisieren, wie es zum Beispiel der Engländer Sir Popper (1971) tat: „Die Armut ist ein großes

Übel, und sie wird ein ärgeres Übel, wenn sie mit großem Reichtum zusammen besteht. Aber ein schlimmeres Übel noch als der Gegensatz von Armut und Reichtum ist der Gegensatz von Unfreiheit und Freiheit."[3] Aber was ist das für eine Freiheit, die soziale Sicherheit und Gerechtigkeit ausschließt? Erst dank der Beseitigung der Ausbeutung des Menschen durch den Menschen, durch soziale Sicherheit wird die höchstmögliche Freiheit der Persönlichkeit verwirklicht, weil die Freiheit nicht nur im Hegelschen Sinne als Einsicht in die Notwendigkeit aufzufassen ist, sondern – in Übereinstimmung mit Friedrich Engels – darin, daß die von den Menschen in Bewegung gesetzten gesellschaftlichen Ursachen vorwiegend und in stets steigendem Maße auch die von ihnen gewollten Wirkungen haben.

Frei von Ausbeutung und Unterdrückung können die Menschen im Sozialismus ihre Ansprüche an das Leben durch ihre eigene, gewissenhafte, ehrliche, gesellschaftlich nützliche Arbeit verwirklichen. Sie entscheiden mit der Erfüllung der staatlichen Pläne, an deren Erarbeitung jeder Werktätige, jedes Betriebskollektiv entsprechend den demokratischen Grundsätzen unseres Staatsaufbaus beteiligt ist, selbst über die Höhe ihres Lebensniveaus. Sie sind nicht wie die Werktätigen in den kapitalistischen Ländern dem anonymen Mechanismus der Marktkonkurrenz unterworfen. Sie kennen keine kapitalistische Inflation und Preistreiberei.

Die Kraft der sozialistischen Planwirtschaft bei der realen Verwirklichung der Freiheit und Persönlichkeit zeigt sich nicht zuletzt auch darin, daß trotz außenwirtschaftlicher Belastungen im Zusammenhang mit der kapitalistischen Krise kein sozialistischer Staat auf seine sozialpolitischen Ziele verzichtet hat, sondern vielmehr auf die Erhöhung der Qualität und Effektivität der Arbeit, die Beschleunigung des wissenschaftlich-technischen Fortschritts, also auf die Entfaltung aller schöpferischen Kräfte und Fähigkeiten der Menschen orientiert.

[3] K. R. Popper, Revolution oder Reform, München 1971, S. 26.

H. Milke

Die Analyse der Wirkung sozialpolitischer Maßnahmen vertiefen

Den Thesen zur heutigen Ratstagung möchte ich meine Zustimmung geben, sie sind auch für die politökonomische Lehrtätigkeit eine gute Grundlage.

Es ist inzwischen durch die Praxis bewiesen, daß die Einheit von Wirtschafts- und Sozialpolitik sich unmittelbar aus den Erfordernissen des ökonomischen Grundgesetzes des Sozialismus für die weitere Gestaltung der entwickelten sozialistischen Gesellschaft ergibt, daß ein direkter Zusammenhang zwischen dem erfolgreichen Kurs der Hauptaufgabe und der Tatsache besteht, daß sich die DDR als stabiler und sich dynamisch entwickelnder sozialistischer Staat bewährt. Auf diese Zusammenhänge wird vielfältig in den Thesen eingegangen.

Unbestritten ist jedoch auch, daß sich in diesem Fünfjahrplan wesentlich höhere Leistungsanforderungen an die Volkswirtschaft der DDR ergeben, um auch weiterhin die materielle Absicherung sozialpolitischer Maßnahmen durch die Erhöhung der Effektivität zu gewährleisten. Welche Aufgaben sind aus dieser Sicht für politökonomische Forschungen abzuleiten? Es sei mir gestattet, einige zu nennen:

Erstens sind sicherlich die neuen Anforderungen an die wirtschaftliche Entwicklung auch unter sozialpolitischen Aspekten weiter zu untersuchen. So sind für die Fortführung aller zwischen dem VIII. und IX. Parteitag der SED getroffenen Maßnahmen, die nach dem IX. Parteitag beschlossenen sozialpolitischen Vergünstigungen und für den Wohnungsbau bis 1980 insgesamt etwa 105 Milliarden Mark zu erwirtschaften. Das bedingt den weiteren effektiven Ausbau der materiell-technischen Basis durch die konsequente Intensivierung, insbesondere die Beschleunigung des wissenschaftlich-technischen Fortschritts. Dabei gestalten sich eine Reihe von Bedingungen der intensiv erweiterten Reproduktion komplizierter.

Auch die sozialpolitischen Maßnahmen selbst, wie zum Beispiel die schrittweise Einführung der 40-Stunden-Woche, die Maßnahmen zur Verlängerung des Erholungsurlaubs und zur weiteren Förderung berufstätiger Mütter stellen bedeutend größere Anforderungen an die Einsparung von Arbeitszeit und die rationellere Nutzung des gesellschaftlichen Arbeitsvermögens.

Hervorzuheben ist des weiteren, daß auch die wirtschaftlichen Prozesse selbst noch stärker unter sozialpolitischen Gesichtspunkten gestaltet werden. Beispielsweise wird bei der Vertiefung der Intensivierung eine der entscheidenden sozialpolitischen Aufgaben gelöst: die planmäßige Verbesserung der Arbeitsbedingungen und die dazu erforderliche weitere Ausprägung des schöpferischen Charakters der sozialistischen Arbeit. Allein die Tatsache, daß in diesem Fünfjahrplan die Arbeitsbedingungen an über 900 000 Arbeitsplätzen zu verbessern und nach Grundsätzen der wissenschaftlichen Arbeitsorganisation umzugestalten sind, zeigt die Dimensionen dieser Aufgabenstellung.

So wirksam es jedoch ist, die neuen Anforderungen an die wirtschaftliche Entwicklung, die sich aus den sozialpolitischen Maßnahmen ergeben, aus volkswirtschaftlicher Sicht vom Standpunkt des notwendigen Effektivitätszuwachses ständig zu analysieren, so notwendig ist es zugleich, geplante sozialpolitische Ergebnisse für jeden Brigadebereich und, wenn möglich, jeden Arbeitsplatz aufzuschlüsseln und daraus – wie es zum Beispiel im Kombinat Kabelwerk Oberspree „Wilhelm Pieck" geschieht – abrechenbare Leistungsanforderungen für den sozialistischen Wettbewerb abzuleiten.

Zweitens sind eine Reihe von Erfordernissen ökonomischer Gesetze vom Standpunkt der sozialpolitischen Schwerpunktbildung, der Rang- und Reihenfolge sozialpolitischer Maßnahmen sicherlich weiter zu konkretisieren. Die erfolgreiche Praxis, sozialpolitische Schwerpunkte zu bilden und eine bestimmte mobilisierende Rang- und Reihenfolge bei ihrer Verwirklichung zu realisieren, ergibt sich aus der Notwendigkeit, fortwährend real zwischen der Verbesserung der Arbeits- und Lebensbedingungen, dem Niveau der Arbeitsproduktivität und den gegebenen Ressourcen eine planmäßige Übereinstimmung zu gewährleisten. Dabei haben, wie es seit dem VIII. Parteitag zum Beispiel beim Wohnungsbau geschieht, die sozialpolitischen Maßnahmen Vorrang, die am wichtigsten sind und bei denen mit dem Einsatz der verfügbaren Fonds besonders wesentliche Fortschritte erreicht werden können.

Aus dieser Sicht zielen die sozialpolitischen Maßnahmen sowohl auf eine umfassende gesellschaftliche Wirkung als auch die nachhaltige Förderung besonders der Arbeits- und Lebensbedingungen der Arbeiterklasse. Schließlich stellen sozialpolitische Schwerpunkte konkrete Anforderungen an die Proportionalität des volkswirtschaftlichen Reproduktionsprozesses, besonders auch im Hinblick auf die Proportionen zwischen Akkumulation und Konsumtion. Dabei wird in diesem Fünfjahrplan das geschaffene Nationaleinkommen zu 22–23 Prozent für die Akkumulation und zu 77–78 Prozent für die Konsumtion verwendet.

Drittens sind die Wechselbeziehungen zwischen der konsequenten Anwendung des sozialistischen Leistungsprinzips und allen sozialpolitischen Maßnahmen, so auch den wachsenden Zuwendungen aus den gesellschaftlichen Fonds in ihrer gegenseitigen Verknüpfung und Wirksamkeit weiter zu analysieren.

Unser sozialpolitisches Programm geht davon aus, daß Leistungsprinzip und Sozialpolitik nicht nebeneinander stehen oder gar einander gegenüberstehen. Vielmehr sind die Erfordernisse des Leistungsprinzips als eines wichtigen ökonomischen Gesetzes des Sozialismus Bestandteil unserer Sozialpolitik, wie der sozialistischen Lebensweise überhaupt. Auch künftig wird sich das Wachstum des Lebensniveaus der Werktätigen in erster Linie über die Arbeitseinkommen vollziehen. Diese wichtigste Einkommensquelle wird durch das Leistungsprinzip bestimmt. Abstriche am Gesetz der Verteilung nach der Arbeitsleistung bei der weiteren Gestaltung der entwickelten sozialistischen Gesellschaft sind letztlich Abstriche an unmittelbaren Produktivitätsfortschritten, die durch die Vervollkommnung des Leistungsprinzips und der Leistungsbewertung bewirkt werden.

So wird das Wachstum der Nettogeldeinnahmen der Werktätigen in diesem Fünfjahrplan vor allem über eine leistungsorientierte Lohnpolitik vollzogen, in deren Mittelpunkt die Weiterführung der planmäßigen Einführung von Grundlöhnen in Verbindung mit der wissenschaftlichen Arbeitsorganisation steht. Ausgehend vom Wesen der leistungsorientierten Lohnpolitik, werden die Löhne vor allem dort wachsen, wo durch rationell gestaltete Produktions- und Arbeitsabläufe nachweisbar höhere Leistungen erbracht werden.

Das Leistungsprinzip ist planmäßig mit Leistungen aus gesellschaftlichen Fonds verknüpft. Sie ermöglichen es der Gesellschaft, bestimmte Bedürfnisse, an denen sie ein besonderes Interesse hat, wie zum Beispiel Bildung und Kultur, ganz gezielt ungeachtet unterschiedlicher Einkommen zu befriedigen und zum Beispiel sozialpolitische Belange kinderreicher Familien und der Veteranen der Arbeit besonders zu berücksichtigen. Zugleich ermöglichen Aufwendungen aus gesellschaftlichen Fonds aber auch, das Leistungsprinzip selbst wirksamer durchzusetzen. Leistungen aus gesellschaftlichen Fonds unterstützen eine Annäherung im Qualifikations- und damit auch im Leistungsniveau, sie schaffen über bessere Arbeits- und Lebensbedingungen neue Möglichkeiten für höhere Leistungen und gestatten allen Arbeitsfähigen, zum Beispiel den Müttern, die Teilnahme am Arbeitsprozeß.

Viertens verstärkt die Realisierung des sozialpolitischen Programms die Verflechtungen zwischen den produzierenden und den nichtproduzierenden Bereichen der Gesellschaft, wie zum Beispiel der gesamten Volkswirtschaft, dem Bildungswesen, dem Gesundheits- und Sozialwesen und der Kultur, woraus die politische Ökonomie des Sozialismus weiterführende Schlußfolgerungen zu ziehen hat. So wird in diesem Fünfjahrplan beispielsweise das umfangreichste Investitionsprogramm in der Geschichte der DDR für das Gesundheitswesen realisiert. Bis 1980 werden 5,8 Millarden Mark dafür aufgewandt. Über das Gesundheitswesen werden bis 1980 450000 Investitions- und Rationalisierungsvorhaben der Kombinate und Betriebe arbeitshygienisch beraten und vervollkommnet. Gerade die aufeinander abgestimmte Lösung sozialpolitischer Aufgaben in allen gesellschaftlichen Bereichen wird die Vorzüge und Grundwerte des Sozialismus nachhaltig weiter ausprägen.

Fünftens wird marxistisch-leninistische Sozialpolitik langfristig unter dem Gesichtspunkt verwirklicht, daß mit der weiteren Gestaltung der entwickelten sozialistischen Gesellschaft zugleich wesentliche Voraussetzungen für den allmählichen Übergang zum Kommunismus geschaffen werden. Das Wesen unserer Sozialpolitik besteht eben nicht darin, bloße Sozialfürsorge zu sein oder ständig im Nachhinein sozialpolitischen Nachholebedarf zu befriedigen. Ganz im Sinne des Parteiprogramms der SED ist unsere Sozialpolitik strategisch auf die weitere Annäherung der Klassen und Schichten, die Annäherung der Arbeits- und Lebensbedingungen zwischen Stadt und Land, die Verringerung wesentlicher Unterschiede zwischen geistiger und körperlicher Arbeit und auf die Festigung der sozialen Einheitlichkeit gerichtet.

In einer Reihe von Forschungsaufgaben der politischen Ökonomie des Sozialismus hat diese strategische Orientierung marxistisch-leninistischer Sozialpolitik ihre Widerspiegelung gefunden.

J. Rössler

Die sozialistische Lebensweise und die sozialistische Verteilung

Im Programm der Sozialistischen Einheitspartei Deutschlands, das auf dem IX. Parteitag beschlossen wurde, werden die Anforderungen genannt, die zur Gestaltung der entwickelten sozialistischen Gesellschaft zu schaffen sind. Sie umschließen die Entwicklung der Produktivkräfte, die Ausgestaltung der sozialistischen Produktionsverhältnisse und die Vervollkommnung der sozialen Institutionen, die von der marxistisch-leninistischen Theorie als „gesellschaftlicher Überbau" zusammengefaßt werden.

In den Reflektionen dieser grundlegenden sozialen Tatbestände auf den Menschen und seine sozialen Beziehungen liegt die Grundlage der sozialistischen Lebensweise.

Die progressive Lösung dieser Aufgabe wird nachdrücklich gefördert durch die Nutzung der Vorzüge der sozialistischen Gesellschaft. Ihre Bewältigung ist möglich auf der Grundlage der Beachtung und Ausnutzung der ökonomischen Gesetze, auf denen die Wirtschafts- und Sozialpolitik der Partei und des sozialistischen Staates beruht. Für die Theorie der Politischen Ökonomie entsteht daraus die Forderung, den Inhalt und die Wirkungsbedingungen der ökonomischen Gesetze des Sozialismus konsequenter unter den gegenwärtigen Verhältnissen zu erforschen, insbesondere die Rolle der Bedürfnisse der Werktätigen umfassender aufzudecken.

Neben dem ökonomischen Grundgesetz sind es die Erfordernisse und die Bedingungen für die Ausnutzung der übrigen ökonomischen Gesetze der sozialistischen Produktionsweise, die als Grundlage der Wirtschafts- und Sozialpolitik genauer zu erforschen sind. Die wachsende Befriedigung der Bedürfnisse der Werktätigen, die planmäßige Entwicklung der gesellschaftlichen Produktion und ihre Ausrichtung auf das Ziel des Wirtschaftens machen nicht nur die Aufdeckung des Systems und der Entwicklungstendenzen der Bedürfnisse erforderlich, sondern erzwingen zugleich auch die deutlichere Herausarbeitung des Zusammenhanges zwischen den Bedürfnissen und den Anforderungen, die von ihnen aus an die Produktion, an die Distribution, an den Austausch und an die Konsumtionsphase gestellt werden.

Von historischer Bedeutung für diesen Prozeß ist die soziale Annäherung der Klassen und Schichten in der sozialistischen Gesellschaft in der Phase ihres Ausreifens. Im Programm der Partei heißt es dazu: „Entwickelte sozialistische Gesellschaft – das heißt: . . ., die Annäherung aller Klassen und Schichten auf der Grundlage der marxistisch-leninistischen Weltanschauung der Arbeiterklasse, der sozialistischen Produktionsverhältnisse, der ständigen Verbesserung der Arbeits- und Lebensbedingungen . . ."[1]

Dieser Prozeß prägt die Spezifik des Anwachsens der Bedürfnisse in der reifen sozialistischen Gesellschaft nachdrücklich. Er ist begleitet von einer schnellen Hebung des Niveaus der Bedürfnisbefriedigung breiter Teile der Arbeiter und der

[1] Programm der Sozialistischen Einheitspartei Deutschlands, Berlin 1976, S. 20.

übrigen Werktätigen, ein Prozeß, der seine tiefen Wurzeln in der Vervollkommnung der sozialistischen Produktion hat und auch die Annäherung der Bedürfnisse und des Niveaus der Bedürfnisbefriedigung einschließt. Entscheidende Grundlage der ökonomischen Politik in der sozialistischen Gesellschaft ist die wachsende Wirtschaftskraft. Die sozialistische Verteilungsweise, die auf den sozialistischen Produktionsverhältnissen beruht, ist charakterisiert durch die Verteilung der Produktionsmittel als Eigentum der Gesellschaft der Produzenten. Bezüglich grundlegender Züge der sozialistischen Lebensweise bedeutet das, die Werktätigen der sozialistischen Gesellschaft vereinigen in sich die Funktion von Machtausübenden, Eigentümern der Produktionsmittel und Konsumenten.

Daraus ergeben sich umfassende Anforderungen an den Gesamtprozeß der Distribution des gesellschaftlichen Arbeitsprodukts. Bezüglich der Verteilung unter die Mitglieder zum Zwecke der wachsenden Befriedigung ihrer konsumtiven Bedürfnisse heißt es im Programm des IX. Parteitages: „Das Leistungsprinzip ist Grundprinzip der Verteilung im Sozialismus, es wird konsequent durchgesetzt. Die Erhöhung des materiellen und kulturellen Lebensniveaus der Werktätigen wird sich auch weiterhin hauptsächlich über das Arbeitseinkommen als wichtigste Einkommensquelle vollziehen . . . Bei der Erhöhung des Realeinkommens erhalten die gesellschaftlichen Fonds eine zunehmende Bedeutung. Sie werden schneller als die Lohn- und Prämienfonds wachsen und vor allem für Maßnahmen zur Entwicklung des Gesundheits- und Sozialwesens, der Volksbildung, der Kultur und des Sports verwendet."[2]

Die Verteilung des gesamten Konsumtionsfonds in den beiden Formen, der Verteilung nach der Arbeitsleistung und der Verteilung aus gesellschaftlichen Fonds, bringt ein gleiches Maß, ein gleiches Prinzip der Aneignung von Konsumgütern zum Ausdruck. Dieses gleiche Maß der Arbeitsteilung ist nicht nur in der Verteilung in Form von Lohn und Prämie, sondern auch über die gesellschaftlich angeeigneten Teile der Konsumgüter wirksam. Die Vervollkommnung der sozialistischen Verteilungsweise in der Phase der reifen sozialistischen Gesellschaft wird charakterisiert durch die konsequente Durchsetzung der Verteilung nach der Arbeitsleistung, wobei die Vergesellschaftung und das Volkseigentum ihre Wirksamkeit vor allem darin ausdrücken, daß das Gewicht der gesamtgesellschaftlich determinierten Faktoren bei der Gestaltung des Lohnes zunimmt. Sie wird durch ein schnelles Anwachsen der Verteilung aus gesellschaftlichen Fonds gekennzeichnet, wobei die Einheit von Wirtschafts- und Sozialpolitik in diesem Bereich auch durch die schrittweise Verknüpfung wichtiger Teile seiner Bereitstellung und Verwendung mit den Arbeitsergebnissen der Bürger zum Ausdruck kommt.[3] Die sozialistische Produktion zielt entsprechend der Hauptaufgabe auf die wachsende Befriedigung der gesellschaftlichen und persönlichen Bedürfnisse der Werktätigen. In der Distribution wird der Hauptteil der Einkommen nach der Arbeitsleistung an die arbeitenden Mitglieder der Gesellschaft verteilt. Damit ist die materielle Interessiertheit an der Erhöhung der Arbeitsleistung verbunden und stellt eine wichtige Triebkraft zur Entwicklung der Produktion zur Erhöhung ihrer Effektivität und zur Steigerung des Verbrauches dar.

Die sozialistische Gleichheit gegenüber den Produktionsmitteln kommt so in der Gleichheit der Bedingungen und Voraussetzungen zur Erlangung der Arbeitseinkom-

[2] Ebenda, S. 24.

[3] Vgl. I. Ja. Oblomskaja, Das notwendige Produkt unter den Bedingungen der entwickelten sozialistischen Gesellschaft, in: Sowjetwissenschaft – Gesellschaftswissenschaftliche Beiträge, 8/1976, S. 852.

men zur Geltung. Die sozialistische Gesellschaft tut alles, um die Bedingungen zur Erhöhung der Arbeitsleistung und des Einkommens zu verbessern, das geschieht durch die Erhöhung der Wirksamkeit der Produktionsmittel, durch die Verbesserung der gesellschaftlichen und betrieblichen Organisation der Arbeit, durch die Förderung des Wettbewerbs und insbesondere durch das Recht auf Bildung zur Sicherung der Chancengleichheit, auf Erhöhung der Qualifikation und damit der Arbeitsleistung und des Einkommens. Das geschieht aber auch durch die weitere Ausgestaltung und Vervollkommnung des Lohn- und Tarifsystems sowie eben durch die gezielte Entwicklung der gesellschaftlichen Fonds des Verbrauches. Auf der Grundlage der prinzipiellen Gleichheit der Werktätigen gegenüber den Produktionsmitteln und im Verteilungsprozeß ist die sozialistische Verteilung bei Existenz eines gleichen Maßes zur Befriedigung der Bedürfnisse jedoch ungleich. Die sozialistische Verteilungsweise, schrieb Lenin, beinhaltet „. . . als Regulator (Ordner) bei der Verteilung der Produkte . . . für das gleiche Quantum Arbeit, das gleiche Quantum Produkte".[4]

Das bedeutet für die sozialistische Lebensweise die prinzipielle Gültigkeit des Prinzips, daß jeder Werktätige nach seinen Fähigkeiten für die Gesellschaft arbeitet und nach seiner Arbeitsleistung an der Verteilung der Konsumgüter beteiligt ist. Aber die Möglichkeiten zur Erbringung der Arbeitsleistung sind subjektiv durch das Entwicklungsniveau ihrer Fähigkeiten verschieden; auch die Anforderungen, die objektiven Bedingungen der gesellschaftlichen Produktion stellen verschiedene Qualifikationsbedingungen für die zu leistende Arbeit. Es ist deshalb von prinzipieller Bedeutung, daß die Wirtschafts- und Sozialpolitik in der Phase des reifen Sozialismus darauf gerichtet ist, die Unvollkommenheiten im System der gesellschaftlichen Teilung der Arbeit durch die gezielte Entwicklung der Produktivkräfte weiter zu reduzieren und schließlich zu beseitigen. Die Annäherung der Arbeitseinkommen ist im entwickelten Sozialismus deshalb mit der konsequenten Durchsetzung des Prinzips der Verteilung nach der Arbeitsleistung und der Vervollkommnung der Bedingungen für die Erhöhung der Arbeitsleistung verbunden. Im Programm der Partei heißt es dazu: „Die unteren Einkommen sollen im Zusammenhang mit der wachsenden Qualifikation und Leistung schrittweise erhöht werden."[5]

Hier werden die Erfordernisse des Gesetzes der Verteilung nach der Leistung also ausgenutzt, um die Bedingungen zur Annäherung nicht nur des Einkommens und Verbrauchs, sondern seiner Grundlagen, der Arbeitsleistung, zu erreichen. Wir sind in Übereinstimmung mit den sowjetischen Ökonomen Rimaševskaja und Šatalin, die schreiben: „Im Sozialismus werden die Unterschiede in den Einkommen und folglich in der Konsumtion durch zwei Gruppen von Faktoren verursacht. Die erste Gruppe sind die Unterschiede im Charakter der Arbeit und die entsprechende Differenzierung des Lohnes. Die zweite Gruppe sind sozial-demographische Faktoren, die sich darin äußern, daß in den einzelnen Familien die Relationen zwischen Berufstätigen und Familienmitgliedern ohne Einkommen unterschiedlich sind. Verschiedene unserer Untersuchungen haben ergeben, daß die gesellschaftlichen Konsumtionsfonds in der UdSSR die durch diesen Faktor bedingten Einkommensunterschiede durchschnittlich zu 75 Prozent nivellieren.

Eine andere, nicht minder wichtige Funktion der gesellschaftlichen Konsumtionsfonds besteht darin, allen Mitgliedern der Gesellschaft, unabhängig von den sich objektiv aus dem Leistungsprinzip der Verteilung ergebenden Einkommensunterschie-

[4] Vgl. W. I. Lenin, Staat und Revolution, in: Werke, Bd. 25, Berlin 1960, S. 481.

[5] Programm der Sozialistischen Einheitspartei Deutschlands, a. a. O., S. 24.

den gleiche Möglichkeiten für die Befriedigung einer Reihe sozialer und kultureller Bedürfnisse zu gewährleisten. Dabei handelt es sich um den Gesundheitsschutz, die Volksbildung, die Berufsausbildung, die Erziehung der Kinder, die Organisation der Erholung usw. Diese Funktion der gesellschaftlichen Konsumtionsfonds wird diktiert von den gesellschaftlichen Interessen, die mit den globalen Zielen der Entwicklung der sozialistischen Länder zusammenhängen und auf die allseitige Entwicklung der Persönlichkeit, auf die Festigung der sozialistischen Lebensweise gerichtet sind."[6]

Die Realisierung der im Programm des IX. Parteitages festgelegten Aufgaben der Sozialpolitik wird wichtige Voraussetzungen schaffen, die ein weiteres Ansteigen des Realeinkommens bewirken. Dabei werden insbesondere jene Faktoren an Wirksamkeit verlieren, die eine Behinderung der Persönlichkeitsentwicklung und der Arbeitsfähigkeit der Werktätigen und ihrer Familienangehörigen hervorrufen. Die festgelegten sozialpolitischen Maßnahmen dürften insbesondere in der angedeuteten Richtung und durch die folgenden Schritte an Wirksamkeit gewinnen: Durch die Anhebung der Mindestlöhne, durch die Übernahme weiterer Kosten für das Aufziehen der Kinder durch die Gesellschaft, durch die Schaffung von weiteren Bedingungen für die volle Teilnahme der Frauen am gesellschaftlichen Arbeitsprozeß (Kinderkrippen usw.), durch die Zahlung eines Teiles des Arbeitseinkommens der Frauen bei zeitweiligem Ausscheiden aus dem Arbeitsprozeß infolge von zwei und mehr Kleinkindern in der Familie.

Neben der konsequenten Durchsetzung der Verteilung nach der Arbeitsleistung spielen die gesellschaftlichen Fonds der Konsumtion bei der weiteren Gestaltung der entwickelten sozialistischen Gesellschaft eine wesentliche Rolle für die Ausprägung der sozialistischen Lebensweise.

Schafft die Einheit von Wirtschafts- und Sozialpolitik die Voraussetzung wachsender Produktion und Bedürfnisbefriedigung, so spielt sie in der Distributionsphase eine entscheidende Rolle für die Entwicklung von Leistungsverteilung und Bildung, Verteilung und Verwendung der gesellschaftlichen Fonds des Verbrauchs. Hier wird schon deutlich, daß bei der Darstellung der Formen und Entwicklungstendenzen der Distribution in der entwickelten sozialistischen Gesellschaft die gesellschaftlich organisierte und aus gesellschaftlichen materiellen und finanziellen Fonds gespeiste Konsumtion eine wachsende Rolle spielt. Die Anstrengungen der sozialistischen Gesellschaft finden in dem schnellen Zuwachs der gesellschaftlichen Konsumtionsfonds ihren Ausdruck. Hierin zeigt sich die Richtigkeit der Marxschen Feststellung, daß die Fonds zur gemeinschaftlichen Befriedigung der Bedürfnisse schnell anwachsen.[7]

Die weitere Durchsetzung der Beschlüsse des IX. Parteitages macht es zunehmend notwendig, die Prinzipien der Entwicklung, der Bildung und Verwendung dieser Fonds genauer herauszuarbeiten. Um hierzu eine Aussage zu treffen, ist noch einmal hervorzuheben, daß die Verteilung des gesamten Produktes und des gesamten Konsumtionsfonds in der sozialistischen Gesellschaft dem Ziel des Wirtschaftens, wie es im ökonomischen Grundgesetz des Sozialismus formuliert ist und durch die Hauptaufgabe durchgesetzt wird, folgt.

Meines Erachtens besteht das für die Verteilung gesellschaftlicher Konsumtionsfonds wirksame Ziel insbesondere in der folgenden Gruppierung.

[6] N. M. Rimaševskaja, S. S. Šatalin, Die Struktur der persönlichen und der gesellschaftlichen Konsumtion in den sozialistischen Ländern, in: Sowjetwissenschaft – Gesellschaftswissenschaftliche Beiträge, 8/1976, S. 832.

[7] Vgl. K. Marx, Kritik des Gothaer Programms, in: MEW, Bd. 19, Berlin 1962, S. 19.

1. Gesellschaftliche Fonds der Konsumtion unterstützen die erweiterte Reproduktion des gesellschaftlichen Arbeitsvermögens. Dabei ist die Erweiterung des Arbeitsvermögens heute auf die langfristige Erhaltung des Volumens der Arbeitspotenzen und die schnelle Erweiterung der Arbeitsqualifikation gerichtet. Der sozialistische Staat, die gesellschaftlichen Organisationen und die sozialistischen Betriebe setzen unter dieser Zielstellung Mittel für die Aus- und Weiterbildung, für den Gesundheitsschutz und das Gesundheitswesen, für die Entwicklung der betrieblichen Arbeits- und Lebensbedingungen ein.

2. Die gesellschaftlichen Konsumtionsfonds dienen der Unterstützung einer den sozialistischen Produktionsverhältnissen entsprechenden biologisch-sozialen Reproduktion der Bevölkerung. Diese Reproduktion der Bevölkerung ist natürlich auf ihre altersmäßig-biologische Struktur gerichtet. Hierfür werden Mittel insbesondere eingesetzt für das Aufziehen der Kinder, für die Unterstützung der Bürger bei Krankheit und im Alter. Sie zielen auf die Übernahme von Kosten durch die Gesellschaft für das Aufziehen der Kinder und dienen der Schaffung von Voraussetzungen dafür, daß die Frauen ihr Recht auf Beteiligung am gesellschaftlichen Arbeitsprozeß voll wahrnehmen können. Unter diesem Gesichtspunkt spielt die Verwandlung von hauswirtschaftlicher Arbeit in gesellschaftliche Dienstleistungen eine besondere Rolle.

Heute hat in diesem Zusammenhang die gezielte Förderung des Wohnungsbaus zur Lösung des Wohnungsproblems durch den Neu- und Ausbau von Wohnungen eine gravierende Bedeutung in der Wirtschafts- und Sozialpolitik.

3. Die gesellschaftlichen Fonds der Konsumtion spielen mit der weiteren Gestaltung der entwickelten sozialistischen Gesellschaft eine wichtige Rolle bei der Reduzierung der durch die Leistungsverteilung entstehenden Differenzierung des Pro-Kopf-Einkommens und Verbrauchs, besonders der niederen Einkommensschichten. Für die Lösung einer solchen Aufgabenstellung werden in enger Abstimmung mit den Lohnfonds staatliche Mittel eingesetzt. Von Bedeutung ist hier neben der Bereitstellung von Preissubventionen für Grundnahrungsmittel und Kinderbekleidung die Sicherung der Preisstabilität. Hierzu rechnen nicht die Mittel, die zum Beispiel für die Erhöhung der Mindestlöhne eingesetzt werden, die nicht nur der Form nach aus den Lohn- und Prämienfonds kommen, sondern die eben prinzipiell der Sphäre der Verteilung nach der Leistung angehören. Ich will das nur noch einmal hervorheben, weil hiermit die Verknüpfung von Verteilung nach der Leistung und Verteilung aus gesellschaftlichen Fonds bei der Lösung sozialer Fragen in der sozialistischen Gesellschaft deutlich wird.

Es ist offensichtlich, daß mit diesen drei Zielen die Aufgaben der Sozialpolitik in der Phase der Distribution nicht erschöpfend dargestellt sind. So ist die Ökonomisierung der Produktion und Konsumtion von selbständiger Bedeutung bei den Zielen, die mit ihr verbunden sind. Eine große Rolle spielt die Unterstützung und Förderung der sozialistischen Lebensweise, die Herausbildung sozialistischer Persönlichkeiten und die weitere Entwicklung der sozialistischen Beziehungen zwischen den Menschen, den sozialen Gruppen und Klassen, die durch die gesellschaftliche Konsumtion gezielt gefördert werden. Weiterhin muß hier erwähnt werden, daß diese Zielstellungen der Sozialpolitik bei den einzelnen konkreten Maßnahmen wie dem Wohnungsbauprogramm, der Vervollkommnung des Gesundheitsschutzes usw., die der IX. Parteitag ausgearbeitet hat, nicht isoliert nebeneinander stehen. Die Einheit von Wirtschafts- und Sozialpolitik zeigt sich auch hier in der Verbundenheit und Abgestimmtheit der Ziele und Schritte untereinander.

Die Verteilung nach der Arbeitsleistung gilt für alle Bürger der sozialistischen

Gesellschaft mit dem selbstverständlichen Schwerpunkt, daß die arbeitsfähigen Mitglieder der Gesellschaft auf diese Weise ihr Einkommen beziehen. Von den Fonds der gesellschaftlichen Konsumtion erhalten heute den Hauptteil die nichtarbeitenden Mitglieder der Gesellschaft. Aber auch sie nehmen am Verbrauch nicht nach dem Umfang ihrer Bedürfnisse, sondern in Abhängigkeit von gesellschaftlichen Normativen teil. Es ist also offensichtlich, daß hier nicht Verteilungsprinzipien herrschen, die die Bedürfnisse direkt zum Ausgangspunkt der Beteiligung am Verbrauch machen. Dieses Verteilungsprinzip bleibt der zweiten, höheren Phase der kommunistischen Gesellschaft vorbehalten. Das Wesen der Distribution der gesellschaftlichen Fonds des Verbrauchs ist heute nicht losgelöst von der Herrschaft und Existenz der Verteilung nach der Arbeitsleistung zu erklären und nicht ohne die vielfältigen Aspekte der Verknüpfung ihrer Verteilung mit diesen zu bestimmen. Wir können aber auch nicht übersehen, daß das Prinzip der Verteilung der gesellschaftlichen Fonds nicht identisch ist mit der Verteilung nach der Arbeitsleistung. Deshalb bleibt es vorrangige Aufgabe der politökonomischen Forschung, das Wesen der gesellschaftlichen Fonds weiter zu untersuchen. Eine Aufgabe, die sicher nur aus der Verbindung der Verteilung mit den Gesetzen der Produktion und dem ökonomischen Grundgesetz des Sozialismus zu lösen ist. Die aus dem Grundgesetz sich ergebenden Zielstellungen und Mittel zu ihrer Verwirklichung gelten auch für die Charakteristik der Bildung und Verwendung der gesellschaftlichen Fonds der Konsumtion. Dieser Aufgabe sind sie ebenso unterworfen, wie die Mittel der Verteilung nach der Arbeitsleistung, indem sie der wachsenden Befriedigung materieller und kultureller Bedürfnisse der Werktätigen dienen.

Damit ist eine Antwort auf die *Zielstellung* ihrer Bildung und Verwendung gegeben. Die in der Literatur übliche Bezeichnung als „gesellschaftliche Fonds der Konsumtion" sagt meines Erachtens im Zusammenhang damit nichts über die Prinzipien ihrer Verteilung, sondern nur über die *Form* ihrer Bereitstellung aus und gibt keine Auskunft über ihren Verteilungsmodus. Der Lösung dieser letzteren Aufgabe, der Bestimmung ihres Verteilungsmodus, muß sich die ökonomische Theorie stellen. Mit der Aufdeckung des Zusammenhanges mit dem Leistungsprinzip ist hierzu eine wichtige Aussage gemacht. Die Verteilung nach der Arbeitsleistung und die Verteilung aus gesellschaftlichen Fonds in ihrer konkreten Einheit vermitteln die Verwendung des schnell zuwachsenden gesellschaftlichen Reichtums für die Befriedigung der materiellen und kulturellen Bedürfnisse der Werktätigen in der reifen sozialistischen Gesellschaft und wirken zugleich progressiv zurück auf das Anwachsen der Produktivkraft der Gesellschaft. Sie sind damit einer der wichtigsten Tatbestände, die der sozialistischen Lebensweise zugrunde liegen und wichtige Charakterzüge derselben prägen. Über diese Zusammenhänge zwischen der Arbeit für die Gesellschaft und den Maßstäben der Beteiligung am Verbrauch wird die Dynamik der Beziehungen der Menschen untereinander zunehmend sozialistisch geformt und die Überlegenheit der sozialistischen Lebensweise gegenüber den kapitalistischen Ausbeutungsverhältnissen sichtbar.

R. Quapis

Einige Fragen des Zusammenhangs zwischen der sozialistischen Lebensweise und dem materiellen und kulturellen Lebensniveau

Wie in der Diskussionsgrundlage dargestellt wird, bestehen zwischen der sozialistischen Lebensweise und der Gestaltung des materiellen und kulturellen Lebensniveaus vielfältige und enge Wechselbeziehungen. Eine wichtige Aufgabe besteht darin, diese Wechselbeziehungen immer besser im Planungsprozeß, vor allem auch in der langfristigen Planung zu beachten und durchzusetzen. Ich stimme voll mit der Feststellung in dem Material überein, daß die Entwicklung der sozialistischen Lebensweise ein planmäßiger Prozeß ist und die Planung noch stärker die Gestaltung sozialer Prozesse zum Inhalt haben muß. Aber ich meine, daß es angesichts der Vielschichtigkeit der sozialistischen Lebensweise, die zu einem wesentlichen Teil auch Denk- und Verhaltensweisen charakterisiert, die eine Vielzahl unterschiedlicher sozialer Prozesse umfaßt, nicht möglich sein wird, einen komplexen und in sich geschlossenen Plan der Entwicklung der sozialistischen Lebensweise auszuarbeiten.

Mit der Planung der Volkswirtschaft werden in Abhängigkeit von der Leistungskraft, insbesondere mit der Planung der Distributions- und Konsumtionsphäre *wichtige ökonomische Bedingungen und Grundlagen* für die weitere Gestaltung der sozialistischen Lebensweise und der Persönlichkeitsentwicklung geschaffen.

Eine wichtige Aufgabe besteht in diesem Zusammenhang darin, die generelle Forderung bei der weiteren Entwicklung der ökonomischen Prozesse durchzusetzen, die vorhandenen materiellen und finanziellen Fonds mit einem hohen Effekt einzusetzen. Auf dem Gebiet des Lebensniveaus und der sozialistischen Lebensweise kommt es besonders darauf an, eine hohe Wirksamkeit für die Gesellschaft als Ganzes *und* für den einzelnen zu erreichen. Die Thesen enthalten dazu verschiedene Gedanken, denen im Prinzip zuzustimmen ist. Zugleich möchte ich bemerken, daß diese Problematik noch weiter gründlich und allseitig durchdacht werden muß.

Dabei wird in dem Material richtig herausgestellt, daß ein enger Zusammenhang zwischen der materiell-technischen Basis und der sozialistischen Lebensweise besteht. Mir scheint allerdings, daß dieser Zusammenhang insbesondere in These 4 zu einseitig unter dem Gesichtspunkt der Wirkung der materiell-technischen Basis *auf* die sozialistische Lebensweise charakterisiert wird. Zuwenig kommt an dieser Stelle meines Erachtens zum Ausdruck, daß auch die weitere Gestaltung der sozialistischen Lebensweise auf die materiell-technische Basis *zurückwirkt.* In dem Material wird verschiedentlich darauf hingewiesen, daß im zunehmenden Maße die sozialistische Lebensweise zur Bedingung für die weitere wirtschaftliche Entwicklung wird, daß sich wesentliche Veränderungen im Inhalt der Arbeit ergeben usw. Ein hohes materielles und kulturelles Lebensniveau wirkt sich fördernd auf die Produktivität und damit auch auf die Leistungsentwicklung der Werktätigen aus. Eine dem Sozialismus entsprechende Verteilung und Konsumtion führt zu neuen schöpferischen Initiativen der Werktätigen, ein sinnerfülltes glückliches Leben in der Gesellschaft führt aber auch bis hin zur Familie, trägt wesentlich dazu bei, daß sich zugleich das Bedürfnis nach einer sinnvollen schöpferischen Arbeit vertieft. Und all das stellt bestimmte Anforderungen an die Gestaltung der materiell-technischen Basis. So erfordert beispielsweise die Gestaltung der Arbeitsinstrumente in Übereinstimmung mit dem Qualifikationsniveau der Werktätigen, daß Monotonieprozesse weitgehend ausgeschaltet werden müssen. Konkrete Anforderungen sind daraus auch an die Gestaltung der Arbeitszeit, sowohl qualitativ als auch quantitativ, abzuleiten. Nicht zufällig enthalten daher auch die Programme zur weiteren Intensivierung der Zweige und Bereiche die Verpflichtung, im Wettbewerb konkrete Aufgaben für die Verbesserung der Arbeits- und Lebensbedingungen zu erfüllen.

Im Thesenentwurf wird festgestellt, daß die sozialistische Lebensweise der Klassen, Schichten und sozialen Gruppen eine einheitliche Lebensweise hinsichtlich ihrer Grundlagen, ihres Wesens und ihrer Ziele ist und daß sich ein Prozeß der Annäherung vollzieht. Gleichzeitig werden ausführlich die Ursachen noch bestehender Differenzierungen genannt. Ich möchte etwas näher auf die noch bestehenden Differenzierungen und ihre Ursachen vor allem im Einkommen und in der Konsumtion eingehen. Es wäre falsch, ihnen im Prozeß der weiteren gesellschaftlichen und wirtschaftlichen Entwicklung nicht die genügende Aufmerksamkeit zu widmen. Ich stimme mit dieser Feststellung voll mit dem Material überein.

Eine wesentliche Ursache für die Differenzierung in der Konsumtion ist die unterschiedliche Höhe der Einkommen. Dabei verkenne ich nicht, daß in den zurückliegenden Jahren eine Annäherung in der Einkommenshöhe zwischen den einzelnen Bevölkerungsgruppen erfolgte. In Abhängigkeit von der Leistungsentwicklung und in Verbindung mit den beschlossenen sozialpolitischen Maßnahmen stieg das Einkommen der Arbeiter und Angestellten schneller als das anderer werktätiger Bevölkerungsgruppen.

Auch innerhalb des Arbeitseinkommens der Arbeiter und Angestellten vollzogen sich recht beachtliche Wachstumsprozesse. Waren es im Jahre 1965 noch etwa 25 Prozent der Arbeiter- und Angestelltenhaushalte, die ein Haushaltsnettoeinkommen unter 600 Mark hatten, so sind es im Jahre 1976 nur noch 5,6 Prozent. Dagegen stieg der Anteil der Haushalte mit einem Haushaltsnettoeinkommen von monatlich über 1 800 Mark von 1,3 Prozent im Jahre 1965 auf 15,0 Prozent im Jahre 1976. Dadurch ergeben sich zunehmend höhere Anforderungen an die Bereitstellung von Konsumgütern und Leistungen.

Man kann davon ausgehen, daß in Übereinstimmung mit dem Inhalt der sozialistischen Lebensweise die Entwicklung der Einkommen und der Konsumtion der Bevölkerung langfristig darauf gerichtet sein muß, daß die wachsenden Leistungen, die Fortschritte in der Produktion sowie die zunehmende Anwendung der wissenschaftlich-technischen Errungenschaften vor allem der Arbeiterklasse zugute kommen. Das wird dazu beitragen, daß sich Einkommen und Konsumtion der sozialökonomischen Gruppen in ihrem Gesamtvolumen weiter annähern, indem die Einkommen der Arbeiter und Angestellten schneller wachsen als die der anderen sozialökonomischen Gruppen.

Die Differenzierung in der Konsumtion wird auch durch bestimmte Traditionen und Gewohnheiten wesentlich beeinflußt. So ist beispielsweise gemessen am Anteil ihres Einkommens das Bedürfnis bei LPG-Mitgliedern, sich finanzielle Rücklagen zu schaffen, nach meiner Auffassung am ausgeprägtesten. Trotz beachtlicher Unterschiede in der Höhe der Nettogeldeinnahmen der Arbeiter- und Angestelltenhaushalte und der Rentnerhaushalte verwenden die Rentnerhaushalte etwa den gleichen Anteil ihrer Einkommen für finanzielle Rücklagen. Einen relativ großen Anteil ihres Einkommens setzen Rentnerhaushalte für die Bezahlung von Leistungen ein. Das ist nicht etwa darauf zurückzuführen, daß sie die meisten Leistungen in Anspruch nehmen, sondern beruht zu einem wesentlichen Teil darauf, daß sie bei einem niedrigeren Einkommen als das der Werktätigen etwa die gleichen Leistungen in Anspruch nehmen. Analog ist damit die Inanspruchnahme von Waren, insbesondere von technischen Konsumgütern, im Anteil am Gesamteinkommen geringer.

LPG-Mitglieder verwenden von ihren Nettogeldeinnahmen einen geringeren Teil für Bildung, Erholung und Unterhaltung. Das hat seine Ursache unter anderem darin, daß ein erheblicher Teil dieser Ausgaben aus gesellschaftlichen Fonds der LPG finanziert wird. Es ist aber auch zu berücksichtigen, daß trotz der erreichten Fortschritte auf dem Lande dennoch geringere Möglichkeiten zur Inanspruchnahme dieser Leistungen gegenüber den Städten bestehen. Auch daraus ergibt sich die Notwendigkeit, weitere Schritte zur Annäherung von Stadt und Land zu unternehmen, so wie das in dem Material auch festgestellt ist.

Selbstverständlich trägt auch der Einsatz gesellschaftlicher Konsumtionsfonds dazu bei, bestimmte Unterschiede in der Einkommens- und Konsumtionsentwicklung auszugleichen. Aber dennoch würde ich es als eine zumindest genauso gewichtige Funktion der gesellschaftlichen Konsumtionsfonds ansehen, daß sie das Leistungsprinzip sinnvoll ergänzen und immer bessere Bedingungen für seine volle Durchsetzung schaffen. Dabei ist es sicher richtig, davon auszugehen, daß die zunehmenden Leistungen der sozialistischen Gesellschaft, zum Beispiel für die Aufrechterhaltung der niedrigen Mieten, für die immer bessere Befriedigung der gesundheitlichen, sozialen, geistig-kulturellen Bedürfnisse sowie für die Gewährleistung der sozialen Sicherheit zu einem weiteren schnelleren Wachsen der Einkommen aus gesellschaftlichen Fonds gegenüber dem Arbeitseinkommen führen werden. Letztlich ist damit verbunden, daß sich auch künftig das Realeinkommen der Bevölkerung schneller entwickeln wird als die Nettogeldeinnahmen.

Man kann auch davon ausgehen – und vorliegende Untersuchungsergebnisse lassen meines Erachtens durchaus einen solchen Schluß zu –, daß in den 80er Jahren keine wesentlichen Veränderungen in den Gesamtproportionen im Verbrauch von Konsumgütern, in der Inanspruchnahme von Leistungen bis hin zu dem Sparverhalten erfolgen werden. Aber innerhalb der genannten Komplexe werden sich Wandlungen vollziehen. Ich möchte mich dabei auf einige Fragen der Versorgung der Bevölkerung mit Konsumgütern beschränken.

Es ist damit zu rechnen, daß die Nachfrage nach Industriewaren weiterhin wesentlich schneller wachsen wird als nach Nahrungs- und Genußmitteln, wobei sich innerhalb der Industriewaren besonders der Bedarf nach technischen Konsumgütern vorrangig entwickeln wird. Statistiken sagen meines Erachtens aus, daß sich mit steigenden Haushaltseinkommen, zumindest bei den Haushaltseinkommen bis zu 1600 Mark, der durchschnittliche jährliche Ausgabenbetrag für langlebige hochwertige Konsumgüter schneller entwickelt als das Haushaltseinkommen.

Das theoretische und ideologische Problem besteht darin, daß sich mit einer immer besseren Befriedigung des mengenmäßigen Bedarfs die differenzierten Ansprüche erhöhen, und es ist anzunehmen daß sich die Differenzierung im Verbrauch der Konsumtion weiter vergrößern wird. Es wäre beispielsweise eine Frage der Forschung zu untersuchen, ob bzw. inwieweit sich aus langfristiger Sicht eine allmähliche Annäherung auch in der differenzierten Inanspruchnahme von Konsumgütern und Leistungen vollzieht.

Die Differenzierung im Niveau der Konsumgüter betrifft zum Beispiel die Anforderungen an die Gebrauchswerteigenschaften, die Qualität und das Sortiment der Konsumgüter. Sie betrifft aber auch Fragen der Preisgruppenstruktur des Warenangebots, wobei anzunehmen ist, daß sich die Nachfrage nach qualitativ hochwertigen Konsumgütern besonders schnell entwickeln wird. Daraus ergibt sich auch die Notwendigkeit, durch eine schnellere Erhöhung des wissenschaftlich-technischen Niveaus der Erzeugnisse sowie durch ein qualitativ hochwertiges Sortiment der Bevölkerung immer mehr und vor allem immer bessere Konsumgüter anzubieten. Es geht also darum, die Einheit von Menge und Qualität immer stärker durchzusetzen.

Mit der weiteren Entwicklung der Produktion und der Bereitstellung von Konsumgütern wird gleichzeitig ein nicht unbedeutender Beitrag zur Ausgestaltung der sozialistischen Lebensweise geleistet. Mit der Realisierung des Wohnungsbauprogramms als Kernstück des sozialpolitischen Programms werden die Wohnverhältnisse für viele Bürger unserer Republik verbessert. Verbunden damit besteht eine wichtige Aufgabe darin, bei der Ausstattung der Wohnungen mit Konsumgütern günstigere Bedingungen dafür zu schaffen, daß sich die Menschen, wie man so sagt, in ihren vier Wänden wohlfühlen. Es ist heute schon fast zur Regel geworden, daß ein Wohnungsumzug verbunden ist mit einer generellen oder teilweisen Neuausstattung der Haushalte mit Möbeln, Teppichen, Gardinen usw. Dem müssen wir bei der Planung Rechnung tragen.

Eine wesentliche Aufgabe in Verbindung mit der sozialistischen Lebensweise wird auch darin gesehen, auf den Gebieten, die zur spürbaren Entlastung der Hausarbeit und zur inhaltsreicheren Gestaltung der Freizeit beitragen, hochwertige Konsumgüter entsprechend dem steigenden Bedarf unserer Menschen zu produzieren. Dabei sollte angestrebt werden, zunehmend hauswirtschaftliche Tätigkeiten, wie die Speisenvor- und -zubereitungen, das Reinigen und Pflegen der Wäsche und Bekleidung aus der hauswirtschaftlichen Tätigkeit heraus zu verlagern. Aber sicher wird auch weiterhin ein großer Teil der hauswirtschaftlichen Arbeiten noch in den Haushalten verrichtet werden müssen. Das ist jedoch nicht nur ein ökonomisches Problem. Es geht vielmehr auch hier darum, Denk- und Verhaltensweisen zu verändern.

Mit der weiteren Entwicklung der sozialistischen Lebensweise werden sich auch zunehmend Veränderungen in der Verwendung der freien Zeit ergeben. An Bedeutung gewinnen werden dabei vor allem Reisen und aktive Erholung, Sport, Qualifizierung, die Beschäftigung mit Kunst und Literatur sowie die künstlerische und handwerkliche Selbstbetätigung. Diese Freizeitaktivitäten tragen wesentlich zur Erhaltung und Erhöhung der körperlichen und geistigen Leistungsfähigkeit unter den Bedingungen steigender Leistungsanforderungen im Berufsleben, zur Erweiterung des politischen, fachlichen und kulturellen Bildungsniveaus, zur harmonischen Gestaltung des Familienlebens, zur Pflege gesellschaftlicher Kontakte und damit letztlich auch zur Herausbildung sozialistischer Persönlichkeiten bei. Das stellt wiederum konkrete Anforderungen an die Bereitstellung bestimmter Konsumgüter, zum Beispiel für die sinnvolle Nutzung der Freizeit, die wir im Planungsprozeß berücksichtigen müssen.

Mit meinen Ausführungen wollte ich in Präzisierung der Diskussionsgrundlage einige Zusammenhänge zwischen der Entwicklung der sozialistischen Lebensweise und des materiellen und kulturellen Lebensniveaus aufzeigen. Mein Anliegen ist es aber auch, darauf hinzulenken, daß es notwendig ist – wie in dem Diskussionsmaterial festgestellt wird – die Zusammenhänge zwischen der sozialistischen Lebensweise und dem materiellen und kulturellen Lebensniveau weiter gründlich zu durchdenken und zu erforschen. Dabei sollte es auch um solche Fragestellungen gehen, die ich in meinem Diskussionsbeitrag andeutete.

Die Kenntnis dieser Zusammenhänge kann ein wertvoller Beitrag sein, um die Planung der wirtschaftlichen Entwicklung, insbesondere auch der weiteren Gestaltung des materiellen und kulturellen Lebensniveaus, zu vertiefen.

G. MANZ

Weitere Vervollkommnung der Planung des sozialistischen Lebensniveaus

Die weitere Gestaltung der sozialistischen Lebensweise ist eng mit den wachsenden Bedürfnissen der Bevölkerung und der konkreten Bedürfnisbefriedigung verbunden. Dabei umfaßt die Lebensweise die Gesamtheit der menschlichen Bedürfnisse unter dem Aspekt der Art und Weise ihrer Befriedigung, wobei es um sozial, physiologisch, politisch oder ökonomisch determinierte Bedürfnisse geht. Den ökonomisch bedingten Bedürfnissen kommt dabei noch eine Spezifik zu, indem sie entweder eine Reihe der anderen Bedürfnisse beeinflussen oder deren Befriedigung mit der Ökonomie unmittelbar verbunden ist. Auch unter diesem Aspekt ist die enge Wechselwirkung zwischen Lebensweise und Lebensniveau zu sehen, weil das Lebensniveau im Sozialismus Umfang und Qualität der Befriedigung individueller Bedürfnisse durch die Volkswirtschaft ausdrückt. Selbstverständlich umfaßt eine solche ökonomische Kategorie, wie jede andere ökonomische Kategorie, Verteilungs- und Umverteilungsprozesse, klassenmäßige Zusammenhänge und Beziehungen und auch Grenzbereiche zu Bereichen des gesellschaftlichen Überbaus. Die stetige Erhöhung des Lebensniveaus des Volkes ist untrennbar mit der Herausbildung und Gestaltung der sozialistischen Lebensweise verbunden. Dies ist von verschiedenen Seiten her zu untersuchen und vor allem unter der Zielsetzung der Planung der vielfältigen Prozesse zu begründen. So wird das Lebensniveau als Bestandteil und als Voraussetzung oder Bedingung für die Gestaltung der Lebensweise bezeichnet. Das sozialistische Lebensniveau ist in Verflechtung seiner materiellen und geistig-kulturellen Seiten in folgender Hinsicht Bestandteil der sozialistischen Lebensweise:

1. Jede Lebenstätigkeit, Lebensäußerung ist mit der Befriedigung von Bedürfnissen verbunden. Dabei spielen die Konsumtion der Bevölkerung und andere ökonomisch bedingte Formen der Bedürfnisbefriedigung, zum Beispiel in der Gestaltung der Arbeits- und Umweltbedingungen eine große und wachsende Rolle. Die Art und Weise dieser Bedürfnisbefriedigung ist gleichzeitig Teil der Lebensweise. Die weitere Ausprägung der sozialistischen Lebensweise wird durch die für den Sozialismus typische Art und Weise der Befriedigung der Bedürfnisse durch die Volkswirtschaft gefördert.

2. Die sozialistische Lebensweise prägt über Denk- und Verhaltensweisen im Bewußtsein der Menschen eine neue Einstellung zum Lebensniveau. So langfristig dieser Prozeß auch ist, er ist in den sozialistischen Staaten nachweisbar. Es entwickelt sich – wenn auch zum Teil widersprüchlich – ein vernünftiges Verhalten, eine sachliche Einstellung zur Konsumtion, woraus sich eine andere Zielsetzung der Bedürfnisbefriedigung ergibt. Über die Erhöhung des Wohlstandes werden im Sozialismus Wege zur Gestaltung der sozialistischen Lebensweise gebahnt.

Noch deutlicher wird dieser komplizierte Prozeß, wenn man den Aspekt des Lebensniveaus als ökonomische Voraussetzung oder Bedingung für die weitere Gestaltung der Lebensweise sieht:

1. Die stetige Erhöhung des Lebensniveaus bedeutet bessere Bedürfnisbefriedigung.

Dadurch wird die unmittelbare Beteiligung des Werktätigen an seinen Arbeitsergebnissen sichtbar und seine Leistungsbereitschaft erhöht. Dies wiederum fördert seine Einstellung zur Arbeit und zur Gesellschaft.

2. Zum Lebensniveau gehören eine Reihe von Hauptbestandteilen, die verschiedene Seiten der Bedürfnisbefriedigung erfassen. Mit der weiteren Verbesserung der zeitlichen und materiellen Arbeitsbedingungen sowie der natürlichen und räumlichgebauten Umwelt werden positive Wirkungen in der Bedürfnisbefriedigung erzielt. Es verbessern sich die Reproduktionsbedingungen für den Menschen und seine Arbeitskraft. Er gewinnt weitere Befriedigung in der Arbeit und hat Zeit und Interesse für Tätigkeiten, die seiner Entwicklung dienen.

3. Durch die Erhöhung des Lebensniveaus, insbesondere in Gestalt unentgeltlicher Leistungen der sozial-kulturellen Bereiche und ihrer Einrichtungen, wird der Gesundheitszustand verbessert, das Kulturniveau erhöht, die Qualifizierung gesteigert und anderes mehr. Die Persönlichkeitsentwicklung wird dadurch positiv beeinflußt. Die weitere Verbesserung insbesondere der territorialen Infrastruktur schafft bessere Bedingungen für Dienstleistungen, die unmittelbar dem Menschen und seiner allseitigen Entwicklung dienen.

4. Die individuelle Konsumtion schafft günstige Voraussetzungen sowohl für das allgemeine Wohlbefinden als auch für den Gewinn von wirklicher Freizeit. Dieser Prozeß verläuft nicht gleichmäßig, sein Ziel ist jedoch eindeutig. Hierin zeigt sich auch ein prinzipieller Unterschied zur individuellen Konsumtion im Kapitalismus. Der höhere Ausstattungsgrad der Wohnungen, der Garten, das Auto sind im Sozialismus kein Statussymbol, sondern sollen dazu dienen, Zeit für sinnvolle interessante Tätigkeiten, auch Hobbys, zu gewinnen. In den letzten 10 Jahren haben Arbeitszeitverkürzung und Verringerung hauswirtschaftlicher Tätigkeiten zu einem Anwachsen der Freizeit und zu einem spürbaren Zuwachs an Zeit für den Nachtschlaf geführt. Vom Standpunkt der Gesunderhaltung ist dies sehr positiv.

Die genannten Gesichtspunkte müssen nun ihren konkreten Niederschlag in der weiteren Vervollkommnung der Lebensstandardplanung finden, weil damit wesentlicher Einfluß auf die Lebensweise genommen wird. Diese planmäßig zu sichernde Anerkennung der Bedürfnisse ist ein sehr komplexer Prozeß.

Zunächst möchte ich einige Gedanken zur allgemeinen Zielsetzung der Planung des Lebensniveaus darlegen. Durch die Planung des volkswirtschaftlichen Reproduktionsprozesses wird unmittelbar auf die weitere Gestaltung der entwickelten sozialistischen Gesellschaft hingewirkt. Dies schließt die Verwirklichung der Hauptaufgabe des VIII. und IX. Parteitages der SED ein. Die volkswirtschaftliche Planung dient unmittelbar der weiteren Erhöhung des sozialistischen Lebensniveaus und der Schaffung der Voraussetzungen für die Gestaltung der sozialistischen Lebensweise. Unmittelbares Ziel der Produktion im Sozialismus ist es, die ständige Erhöhung des Lebensniveaus zu gewährleisten und Voraussetzungen für die Gesamtentwicklung der Gesellschaft zu schaffen. Für die planmäßige Entwicklung des Lebensniveaus sind die Bedürfnisse, ihr mit der weiteren Gestaltung der entwickelten sozialistischen Gesellschaft verbundenes Wachstum, die Veränderung ihrer Struktur und ihre objektiv zunehmende Differenzierung einer der entscheidenden Ausgangspunkte. Auf der Grundlage der gesellschaftlichen Entwicklung ist die Planung des Lebensniveaus weiterhin darauf gerichtet, die Entscheidung des Leistungsvermögens der Volkswirtschaft mit der Schaffung der materiellen Voraussetzungen für eine wachsende Befriedigung der Bedürfnisse zu verbinden. Die Lebensstandardplanung muß den wichtigsten Bedürfnissen der Arbeiterklasse und der großen Mehrheit der Werktätigen entsprechen, ihr Vertrauen und ihre Aktivität bei der weiteren allseitigen Stärkung der DDR in hohem Maße beeinflussen.[1]

Grundlage der Ausarbeitung der Fünfjahres- und der Jahrespläne sind die im Programm der SED charakterisierten langfristigen Ziele der weiteren Erhöhung des materiellen und geistig-kulturellen Lebensniveaus und der allseitigen Entfaltung der Persönlichkeit.[2] Die Planung muß die daraus abzuleitenden Anforderungen an die stetige und dynamische Erhöhung der Leistungskraft der Volkswirtschaft, insbesondere ihrer Produktivitäts- und Effektivitätssteigerung, ermitteln, die volkswirtschaftlichen Möglichkeiten zur Realisierung dieser Ziele bestimmen und die Schrittfolge sowie das Ausmaß ihrer Verwirklichung für die einzelnen Fünfjahres- und Jahrespläne festlegen.

Die ökonomische Politik der Partei und der Regierung wird von der Einheit von Wirtschafts- und Sozialpolitik bestimmt. Das findet im sozialpolitischen Programm und den spürbaren Ergebnissen der bisherigen Realisierung seinen deutlichen Ausdruck. Aus der wachsenden Verschmelzung der persönlichen und der gesellschaftlichen Interessen zu einer Einheit, die eine entscheidende Triebkraft bei der weiteren Gestaltung des entwickelten Sozialismus bedeutet, leiten sich zugleich qualitativ neue Anforderungen an das Niveau der Planung der Volkswirtschaft ab und dabei vor allem auch an die Planung des materiellen und kulturellen Lebensniveaus.

Mit dem im Programm der SED formulierten Ziel, „in der Deutschen Demokratischen Republik weiterhin die entwickelte sozialistische Gesellschaft zu gestalten und so grundlegende Voraussetzungen für den allmählichen Übergang zum Kommunismus zu schaffen"[3], wird die Verbindung zwischen der Planung des Lebensniveaus und der aktiven Gestaltung der sozialistischen Lebensweise immer enger. Die Planung des Lebensniveaus ist bereits gegenwärtig ein wesentlicher Bestandteil der Leitung und Planung sozialer Prozesse, insbesondere solcher, die in direktem Zusammenhang mit der Realisierung des sozialpolitischen Programms des VIII. und IX. Parteitages standen und stehen.

Mit der Planung des Lebensniveaus werden sowohl wirtschafts- als auch sozialpolitische Zielsetzungen als Einheit verwirklicht. Sozialpolitische Festlegungen für Klassen, Schichten und soziale Gruppen werden durch die planmäßigen Maßnahmen der Erhöhung des Lebensniveaus wirksam. Dabei zeigt sich ein enges Zusammenwirken distributiver und konsumtiver Prozesse. Die Befriedigung materieller und geistig-kultureller Bedürfnisse muß im Einklang mit einkommenspolitischen Festlegungen stehen. Weiterhin sind die sich beeinflussenden Wirkungen in der Planung der Bestandteile des Lebensniveaus zu beachten und mögliche Rang- und Reihenfolgen festzulegen. Außerdem ist die territoriale Entwicklung zu berücksichtigen. Noch vorhandene Unterschiede zwischen und innerhalb der Bezirke und Kreise der DDR müssen ausgeglichen werden. Insgesamt sind also distributive und konsumtive, soziale und territoriale Anforderungen und Auswirkungen in die Planung des Lebensniveaus einzubeziehen.

Die Verpflichtung der Planungsorgane, die Entwicklung der Bedürfnisse und des Bedarfs der Bevölkerung zum maßgeblichen Ausgangspunkt ihrer gesamten Tätigkeit werden zu lassen, führte in den Jahren 1971 bis 1975 zu einer komplexen und qualita-

[1] Vgl. E. Honecker, Zur Durchführung der Parteiwahlen 1975/1976, Berlin 1975, S. 20.

[2] Vgl. Zu den Prinzipien der Planung, in: Lehrbuch „Volkswirtschaftsplanung", Berlin 1975, S. 29 ff.

[3] Programm der Sozialistischen Einheitspartei Deutschlands, Berlin 1976, S. 9.

tiv anspruchsvolleren Ausarbeitung der entsprechenden Planungsunterlagen. In der Ordnung der Planung der Volkswirtschaft der DDR 1976 bis 1980 ist festgelegt, daß mit der Planung des Lebensniveaus die Konsumtion materieller Güter und Leistungen, die Entstehung und die Verwendung des Realeinkommens sowie der Geldeinnahmen und -ausgaben der Bevölkerung, die Arbeits- und Lebensbedingungen in den Betrieben, Kombinaten und Einrichtungen, die Dauer der Arbeitszeit und des Urlaubs zu erfassen sind. Zur unmittelbaren Planung des Lebensniveaus zählen zur Zeit weiterhin der komplexe Wohnungsbau, die Wohnungswirtschaft, das Bildungswesen und die Kultur, die gesundheitliche und soziale Betreuung und Versorgung, die Entwicklung von Körperkultur und Sport sowie die Entwicklung des Erholungswesens und des Tourismus.[4]

Um diesen Anforderungen gerecht werden zu können, wurde nicht nur das Instrumentarium der Planung des Lebensniveaus vervollkommnet. Es entstanden und entstehen vor allem höhere Anforderungen an die Ausarbeitung analytisch-prognostischer Studien und Analysen zu ausgewählten Problemen. Im Unterschied zu Plänen, die für einen Zweig oder Bereich die Gesamtentwicklung bestimmen, wird die Erhöhung des Lebensniveaus durch unterschiedliche Aufgabenstellungen und im Rahmen von Planauflagen für viele Zweige und Bereiche gewährleistet. Insofern besteht kein komplexer Planteil „Lebensniveau". Die Versorgung der Bevölkerung mit Konsumgütern wird über die Planauflagen für den Binnenhandel geregelt. Planauflagen für die Entwicklung bezahlter Dienstleistungen werden durch die Räte der Bezirke und Kreise erteilt; die Lohnentwicklung ist mit den Arbeitskräfteplänen verbunden; die sozialkulturellen Bereiche erhalten Leistungskennziffern über die Räte der Bezirke und Kreise in Abstimmung mit den jeweiligen Ministerien; die betriebliche Entwicklung der Arbeits- und Lebensbedingungen obliegt den Zweigen, Kombinaten und Betrieben (hier gibt es bisher keine zentralen Vorgaben); für den Umweltschutz existiert ein eigener Planteil, spezielle Aufgaben für die Umweltgestaltung und den Schutz der Umwelt sind außerdem in den Plänen der Zweige und Betriebe enthalten. Für eine Reihe wichtiger sozialpolitischer Zielstellungen, die sich aus dem sozialpolitischen Programm ergeben, werden konkrete Maßnahmen und spezielle Aufgaben im Rahmen der Lebensstandardplanung festgelegt.

Zur Vervollkommnung der Planung des Lebensniveaus gibt es meines Erachtens folgende konkrete Wege. Im einzelnen muß die Planung der Bedürfnisbefriedigung als Ausdruck des Lebensniveaus und seiner Bestandteile solche Prozesse und Zielsetzungen berücksichtigen wie:

- Gestaltung der wöchentlichen Arbeitszeit (Dauer, Schichtsystem, Pausenregime),
- Urlaubsdauer (betriebliche Feriengestaltung, Kinderferienlager),
- Gestaltung der materiellen Arbeitsbedingungen hinsichtlich ihrer Wirkung auf den Werktätigen (Arbeitsschutz, Arbeitshygiene, Arbeitsorganisation, Arbeitsplatzgestaltung),
- Versorgung und Betreuung der Werktätigen im Betrieb (Arbeiterversorgung, soziale und kulturelle Betreuung, Berufsverkehr),
- Gestaltung der natürlichen Umwelt hinsichtlich ihrer Wirkung auf den Menschen (Luft, Gewässer, Wald als Voraussetzungen für Erholung),
- räumlich gebaute Umwelt (Architektur, künstlerische Gestaltung der Wohngebiete, Siedlungs- und Infrastruktur),

[4] Vgl. Anordnung über die Ordnung der Planung der Volkswirtschaft der DDR 1976 bis 1980 vom 20. November 1974, in: Gesetzblatt der DDR, Sonderdruck Nr. 775 a, S. 183.

- individuelle Konsumtion als Verbrauch von Konsumgütern und Inanspruchnahme von Dienstleistungen, vermittelt durch Geldeinkommen unter Berücksichtigung der Preis- und Tarifgestaltung und von Zuschüssen aus gesellschaftlichen Fonds,
- individuelle Konsumtion von Konsumgütern (Medikamente, Schulbücher, Arbeitsschutzbekleidung) und Dienstleistungen (des Bildungswesens, des Gesundheitswesens, der Kultur), die unentgeltlich zur Verfügung stehen und voll durch gesellschaftliche Fonds bezahlt werden (diese Konsumtion wird zum Teil auch gesellschaftlich organisiert),
- Schaffung von Bedingungen für die sinnvolle Nutzung der Freizeit und die Verringerung anderer Teile der arbeitsfreien Zeit (zum Beispiel Hausarbeitszeit) für den Freizeitgewinn.

Diese Komplexität wirft auch für den Planungsprozeß eine Reihe von Fragen auf. Das betrifft erstens das Zusammenwirken von zentraler, territorialer und betrieblicher Planung des Lebensniveaus und der entsprechenden Arbeits- und Lebensbedingungen, die für die Erhöhung des Lebensniveaus die Voraussetzung bilden. Zweitens geht es um das Zusammenwirken der verschiedenen geplanten Maßnahmen. Umfassend wird die Entwicklung der individuellen Konsumtion geplant. Umweltbedingungen, Arbeitsbedingungen werden zum Beispiel in anderen Planteilen erfaßt, während das Zeitbudget als Ganzes bisher nicht in den Planungsprozeß einbezogen wurde, mit Ausnahme der Entwicklung der Arbeitszeit. Ungeachtet der Tatsache, daß bestimmte Seiten des Lebensniveaus mit bestimmten Planteilen verknüpft sind und nicht herausgelöst werden können, wird eine stärkere Komplexität der Planung des sozialistischen Lebensniveaus zweckmäßig. Die Ordnung der Planung für 1976 bis 1980 bietet vom Kennziffernsystem her dazu bereits gute Ansätze. Wesentlich ist der Schritt, in die Lebensstandardplanung entsprechend dem Programm der SED stärker die Gesichtspunkte der sozialistischen Lebensweise einzubeziehen. Dies bedeutet, die vorhandenen sozialen Zielsetzungen bei der Entwicklung und Planung des Lebensniveaus weiter zu vertiefen und den Prozeß vom langfristigen Planansatz über die Fünfjahrpläne zum Jahresplan stärker zu verflechten. Dazu gehören unter anderem die Vervollkommnung der bestehenden Instrumentarien und des vorhandenen Bilanzsystems der individuellen Konsumtion, und zwar:

- Weiterentwicklung der Bilanz der Geldeinnahmen und -ausgaben der Bevölkerung;
- Ausarbeitung einer umfassenden Bilanz der individuell bezahlten Konsumtion auf Basis differenzierter Haushaltseinkommen,
- Berücksichtigung der durchschnittlichen Preis- und Tarifentwicklung auf Basis neuartiger Konsumgüter und Dienstleistungen in der Realeinkommensbilanz und sozialökonomische Differenzierung dieser Bilanz;
- Erfassung der indirekten Einkommen nach Haushalten (Familien);
- stärkere Einbeziehung von Konsumtionsfunktionen in die Vorausberechnungen;
- umfassendere internationale Vergleiche zwischen den RGW-Ländern;
- umfassende Normative für den Einsatz gesellschaftlicher Fonds.

Über die Konsumtion der Bevölkerung hinausgehende Zielsetzungen könnten meines Erachtens unter anderem in folgende Richtungen gehen:

- Ausarbeitung von Zeitbilanzen und Testmodellen auf Basis der Arbeitszeitentwicklung und in Einklang mit Anforderungen der sozialistischen Lebensweise;
- Erarbeitung von Aufgaben für die weitere Verringerung der Hausarbeitszeit und Gewinnung von mehr Freizeit mittels Normen der Entwicklung der sozialen Infrastruktur, der gesellschaftlichen Speisenwirtschaft und des Angebots entsprechender Nahrungsgüter;

- Vervollkommnung zentraler Aufgabenstellungen für die Verbesserung der materiellen Arbeitsbedingungen und der Umweltbedingungen;
- Koordinierung der Gesamtentwicklung des Einsatzes territorialer und betrieblicher Fonds (zum Beispiel Kultur- und Sozialfonds, Leistungsfonds) auf Normativbasis für die Verbesserung der Arbeitsbedingungen und der sozial-kulturellen Bedingungen im Betrieb und der Arbeits- und Lebensbedingungen im Territorium;
- Entwicklung der Siedlungs- und Infrastruktur, ausgehend von Zielgrößen der Herausbildung der sozialistischen Lebensweise.

Für die Vervollkommnung des Bilanzsystems sollten folgende Überlegungen berücksichtigt werden: In der Planung des Lebensniveaus stehen die Bilanz der Geldeinnahmen und -ausgaben der Bevölkerung (Geldbilanz) und die Bilanz der Entstehung und Verwendung des Realeinkommens im Mittelpunkt. Beides sind bewährte Bilanzen, die insbesondere die Distributions- und Konsumtionsprozesse sichtbar machen. Die Geldbilanz ist bekanntlich wichtiges Instrument zur Darstellung der Einkommenspolitik; sie bestimmt den Kauffonds für Konsumgüter und für Dienstleistungen und den Zuwachs der Spareinlagen und macht die Relation zwischen den direkten Geldeinkommen sichtbar. Da die Bilanz relativ hochaggregiert ist, sind ihr natürlich Grenzen gesetzt. Es ist deshalb erforderlich, auf Basis bereits vorliegender Erfahrungen die Geldbilanz zu ergänzen und auf ihren Eckzahlen aufzubauen. Notwendig wäre meines Erachtens eine Aufgliederung
- der Geldeinkommen nach Haushaltstypen, um die sozialpolitischen Aspekte besser übersehen zu können;
- der Ausgabenstruktur, um die Bedarfsproblematik schon von der Bilanzseite her besser in den Griff zu bekommen;
- in Form zusätzlicher Bilanzteile, die enger mit sich dafür anbietenden Elastizitäts- und Funktionsberechnungen zu verbinden sind.

Für sozialpolitische Entscheidungen ist darüber hinaus die Realeinkommensbilanz bedeutungsvoll. Diese Bilanz umfaßt sämtliche direkten und indirekten Einkommen und den Gesamtverbrauch (international oft „erweiterte Konsumtion" genannt) der Bevölkerung. Sie spiegelt also distributive und konsumtive Prozesse wider. Sie schließt Preis- und Tarifveränderungen ein, wobei sie auf einem Preisindex auf Basis eines vergleichbaren Warenkorbes beruht. Durch die gleichbleibenden Preise für das gleiche Erzeugnis ist bekanntlich dieses Preisniveau stabil, was von großer sozialpolitischer Bedeutung ist, und für die Realeinkommensentwicklung deshalb wenig Probleme mit sich bringt. Aus dem vorstehend Gesagten ergeben sich nun einige Anforderungen zur weiteren Qualifizierung dieser Bilanz.

1. Die Realeinkommensbilanz wird vorerst nur für die DDR insgesamt und noch nicht nach sozial-ökonomischen Gruppen aufgestellt. Dies liegt objektiv daran, daß eine Aufteilung der indirekten Einkommen auf Familien oder Haushalte bisher nicht möglich war. Meines Erachtens müssen deshalb alle Anstrengungen darauf gerichtet werden, daß erstens die Realeinkommensbilanz nach Klassen, Schichten und sogar Bevölkerungsgruppen untergliedert wird, und zweitens, daß die Anteile der Familien an den unentgeltlichen Leistungen oder Zuschüssen aus gesellschaftlichen Fonds sichtbar gemacht werden.

2. Für praktische Planungszwecke wäre es günstig, wenn in der Bilanz auch noch mit Durchschnittspreisen für den Teil der individuell-bezahlten Konsumtion der Bilanz gearbeitet werden könnte. Neuartige oder neue Erzeugnisse erhalten bekanntlich einen höheren Preis, was volkswirtschaftlich völlig verständlich ist. Das trifft besonders auf wirklich modische oder modisch beeinflußte Konsumgüter und Dienstleistun-

gen zu. Zwischen Menge und Preis ergeben sich danach unterschiedliche Entwicklungen. Bei der realen sozialen Analyse der Haushaltseinkommen ist deshalb eine zusätzliche Bewertung nach laufenden Preisen wichtig.

3. Ein weiteres Problem ist die Bewertung der unentgeltlich gewährten Leistungen. In der Praxis setzt sich durch, daß wir Kostenpreise ermitteln, die auf den Materialkosten, Lohnkosten und Abschreibungen beruhen, also keine fiktiven oder angenommenen Gewinnzuschläge enthalten. Dies ist meines Erachtens völlig richtig. Durch die notwendigen Veränderungen vieler Industriepreise steigen berechtigterweise auch die Kosten in sozial-kulturellen Einrichtungen. Es ist klar, daß die realen Aufwendungen auch in den Kosten der sozial-kulturellen Bereiche erfaßt werden müssen und dies einen höheren gesellschaftlichen Aufwand, das heißt höhere gesellschaftliche Fonds, bedeutet. Zweckmäßig dürfte es sein, die unentgeltlichen Leistungen auf Basis von Kostennormativen zu bewerten, wenn es um das Realeinkommen je Haushalt geht, also nicht um die Gesamterfassung in der aggregierten Bilanz.

Von wesentlicher Bedeutung für die Erhöhung des Lebensniveaus der Werktätigen ist die jährliche betriebliche Planung der Arbeits- und Lebensbedingungen. Sie ist nicht nur Bestandteil des entsprechenden Planteils, so wichtig dieser für die Arbeits- und Lebensbedingungen im Arbeitsbereich auch ist.

Das Lebensniveau der Werktätigen im Arbeitsbereich wird durch folgende Planteile erfaßt und berührt

- den Planteil Arbeits- und Lebensbedingungen;
- die Planung der wissenschaftlich-technischen Entwicklung (Plan Wissenschaft und Technik, Entwicklung der Haupterzeugnisse, Programme der Intensivierung, Rationalisierungskonzeptionen) für die Gestaltung der materiellen Arbeitsbedingungen;
- die Grundfonds- und Investitionsplanung für die Verbesserung konkreter Seiten der materiellen Arbeitsbedingungen und die Schaffung von Einrichtungen der Betreuung und Versorgung der Werktätigen;
- die Planung der Bildung und Qualifizierung als Bestandteil der Arbeitskräfteplanung;
- die Planung der Lohnentwicklung als Bestandteil der Arbeitskräfteplanung.

Außerdem werden durch den Betriebskollektivvertrag wichtige Seiten der Entwicklung der Arbeits- und Lebensbedingungen konkretisiert. Anzustreben ist, daß sich der Planteil Arbeits- und Lebensbedingungen und der Betriebskollektivvertrag noch besser ergänzen.

Es ist daher zweckmäßig, den Planteil Arbeits- und Lebensbedingungen für einen Fünfjahrplanzeitraum auszuarbeiten. Die finanziellen Fonds müssen in Einklang mit den konkreten Zielsetzungen und gesetzlichen Grundlagen stehen und exakt bilanziert werden. Ferner empfiehlt es sich, im Betriebskollektivvertrag konkrete Zielsetzungen für jedes Jahr, die bis auf die Brigade aufgegliedert sind, aufzunehmen, um die Durchführung des Planteils Arbeits- und Lebensbedingungen zu sichern und diesem Planteil zu noch größerer Autorität zu verhelfen.

Der Planteil Arbeits- und Lebensbedingungen hat sowohl zielsetzende als auch koordinierende Funktionen. Letzteres gilt besonders bei der Gestaltung der materiellen Arbeitsbedingungen und der weiteren Verringerung erschwerter Arbeitsbedingungen. Dieser Planteil hat folgende Aufgabenkomplexe: Gestaltung der materiellen Arbeitsbedingungen, gesundheitliche und soziale Betreuung, Verbesserung der Arbeiterversorgung, Vervollkommnung der Einrichtungen für die kulturelle und sportliche Betätigung, Betreuung der Kinder, Ferien- und Erholungswesen, Wohnungswesen und Verbesserung des Berufsverkehrs.

Finanzierungsquellen bilden der Kultur- und Sozialfonds, der Leistungsfonds, der Investitionsfonds, der Reparaturfonds, die Selbstkosten, der Fonds Wissenschaft und Technik, die Mittel anderer Betriebe und der örtlichen Räte, andere relativ kleine Fonds sowie Kredite.

Vom Standpunkt der gesamten Planung zeichnen sich folgende Wege einer weiteren Vervollkommnung ab:

- Zentrale Vorgabe einiger Eckkennziffern durch die Staatliche Plankommission oder die Ministerien für die Entwicklung der betrieblichen Arbeits- und Lebensbedingungen (zum Beispiel Arbeiterversorgung, arbeits- und sozialhygienische Normen, Verringerung von Arbeitserschwernissen);
- stärkere Durchsetzung normativer Zielsetzungen, auch hinsichtlich der Finanzierungsquellen;
- stufenmäßiger Rücklauf der vorgesehenen Maßnahmen über die VVB, die Ministerien bis zur Staatlichen Plankommission. Für jede Ebene sind die notwendigen Kennziffern festzulegen, wobei ein Minimum anzustreben ist;
- einheitliche Methodik für alle Zweige und Bereiche der Volkswirtschaft zur Erarbeitung der Planteile „Arbeits- und Lebensbedingungen" unter Berücksichtigung zweigspezifischer Gegebenheiten;
- Übergang zur Fünfjahresplanung der Verbesserung der betrieblichen Arbeits- und Lebensbedingungen;
- Vervollkommnung der planmäßigen Beziehungen zu den örtlichen Organen der Staatsmacht mittels einheitlicher Instrumentarien (zum Beispiel durch Weiterentwicklung und einheitliche Gestaltung der Kommunalvereinbarungen).

L. HUMMEL

Sozialistische Lebensweise und Schichtarbeit – hohe Anforderungen an betriebliche und territoriale Leitungstätigkeit

Die in den Thesen und im Referat geforderte Einheit von Produktionsweise und Lebensweise stellt in ihrer praktischen Realisierung hohe Anforderungen an die Leitung technischer, ökonomischer, politisch-ideologischer und sozialer Prozesse. Die Durchsetzung der Schichtarbeit veranschaulicht das sehr deutlich. In der Aufgabenstellung, die Schichtauslastung produktiver Maschinen und Anlagen zu erhöhen, kreuzen sich in konzentrierter Form hohe Anforderungen der betrieblichen und territorialen Leitung. Das Gewicht, das im sozialpolitischen Programm des IX. Parteitages der SED gerade der Schichtarbeit und der Förderung und Betreuung der Schichtarbeiter gewidmet wird, macht dieses Anliegen als wichtigen Faktor zur Nutzung des gesellschaftlichen Arbeitsvermögens deutlich. Ab 1. Mai 1977 wird bekanntlich für 1,2 Millionen Schichtarbeiter die Arbeitszeit verkürzt. Für Werktätige, die im 3- oder durchgehenden Schichtsystem arbeiten, wird die 40-Stunden-Arbeitswoche und für Werktätige, die im 2-Schicht-System arbeiten, die 42-Stunden-Arbeitswoche eingeführt. Die Verkürzung der Arbeitszeit erfolgt ohne Lohnminderung und unter Beibehaltung der 5-Tage-Arbeitswoche.

Trotz umfangreicher sozialer Maßnahmen und Vergünstigungen weist die bisherige Entwicklung darauf hin, daß dieser Prozeß äußerst kompliziert ist und von gegenläufigen Tendenzen durchdrungen wird. Einige Zahlen sollen das veranschaulichen:

1970 betrug der Anteil an Produktionsarbeitern der zentralgeleiteten Industrie, die dreischichtig arbeiteten, 25,3 Prozent. Bis 1976 stieg dieser Anteil auf 27,4 Prozent. Von 1975 bis 1976 ist ein Anwachsen um 0,2 Prozent zu verzeichnen. Der Anteil der zweischichtig arbeitenden Produktionsarbeiter in der zentralgeleiteten Industrie entwickelte sich im gleichen Zeitraum von 14,8 auf 14,9 Prozent.

Dieser zwar geringe, aber insgesamt positive Trend verläuft in der Industrie und in einzelnen Territorien sehr unterschiedlich. Er bringt in der Regel jedoch nicht den hohen Aufwand an technisch-ökonomischer, politisch-ideologischer, organisatorischer und sozialer Art zum Ausdruck, der ihm zugrunde liegt.

Um so höher sind die positiven Ergebnisse in solchen Kreisen zu werten, wie Auerbach, Ilmenau, Stralsund und Staßfurt, in denen in jüngster Zeit überdurchschnittliche Ergebnisse bei der Gewinnung von Werktätigen für die Schichtarbeit erzielt wurden. Auch in Ballungsgebieten wie Berlin, Karl-Marx-Stadt und Dresden gibt es Fortschritte. Innerhalb eines knappen Jahres gelang es beispielsweise im Industriegebiet von Ilmenau, über 480 Werktätige für die 3-Schicht-Arbeit zu gewinnen, davon aus dem bereits vorhandenen Kreis der Werktätigen über 350. In solchen bekannten Berliner Betrieben wie dem Glühlampenwerk, Bergmann-Borsig und Funkwerk Köpenick, in denen bis 1976 der Anteil der Schichtarbeiter stagnierte, gelang es im vergangenen Jahr die Zahl der Schichtarbeiter zu erhöhen.

Welche Erfahrungen lassen sich aus der Leitung dieser Prozesse vermitteln?

Es zeigt sich, daß die Gewinnung von Werktätigen für die Schichtarbeit vor allem davon abhängt, wie es gelingt, ihnen die Übereinstimmung von gesellschaftlichen und persönlichen Interessen auch in dieser überaus komplizierten Sachlage zu verdeutlichen. In der Regel wird die Bereitschaft zur Schichtarbeit gedanklich mit der Rückstellung persönlicher Interessen hinter das gesellschaftliche Anliegen verbunden. Ein solches Empfinden bei den Werktätigen geht mit darauf zurück, daß die Verbesserung der Arbeits- und Lebensbedingungen, die wachsende Befriedigung der materiellen und kulturellen Bedürfnisse *alle* Bürger der DDR in immer breiterem Maße betrifft.

Anerkennende Worte finden die Werktätigen, die in Schicht arbeiten, vor allem deshalb für jene Betriebe und Territorien, in denen der Schichtarbeiter insgesamt eine hohe gesellschaftliche Achtung erfährt, wo aus dem Gesamtverhalten der Leiter die Wertschätzung und Würdigung der Schichtarbeit hervorgeht. In einer Aussprache wurde unter anderem die Forderung erhoben, doch die Schichtarbeit als die „normale Arbeit" zu betrachten und das gesellschaftliche Leben diesem Schichtrhythmus anzupassen. Aber das erfordert eine Vielzahl von Maßnahmen und Sonderregelungen, um den Widerspruch zwischen den Arbeits- und Lebensbedingungen der Schichtarbeiter und denen aller übrigen Werktätigen Schritt für Schritt einzuengen und die zusätzlichen Belastungen durch andere Vergünstigungen zu kompensieren.

Diskussionen, die im Zusammenhang mit den genannten sozialpolitischen Maßnahmen geführt wurden, weisen ferner darauf hin, daß bestimmte materielle Vergünstigungen mitunter in Richtungen erwartet werden, die durch die volkswirtschaftlichen Möglichkeiten begrenzt sind. Das betrifft zum Beispiel die vorrangige Versorgung mit Wohnungen, mit hochwertigen Konsumgütern wie Autos und anderen. Die Kompliziertheit des Problems wird auch durch Auffassungen deutlich, wonach mit wachsendem Lebensniveau die Bereitschaft zur Schichtarbeit angeblich abnehme. Das alles sollte Veranlassung sein, verstärkt die bereits erfolgten materiellen Vergünstigungen für Schichtarbeit hervorzuheben und die realen Möglichkeiten aufzuzeigen, die durch die Erhöhung der zusammenhängenden Freizeit für deren inhaltliche Gestaltung eröffnet werden.

Die relative Abnahme von Wirkungen finanzieller Vergünstigungen sind zum Teil aus der Entwicklung des Haushaltseinkommens ablesbar. Ein durchschnittliches Haushaltseinkommen bis 1 200 Mark betraf 1970 noch 70,2 Prozent aller Haushalte. 1976 sind es nur noch 38,4 Prozent. Dagegen entwickelte sich der Anteil der Haushalte mit einem Einkommen von über 1 200 Mark von 29,8 Prozent 1970 auf 61,6 Prozent 1976.

Zusätzliche Anforderungen werden an die Leitung jener Betriebe und Territorien gestellt, in denen ein hoher Anteil von Frauenbetrieben mit Schichtarbeit zu verzeichnen ist. Die sozialpolitischen Maßnahmen zur Verlängerung des Urlaubs und zur Freistellung von Frauen nach der Geburt des zweiten und jedes weiteren Kindes erfordern zur Sicherung der Produktion zusätzliche technische und organisatorische Maßnahmen. Dabei ist bekannt, daß gerade solche Betriebe mit durchgängiger Schichtarbeit in der Leichtindustrie, der chemischen Industrie und der Elektroindustrie in starkem Maße Frauenbetriebe sind.

Schließlich muß darauf hingewiesen werden, daß gerade in industriellen Ballungsgebieten größere Ausweichmöglichkeiten für die Inanspruchnahme kommunaler und betrieblicher Betreuungseinrichtungen gegeben sind als in anderen Territorien. Daraus ergibt sich, daß gerade teilweise in den industriellen Zentren, wo an sich gute territoriale Bedingungen durch den Nahverkehr, die Einkaufmöglichkeiten, die Organisation der Kinderunterbringung usw. gegeben sind, das Verhältnis von technisch-organisatorischen und sozialen Aufwendungen zum Ergebnis am ungünstigsten liegt. Untersuchungen in Betrieben des Maschinenbaus und der Elektrotechnik/Elektronik mit einem überdurchschnittlichen Schichtkoeffizienten besagen, daß etwa 10 Prozent dieser Betriebe in Ballungsgebieten, dagegen 90 Prozent außerhalb von Ballungsgebieten liegen. Das heißt, letztere sind vor allem Betriebe, die das industrielle Profil eines Territoriums bestimmen.

Welche Erfahrungen wurden bei der Gewinnung von Werktätigen für die Schichtarbeit bzw. beim Aufhalten eines rückläufigen Trends gewonnen?

1. Im Zusammenhang mit den obengenannten Problemen erweist sich, daß das vorrangige Motiv für die Bereitschaft zur Schichtarbeit neben der Erkenntnis ihrer gesellschaftlichen Notwendigkeit zur Sicherung des Wirtschaftswachstums vor allem die Einsicht in die berufliche, das heißt technisch-technologische Bedingtheit der Schichtarbeit ist. Immer wieder betonen die Werktätigen in Übereinstimmung mit den Leitern, daß der technologische Zwang, die kontinuierliche Fertigung, die Logik des Berufes, fest in das Bewußtsein der jungen Menschen hineingetragen werden müssen, um von vornherein mit der beruflichen Entscheidung auch die Entscheidung zur Schichtarbeit zu fällen. Auch die Gewinnung von älteren Werktätigen beruht im starken Maße auf der Einsicht in die durchgängige Tätigkeit oder in die ökonomisch notwendige Auslastung hochproduktiver Anlagen, die zugleich eine Arbeitserleichterung bringen.

2. Es sind weniger besondere Vergünstigungen als vielmehr das Gesamtansehen eines Betriebes, welches wesentlich die Bereitschaft der Werktätigen zur Schichtarbeit bestimmt. Ein Betrieb, der einen „guten Namen", einen guten Ruf im Territorium besitzt, der bekannt ist durch eine kontinuierliche Organisation der Produktion – ohne Hektik einerseits und ohne Warte- und Stillstandszeiten andererseits –, der bekannt ist durch seine Sorge um hohe Arbeitssicherheit, der eine kontinuierliche Planerfüllung aufweist, auf dessen Ergebnisse auch von der Qualität her die Arbeiter stolz sein können, wo der Verdienst gesichert ist und ein gutes Betriebsklima herrscht, dort ist auch eine hohe Bereitschaft für die Schichtarbeit vorhanden. Sie ist größer als in solchen Betrieben, die vielleicht durch Sonderaktionen gewisse zusätzliche Vergünstigungen für einen Teil der Werktätigen schaffen, aber insgesamt durch Mängel in der Produktion und Ökonomie, in der sozialen Betreuung und durch hohe Fluktuation bekannt sind.

3. Die Gewinnung von Werktätigen für die Schichtarbeit verlangt eine unermüdliche Kleinarbeit bis zur Beachtung individueller Wünsche und Vorstellungen, verlangt das Ringen um jeden einzelnen Werktätigen. Das betrifft Maßnahmen zur Übereinstimmung des eigenen Schichtregimes mit dem des Ehepartners, das betrifft die Organisation der Nachbarschaftshilfe und der Kinderbetreuung, das reicht von Sonderregelungen in der Qualifizierung am Arbeitsplatz bis zur Raumgestaltung nach individuellen Wünschen, ja selbst bis zu Maßnahmen der Kollektivzusammensetzung. Ohne prinzipienlos zu sein, so betonen immer wieder die Leiter, verlangt gerade die Gewinnung von Werktätigen für die Schichtarbeit einen feinfühligen Umgang mit den Menschen, Fingerspitzengefühl und den Vorsatz, das real Mögliche bei allen Problemen und Schwierigkeiten wirksam zu machen. Die Ergebnisse von Fluktuationsanalysen über das zunehmende Gewicht der Leiter-Kollektiv-Beziehungen in der Sorge um den Menschen und die Konsequenzen insbesondere in der Arbeit mit neueingestellten Werktätigen, treffen voll und ganz auch für die Arbeit mit den Werktätigen in der Schicht zu.

4. Es erweist sich immer mehr als notwendig, den großen Wert der Schichtarbeit

auch durch die Leitung der Kollektive in der Schicht und die Organisation der Produktion zu demonstrieren. In vielen Betrieben wurde die Erfahrung gesammelt, daß es dann leichter war, Werktätige für die Schicht zu gewinnen, wenn auch die Leitung der Schichtkollektive, der Einsatz des ingenieurtechnischen Personals, die Reparateure, das heißt die Produktionsorganisation kadermäßig abgesichert war. Wartezeiten und Stillstandszeiten während der Schicht wirken sich nachteilig auf die Einstellung der Werktätigen aus. In einer Reihe von Betrieben wurden Maßnahmen begrüßt, Teilzeitbeschäftigte verstärkt in der zweiten Schicht einzusetzen. Persönlichen Wünschen für einen neuen Schichtrhythmus, für den vorrangigen Einsatz in der ersten und dritten Schicht wurde zum Beispiel für Frauen mit Kindern individuell entsprochen. In anderen Betrieben wurden Möglichkeiten gefunden, bei einem umfangreichen Einzugsgebiet Schichtbesetzungen nach Gemeinden und territorialen Bereichen zu organisieren, wodurch zugleich Voraussetzungen für das kulturelle Leben im Territorium in Anpassung an diesen Schichtrhythmus geschaffen wurden.

5. Eine hohe Wertschätzung durch die Schichtarbeit erfahren auch verbesserte medizinische Betreuung, regelmäßige Reihenuntersuchungen, geringe Wartezeiten beim Arztbesuch, Vergünstigungen bei Kuren und Sanatorienaufenthalten. Als wichtig erweisen sich auch Vergünstigungen bei der Vermittlung von Urlaubsplätzen und die Einrichtung von Dienstleistungsstützpunkten bzw. Einkaufszentren in der Nähe der Betriebe oder an Verkehrsknotenpunkten einschließlich einer ausreichenden Besetzung dieser Verkaufsstellen und solcher Öffnungszeiten, die an die Schicht angepaßt sind.

Fortschritte in der Gewinnung von Werktätigen für die Schichtarbeit belegen eindeutig, daß neben den betrieblichen Bedingungen, vor allem die territorialen Aspekte, das heißt die Bedingungen im Wohngebiet und in der Gestaltung der Freizeit, immer größeres Gewicht erlangen. Das ergibt sich sowohl aus der Notwendigkeit, die Gesamtheit, aber auch die speziellen materiellen und kulturellen Bedürfnisse der Schichtarbeiter zu befriedigen, als auch aus der Aufgabe, gewisse Nachteile auszugleichen sowie Vorteile auszubauen. Sie ergibt sich auch aus der Tatsache, daß Hauptargumente gegen die Schichtarbeit weniger aus den Arbeitsbedingungen während der Nacht als vielmehr aus den ungünstigen Reproduktionsbedingungen, der Unruhe im Wohngebiet bei Tage, resultieren.

Daher erfordert die Schichtarbeit größte Aufmerksamkeit zur Erleichterung und Verbesserung der territorialen Lebensbedingungen insgesamt. Sie betreffen sowohl die Sicherung des notwendigen Schlafes als auch der Einkaufsbedingungen und die Gestaltung des kulturellen Lebens. Ein hohes Gewicht haben dabei insbesondere Fragen des ehelichen Zusammenlebens, der Erziehung der Kinder, der gemeinsamen Freizeit, der Familie insgesamt.

Wesentliche Ergebnisse wurden in solchen Kreisen wie Auerbach und Werdau, Ilmenau, Staßfurt, Riesa, Stralsund und anderen erzielt, wo die betrieblichen Maßnahmen zur Erhöhung des Schichtfaktors begleitet wurden von einer intensiven Arbeit der territorialen Organe, insbesondere der Abgeordneten und der Gewerkschaften unter Führung der SED-Kreisleitungen. Solche Maßnahmen gingen von gründlichen Analysen des erreichten Entwicklungsstandes, der Tendenzen und Bedürfnisse sowie Erwartungen der Werktätigen aus. Sie führten zu Programmen und Beschlüssen der Kreisleitungen, der örtlichen gewerkschaftlichen Leitungen und Organe der Staatsmacht. Sie werden durch eine umfassende Arbeit der Abgeordneten in den Wohngebieten unterstützt und beruhen auf einer umfangreichen Kommissions- und Arbeitsgruppentätigkeit. In solchen Arbeitsgruppen wirken sowohl Ratsmitglieder als auch Betriebsvertreter und Spezialisten der verschiedensten gesellschaftlichen Bereiche mit.

In Auerbach beschäftigte sich beispielsweise die Arbeitsgruppe Gesundheits- und Sozialwesen nicht nur mit einer Kontrolle der ambulanten betriebsärztlichen Versorgung, sondern sie regte auch die Veränderung von Früh- und Spätsprechstunden sowie die Einführung von Bestellsystemen für Schichtarbeiter an. Sie kontrollierte die Kinderkrippeneinweisung sowie die Einbeziehung kleiner schichtarbeitender Betriebe in die medizinische Betreuung benachbarter Großbetriebe. Sie verbesserte die Organisation der Reihenuntersuchung und das System der Zuweisung von Kuren.

Die Arbeitsgruppe Berufs- und Linienverkehr analysierte gemeinsam mit den territorialen und betrieblichen Verkehrsabteilungen die bisherigen Fahrtrouten, die Fahrtzeiten und die Ausnutzung der Transportmittel. Die von ihr getroffenen Maßnahmen zur Verbesserung des Berufsverkehrs erforderten zugleich Maßnahmen zur Vereinheitlichung der Schichtzeiten, zur Veränderung der Haupttransportwege und zur Lösung individueller Probleme.

Die Arbeitsgruppe Volksbildung und Kultur analysierte nicht nur die Einweisung von Kindern in Kindergärten und Kinderhorten, sondern beschäftigte sich auch mit dem unterschiedlichen Niveau in der Freizeitgestaltung, organisierte Arbeitsgemeinschaften und mit Hilfe der Nationalen Front und dem DFD in Wohngebieten Möglichkeiten zur individuellen Kinderbetreuung. Maßnahmen zur Verbesserung des kulturellen Erlebens der Schichtarbeiter betrafen sowohl die Analyse und Lenkung der kulturellen Bedürfnisse dieser Werktätigen als auch die Organisation von kulturellen Veranstaltungen speziell für Schichtarbeiter, die Veränderung der Öffnungszeiten kultureller Einrichtungen, ein entsprechendes Kartenangebot für Veranstaltungen usw.

Die Arbeitsgruppe Handel und Versorgung untersuchte nicht nur die Möglichkeiten der Versorgung, sondern überprüfte auch die Öffnungszeiten und beschäftigte sich mit der Erhöhung des Verkaufsniveaus in einzelnen Betriebs- und Wohngebietsverkaufsstellen. Sie organisierte Erfahrungsaustausche und Leistungsvergleiche zwischen den Betrieben des Territoriums auf dem Gebiet der Pausen- und Nachtschichtversorgung.

Die Arbeitsgruppe Gesellschaftliches Arbeitsvermögen beschäftigte sich nicht nur mit der Anwerbung von Arbeitskräften für die Schicht, sondern auch mit der Ermittlung von Ursachen für die Fluktuation von Schichtarbeitern und die Organisation der gegenseitigen Hilfe von Betrieben bei der Schichtauslastung von hochproduktiven Anlagen und hochwertigen Grundmitteln. Sie verglich die Formen der Stimulierung zwischen den Betrieben des Territoriums und veranlaßte die Beseitigung von Ungesetzlichkeiten, die einzelnen Betrieben unrechtmäßige Vorteile verschafften.

Die Arbeitsgruppe Wohnungswesen schließlich führte die Kontrolle der Zuweisung von Wohnungen für Schichtarbeiter durch und unterstützte die Betriebe bei der Organisierung von Ausbaubrigaden, bei dem Auffinden von ausbaufähigen Objekten und beim Eigenheimbau.

Erhebliche politisch-ideologische Arbeit wird insbesondere durch die Partei geleistet, um durch eine solche komplexe Arbeit das gesamte betriebliche und territoriale Klima immer günstiger zu gestalten. Zusammenfassend kann festgestellt werden: Die Erhöhung der Schichtauslastung der Grundmittel als ein wesentliches ökonomisches Erfordernis zur Erhöhung der Arbeits- und Lebensbedingungen und der wachsenden Befriedigung materieller und kultureller Bedürfnisse erfordert einen ganzen Komplex betrieblicher und territorialer Maßnahmen. Sie zeigen zugleich die Notwendigkeit und die Möglichkeit, durch Territorium und Betrieb die damit verbundenen Aufgaben zu analysieren und planmäßig in Angriff zu nehmen. Sie zeigen aber auch, daß gerade die eingangs erhobene Forderung, Produktionsweise und Lebensweise stets als Einheit zu betrachten, sowohl gründliche konzeptionelle als auch tagtägliche harte Kleinarbeit erfordert.

H. MAIER

Die Entwicklung des Bildungs- und Qualifikationsniveaus der Werktätigen – eine wichtige Seite der Ausprägung der sozialistischen Lebensweise

In meinem Beitrag möchte ich zum Zusammhang von materiell-technischer Basis, Persönlichkeitsentwicklung und Lebensweise sprechen. Diese Fragen stehen mit Recht im Zentrum der vorliegenden Thesen, und mein Beitrag soll der Ergänzung und Weiterführung von hier aufgeworfenen Problemen dienen.

Friedrich Engels hat sich im „Anti-Dühring" vor 100 Jahren über Eugen Dührings Vorstellungen lustig gemacht, der die kapitalistische Weise der Produktion für ganz gut hielt, jedoch meinte, die kapitalistische Verteilungsweise sei von Übel und müsse verschwinden. Deshalb sollte nach E. Dühring die „alte Teilung der Arbeit" im Sozialismus/Kommunismus in allen wesentlichen Beziehungen beibehalten werden und die Produktion „ganz im alten Stil" vor sich gehen, „nur daß" – wie F. Engels die Auffassung Dührings charakterisiert – „an die Stelle des Kapitalisten die Kommune" treten sollte.[1] Engels weist nach, daß Dührings Denkweise, die den Gegensatz von körperlicher und geistiger Arbeit, von Stadt und Land der Natur der Sache nach für unvermeidlich hält, die Denkweise der ausbeutenden Klassen ist.

In seiner Kritik der Dühringschen Vorstellungen vom Kommunismus entwickelt F. Engels das Konzept der vollständigen Umwälzung der alten Produktionsweise und der schrittweisen Beseitigung der alten Teilung der Arbeit, wie es sich bei der weiteren Gestaltung der entwickelten sozialistischen Gesellschaft und damit der Schaffung von grundlegenden Voraussetzungen für den allmählichen Übergang zum Kommunismus in der DDR tagtäglich bewährt. Es zeigt sich hierbei, daß es durch eine Trennung der Lebensweise von der Produktionsweise unmöglich ist, die wesentlichen Prozesse der Entwicklung unserer Gesellschaft zu erfassen, sie zu planen und entsprechend den Bedürfnissen der Werktätigen weiter zu gestalten. Wir wissen, dies ist ein widerspruchsvoller, komplizierter und langandauernder Prozeß. Aber wir wissen auch, wie Engels betont, daß dieser Prozeß nicht aus einem frommen Wunschgedanken entspringt, sondern aus objektiven Erfordernissen der weiteren Entwicklung der Produktivkräfte selbst. Die Aufhebung „der alten Teilung der Arbeit" kann daher – und Engels betont es ausdrücklich – nicht auf Kosten der Produktivität der Arbeit durchgeführt werden. Im Gegenteil. Sie ist Ergebnis und Bedingung für die Erhöhung der Effektivität der Arbeit. Diese Dialektik von Persönlichkeits- und Produktivkraftentwicklung der Werktätigen – die heute in der Einheit von Wirtschafts- und Sozialpolitik ihren Ausdruck findet – hat Marx mit der Formel umschrieben, daß die „Ersparung von Arbeitszeit gleich Vermehren der freien Zeit (ist), d. h. Zeit für die volle Entwicklung des Individuums, die selbst wieder als die größte Produktivkraft zurückwirkt auf die Produktivkraft der Arbeit"[2].

[1] F. Engels, Herrn Eugen Dührings Umwälzung der Wissenschaft, („Anti-Dühring"), in: MEW, Bd. 20, Berlin 1962, S. 269/270.

[2] K. Marx, Grundrisse der Kritik der poitischen Ökonomie, Berlin 1953, S. 596.

Ein augenscheinliches Ergebnis der gegenwärtigen wissenschaftlich-technischen Umwälzung der Produktivkräfte ist das *wachsende Gewicht* der qualifizierten Arbeit im Reproduktionsprozeß wie im Leben der Gesellschaft überhaupt. Die wachsende Rolle der qualifizierten Arbeit ist daher eine wichtige Seite der sozialistischen Lebensweise. War die industrielle Revolution des 18./19. Jahrhunderts, die die materiell-technische Basis des vollentwickelten Kapitalismus schuf, verbunden mit einer massenhaften Dequalifikation der Arbeit, die schließlich dazu führte, daß die einfache, unqualifizierte Arbeit zum Grundpfeiler der Produktion wurde, so führt heute die wissenschaftlich-technische Revolution zu einer wachsenden Rolle der qualifizierten Arbeit bei der Erhöhung der gesellschaftlichen Arbeitsproduktivität wie überhaupt im gesellschaftlichen Leben.

Ein wichtiger Vorzug des Sozialismus bei der Durchführung der wissenschaftlich-technischen Revolution liegt ohne Zweifel in seiner Fähigkeit, hierbei die Einheit von Persönlichkeits- und Produktivkraftentwicklung der Werktätigen ständig zu sichern und somit schrittweise in einem langen historischen Prozeß einen neuen Typ der Technik herauszubilden, „eine neue Produktivkraft", die – wie Engels sagt – „ein Geschlecht von allseitig ausgebildeten Produzenten erzeugt"[3].

Eine wichtige Triebfeder für eine solche Entwicklung der Produktivkräfte sind die sich aus dem System der sozialistischen Produktionsverhältnisse ergebenden Bedürfnisse der sozialistischen Werktätigen, die Inhalt, Struktur und Dynamik der sozialistischen Lebensweise bestimmen.

Das grundlegende Bedürfnis ist hierbei das Bedürfnis nach allseitiger Entwicklung aller sozialen, produktiven, geistigen und ästhetischen Anlagen und Fähigkeiten der Werktätigen. Es bestimmt alle Seiten der Entwicklung der sozialistischen Lebensweise, ihre Dynamik und ihr spezifisches Gewicht. Deshalb hat in jeder Phase des sozialistischen Aufbaus die Entwicklung des Bildungs- und Qualifikationsniveaus der Werktätigen eine hohe Priorität im Rahmen der Politik der sozialistischen Gesellschaft. So stieg in der DDR der Anteil der Hoch- und Fachschulkader an den Beschäftigten der sozialistischen Wirtschaft von 6,7 Prozent im Jahre 1962 auf 14,1 Prozent im Jahre 1975, der Anteil der Facharbeiter und Meister erhöhte sich in diesem Zeitraum von 33,7 auf 53 Prozent, während sich der Anteil der ungelernten und angelernten Arbeitskräfte von 59,6 auf 32,9 Prozent verringerte.

Von den Jugendlichen, die im vergangenen Jahr in den Arbeitsprozeß eintraten, hatten ca. 10 Prozent eine Hochschulbildung, ca. 12 Prozent eine Fachschulbildung, ca. 63 Prozent einen Facharbeiter- bzw. Meisterabschluß und nur 15 Prozent keinen vollen Berufsabschluß.

Zugleich bilden sich auch die älteren, bereits im Arbeitsprozeß stehenden Werktätigen weiter. Von 1971 bis 1975 eigneten sich 370 000 Werktätige ihre Facharbeiterqualifikation im Rahmen der Erwachsenenbildung an. Von den heute fünfzig- bis sechzigjährigen Facharbeitern bzw. Meistern haben 65 Prozent ihre Qualifikation erst unter den Bedingungen der Arbeiter- und Bauernmacht erworben.

Das zunehmende Gewicht der qualifizierten Arbeit im Reproduktionsprozeß zeigt sich in dem wachsenden Umfang der Bildungsfonds in unserer Volkswirtschaft. Die Bildungsfonds – dies sind die im Qualifikationsniveau der Werktätigen realisierten Bildungsaufwendungen der sozialistischen Gesellschaft – erhöhten sich von 66,5 Mrd. Mark 1962 auf 150,8 Mrd. Mark 1975. Ihre Größe erreicht gegenwärtig fast die Hälfte

[3] F. Engels, Herrn Eugen Dührings Umwälzung der Wissenschaft („Anti-Dühring"), in: MEW, Bd. 20, a. a. O., S. 276.

des Grundfondsbestandes im materiellen Bereich der Volkswirtschaft. In einer Reihe von Kombinaten und Volkswirtschaftszweigen sind die Bildungsfonds schneller als die materiellen Grundfonds gewachsen.

Die hohe gesellschaftliche Effektivität der gesellschaftlichen Aufwendungen für die Bildung und Qualifikation wird unter anderem auch in dem engen Zusammenhang von gestiegenem Qualifikationsniveau und dem wachsenden Beitrag der Neuererbewegung zur volkswirtschaftlichen Effektivität sichtbar. Wenn wir den Nutzen aus der Neuererbewegung (über 50 Prozent der Selbstkosteneinsparung in der volkseigenen Wirtschaft resultiert hieraus) in Relation zu den Bildungsfonds setzen, so war dieser pro Einheit Bildungsfonds im Fünfjahrplan 1971 bis 1975 um 2,5mal höher als in der Zeit 1960 bis 1965. Allein 1975 haben 29,4 Prozent aller Berufstätigen in der sozialistischen Wirtschaft Neuererleistungen erbracht. Hieraus ergab sich ein Nutzen von 3,6 Mrd. Mark.

Das zunehmende Gewicht der qualifizierten Arbeit im Reproduktionsprozeß ist eine wichtige produktive und soziale Potenz, die es sowohl bei der Entwicklung der sozialistischen Produktion wie bei der weiteren Ausprägung der sozialistischen Lebensweise besser als bisher zu nutzen gilt, wobei sich die Anforderungen von Produktions- und Lebensweise immer mehr durchdringen. Genosse Honecker hat auf dem 5. Plenum des ZK der SED darauf hingewiesen, daß die Vervollkommnung der Struktur der Volkswirtschaft, die höheren Ansprüche an die materiell-technische Basis bei der weiteren Entwicklung unserer Gesellschaft es erfordern, „die Vorteile unseres Landes, vor allem die Potenzen seiner erfahrenen und gebildeten Werktätigen, voll zur Geltung" zu bringen.[4]

Ein wichtiges Problem ist die Vervollkommnung des Einsatzes der ausgebildeten Kader. Erst durch den effektiven Einsatz der ausgebildeten Kader wird das durch Bildung und Qualifikation geschaffene produktive Potential in reale Produktivkraftentwicklung verwandelt, erst im Prozeß der Arbeit kann sich die sozialistische Persönlichkeit voll entfalten. Deshalb kommt dem zielgerichteten Einsatz der qualifizierten Kader in jenen Bereichen unserer Volkswirtschaft, wo das Nationaleinkommen geschaffen wird, also in der materiellen Produktion, eine so große Bedeutung zu. Hier wurden daher im letzten Fünfjahrplan 45,2 Prozent des Zuwachses an Hochschulkadern, vor allem in der Industrie, eingesetzt. So stieg in der Zeit von 1971 bis 1975 der Bestand der Hochschulkader in der Industrie auf 180 Prozent. In der gesamten materiellen Produktion erhöhte er sich auf 175 Prozent. Der Bestand an Fachschulkadern wuchs in dieser Zeit in der Industrie auf 136,8 Prozent, und in der gesamten materiellen Produktion erhöhte er sich auf 138,5 Prozent.

Hierdurch konnte die Industrie ihren Anteil an der Gesamtzahl der Hochschulkader im Zeitraum von 1962 bis 1975 nahezu verdoppeln. War 1962 jeder zehnte Hochschulkader unserer Volkswirtschaft in der Industrie tätig, so ist es heute jeder fünfte Hochschulkader. Um mehr als das Doppelte erhöhte sich der Anteil der Bauwirtschaft und des Verkehrs-, Post- und Fernmeldewesens an der Gesamtzahl der Hochschulkader. Eine ähnliche Entwicklung können wir auch beim Einsatz der Fachschulkader beobachten.

Der verstärkte Einsatz hochqualifizierter Arbeitskräfte in der materiellen Produktion ermöglichte die kadermäßige Stärkung der Technologie, Konstruktion, Projektierung, Forschung, Entwicklung und Überführung, aber auch den Einsatz dieser Kader bei

[4] E. Honecker, Aus dem Bericht des Politbüros an das Zentralkomitee der SED, Berlin 1977, S. 22.

der Steuerung hochproduktiver Anlagen und Maschinen. Eine Analyse unseres Instituts ergab, daß sich seit 1971 in allen Qualifikationsstufen die qualifikationsgerechte Besetzung der Planstellen verbessert hat, so bei den Hochschulkadern um 8 Prozent, den Fachschulkadern um 7 Prozent, bei den Meistern um 21 Prozent, den Facharbeitern um 11 Prozent. Gleichzeitig werden hierbei auch eine Reihe von Reserven für die Verbesserung des qualifikationsgerechten Einsatzes der Arbeitskräfte sichtbar. So hat sich der Einsatz von Hochschulkadern – obwohl 29 Prozent der Hochschulkaderplanstellen noch nicht mit Hochschulkadern besetzt sind – auf Fachschulkader- und Meisterplanstellen um mehr als verdoppelt. Eine ähnliche Situation haben wir bei den Facharbeitern, wo fast 20 Prozent der Planstellen von Arbeitskräften ohne abgeschlossene Berufsausbildung besetzt sind. Andererseits werden – wie Untersuchungen in unserer Industrie zeigen – Arbeiten, die keine Berufsausbildung erfordern, zu einem beträchtlichen Teil von Facharbeitern ausgeführt (Stichproben ergaben eine Größenordnung von 40 bis 50 Prozent). Natürlich wäre es falsch, in jedem speziellen Fall eine formale Übereinstimmung von erworbener Qualifikation und ausgeübter Tätigkeit anzustreben. Jedoch darf man nicht übersehen, daß in dem nichtqualifikationsgerechten Einsatz der Arbeitskräfte sich eine Reihe von Problemen widerspiegeln, zum Beispiel Qualität der Ausbildung; Realistik der Bildungsplanung; Mobilität und Einsatzbereitschaft der Arbeitskräfte für Aufgaben, die von großer gesellschaftlicher Bedeutung sind, die teilweise aus ungenügender materieller und moralischer Stimulierung beim bedarfsgerechten Einsatz der Kader herrühren. Alle diese Momente haben natürlich gleichzeitig auch Einfluß auf die Lebensweise der Menschen, bestimmen ihre Arbeitszufriedenheit und ihre gesellschaftliche Aktivität. Hier liegen noch wichtige Reserven, die wir durch Verbesserung unserer Planungsarbeit, der Qualität der Arbeit im Bildungswesen sowie bei der politisch-ideologischen Erziehung schrittweise erschließen müssen. Nur auf diesem Wege werden wir alle im Bildungswesen herausgebildeten produktiven Potenzen in vollem Umfang in reale Erhöhung der gesellschaftlichen Arbeitsproduktivität verwandeln können.

Mit der weiteren Ausprägung der sozialistischen Lebensweise und des in diesem Prozeß wachsenden Bedürfnisses nach Bildung und Qualifikation wächst die Notwendigkeit, die körperlich schwere, unqualifizierte Arbeit schrittweise abzubauen. In der Sowjetunion geht man davon aus, ein solches Tempo hier zu erreichen, daß in den nächsten 3 Jahrzehnten die unqualifizierte Arbeit als sozial relevante Erscheinung beseitigt wird. Dies erfordert umfassende Anstrengungen auf allen Gebieten des gesellschaftlichen Lebens.[5]

Ein entscheidender Prozeß ist hierbei ohne Zweifel die Beschleunigung des wissenschaftlich-technischen Fortschritts. Obwohl er in der sozialistischen Gesellschaft das Gewicht der qualifizierten Arbeit im Reproduktionsprozeß erhöht, sind seine Wirkungen auf das Qualifikationsniveau der Werktätigen durchaus nicht widerspruchsfrei.

So ist zum Beispiel der Anteil der an- und ungelernten Arbeitskräfte bei den manuellen Arbeitsplätzen, den vollmechanisierten und teilautomatisierten Arbeitsplätzen am höchsten. Der Anteil der Facharbeiter ist wiederum bei teilmechanisierten und vollautomatisierten Arbeitsplätzen am größten, während der Anteil der Teilfacharbeiter an vollmechanisierten und teilautomatisierten Arbeitsplätzen die höchsten Werte erreicht.

Dies zeigt, daß, obwohl die grundlegende Tendenz bei wachsendem Technisierungsgrad unserer Produktion die Erhöhung des Gewichts der qualifizierten Arbeit ist, die

[5] M. Butkevič, Social'naja struktura razvitogo socialističeskogo obščestva, in: Pravda, Moskva (1975) 185 vom 4. 7., S. 2–3.

Anforderungen in den einzelnen Stufen der Qualifikation sehr stark wechseln. Da aber im Sozialismus der Boden für Produktionsverhältnisse aufgehoben ist – wie Marx sagt –, „worin das Verhältnis von Arbeit und Arbeitsbedingungen sich verkehrt, so daß nicht der Arbeiter die Bedingungen, sondern die Bedingungen den Arbeiter anwenden"[6], kann sich die Arbeiterklasse nicht einfach den mit den Mechanisierungs- und Automatisierungsstufen wechselnden Anforderungen an die Qualifikation anpassen, die ja sowohl zunehmen wie abnehmen, sondern sie muß einen aktiven Einfluß auf die Veränderung dieser Arbeitsbedingungen entsprechend ihren Bedürfnissen ausüben.

Die Direktive zum Fünfjahrplan 1976 bis 1980 fordert, in der Industrie und im Bauwesen jährlich mindestens 180 000 Arbeitsplätze um- bzw. neuzugestalten. Diese Aufgabe zu lösen heißt, bereits bei der Konstruktion und Projektierung sowie bei der Organisation des Arbeitsablaufs von konkreten sozialen Vorstellungen auszugehen, wie die Arbeit effektiver, flüssiger, interessanter und inhaltsreicher gestaltet werden kann. Dort, wo diesen Anforderungen noch nicht voll entsprochen werden kann, gilt es nach Wegen zu suchen, um die einseitigen Belastungen mit körperlich schwerer und geistig monotoner Arbeit zu mindern. Die Entwicklung des Inhalts und Charakters der Arbeit ist untrennbar verbunden mit der Entfaltung der sozialistischen Produktionsverhältnisse, denn diese bestimmen sowohl Ziel wie Tempo der Veränderung der Arbeitsinhalte. Man kann daher nicht die Veränderung des Inhalts der Arbeit von dem Charakter der Produktionsverhältnisse trennen, wie es die imperialistische Propaganda heute mit der Kampagne zur „Harmonisierung der Arbeit" gegenwärtig tut.

Ein wichtiger Bestandteil der sozialistischen Lebensweise ist die ständige Weiterbildung der Werktätigen. Gegenwärtig nehmen ca. 2 Millionen Werktätige in der DDR an der systematischen Aus- und Weiterbildung (davon etwa 50 Prozent Frauen) teil. Ohne Zweifel wird auch künftig die permanente Weiterbildung eine wichtige Rolle im System der Bedürfnisse der sozialistischen Gesellschaft und somit bei der weiteren Ausprägung der sozialistischen Lebensweise spielen. In den vergangenen Jahren hat die Erwachsenenbildung eine sehr wichtige Rolle bei der quantitativen Erhöhung der Zahl der Facharbeiter und der Hoch- und Fachschulkader gespielt. So erhielten 30 bis 40 Prozent der Facharbeiter ihre Qualifikation über die Erwachsenenbildung. Jeder dritte Hochschulabsolvent und jeder zweite Fachschulabsolvent erhielt sein Diplom über das Fernstudium. Angesichts des bereits erreichten hohen Niveaus wird die Erwachsenenbildung sich stärker als bisher ihrer eigentlichen Funktion zuwenden, der Reproduktion des bereits vorhandenen Qualifikationsniveaus. Diese Aufgabe wirft neue Fragen und Anforderungen auf, die sich vor allem aus der Beschleunigung des wissenschaftlich-technischen Fortschritts bei der Schaffung der entwickelten sozialistischen Gesellschaft ergeben.

Unter den Bedingungen der Beschleunigung des wissenschaftlich-technischen Fortschritts sind wir mit der Veralterung des Wissens konfrontiert. Das Ausmaß der sich hieraus ergebenden Weiterbildungsanforderungen läßt sich aus folgender einfacher Überlegung veranschaulichen. Wenn wir nur eine Fortschrittsrate des Wissens von 3 Prozent annehmen würden, dann ergibt sich bei Facharbeitern für die gesamte Berufstätigkeit ein Weiterbildungsaufwand von 2,8 Jahren, bei Fachschulkadern von 6,7 Jahren und bei Hochschulkadern von 7,8 Jahren; das sind jeweils 10 Prozent bei Facharbeitern, 24 Prozent bei Fachschulkadern und 28 Prozent bei Hochschulkadern

[6] K. Marx, Theorien über den Mehrwert, Dritter Teil, in: MEW, Bd. 26.3, S. 271.

der gesamten Arbeitsperiode. Natürlich gibt es kein „ehernes" Gesetz des wachsenden zeitlichen Weiterbildungsaufwands. Aber diese Größenordnungen zeigen, wie wichtig es ist, rechtzeitig Maßnahmen zu ergreifen, um dem Veralterungsprozeß des Wissens entgegenzuwirken und dafür zu sorgen, daß sich die Bildungs- und Arbeitsprozesse durchdringen und die Weiterbildung den ihr gebührenden Platz in der sozialistischen Lebensweise einnimmt. Auch unterstreicht dieses die Bedeutung der Allgemeinbildung, die die Voraussetzungen schafft für die ständige Verschmelzung des vorhandenen Wissens mit dem neuentstehenden Wissen, für die ständige Transformation des vorhandenen Wissens auf das gesellschaftlich notwendige Niveau im Prozeß der Weiterbildung.

Die Größenordnung der sich aus der Fortschrittsrate des Wissens ergebenden Anforderungen weist uns darauf hin, daß wir eine effektive Kombination zwischen den drei Komponenten der Weiterbildung brauchen:

- der organisierten Form der Weiterbildung,
- der Weiterbildung auf der Grundlage eigener Interessen und Initiativen,
- der Weiterbildung durch aktive Teilnahme an den verschiedensten Formen des geistig-kulturellen Lebens der sozialistischen Gesellschaft.

Natürlich existieren diese drei Formen nicht losgelöst voneinander. Sie beeinflussen einander in sehr starkem Maße. Die organisierte Form der Weiterbildung kann nur dann ihre eigentliche Aufgabe erfüllen, wenn sie auf den beiden anderen Formen aufbauen kann und sie wiederum in nachhaltiger Weise unterstützt. Gegenwärtig vollzieht sich die organisierte Form der Weiterbildung zu über 80 Prozent in der Arbeitszeit, was nicht nur hohe ökonomische Aufwendungen in direkter und indirekter Form verursacht. Es besteht auch die Gefahr, daß sie durch enge Aufgabenbezogenheit ihre stimulierende Funktion auf die Weiterbildung auf Grund von Eigeninitiative und der Teilnahme am geistig-kulturellen Leben nicht erfüllt. Deshalb muß die organisierte Weiterbildung neben der Vermittlung von anwendungsorientiertem Wissen auch dazu beitragen, das politisch-weltanschauliche Denken zu entwickeln und die geistige Kultur der Produzenten zu bereichern. Gleichzeitig müssen durch eine höhere Ökonomie der Freizeit Möglichkeiten erschlossen werden für die beiden anderen Formen der Weiterbildung.

In allen sozialistischen Ländern wächst das Bedürfnis nach schöpferischer Arbeit, die alle Kräfte und Möglichkeiten des Menschen zur Entfaltung bringt. Die schrittweise Aufhebung von unqualifizierter, körperlich schwerer und geistig monotoner Arbeit ist daher eine wichtige Aufgabe bei der Verwirklichung der Einheit von Wirtschafts- und Sozialpolitik und damit bei der weiteren Entwicklung der sozialistischen Lebensweise.

G. Winkler/K. Fleischer

Sozialökonomische Differenzierung der Berufstätigen in der Landwirtschaft und ihre mögliche Einflußnahme auf die sozialistische Lebensweise

Die Herausbildung der sozialistischen Lebensweise ist wesentlich durch den dynamischen Prozeß der sozialen Annäherung und das Wachstum der sozialen Gemeinsamkeiten der befreundeten Klassen und Schichten beeinflußt. Eng verbunden mit der weiteren sozialistischen Intensivierung und dem Übergang zu industriemäßiger Produktion prägen sich qualitativ neue Wesenszüge bei den Berufstätigen der sozialistischen Landwirtschaft, insbesondere den Genossenschaftsbauern und Arbeitern in den Betrieben der Landwirtschaft, aus.

Der Prozeß der Annäherung der sozialen Klassen und Schichten vollzieht sich, wie K. Hager im vorigen Jahr vor den Gesellschaftswissenschaftlern ausführte, „... auf der Grundlage der allseitigen Entwicklung und der Reife der Klassen und Schichten ...".[1] Eine solche allseitige Entwicklung erfordert eine umfassende Analyse der sozialökonomischen Differenzierungen innerhalb der sozialen Klassen und Schichten als Grundlage für die planmäßige gesellschaftliche Entwicklung. Das trifft gerade für die sozialistische Landwirtschaft zu. Denn hier vollzieht sich gegenwärtig der Übergang zur industriemäßigen Produktion, besonders auf dem Weg der Kooperation als komplexer gesellschaftlicher Entwicklungsprozeß.

Die sozialökonomische Differenzierung der Berufstätigen in der sozialistischen Landwirtschaft der DDR resultiert unter anderem aus den beiden Eigentumsformen, dem gesamtgesellschaftlichen Eigentum und dem genossenschaftlichen Eigentum. Dabei erweist sich, wie in den Dokumenten des IX. Parteitages der SED herausgearbeitet wird, daß beide Formen des sozialistischen Eigentums der weiteren Entwicklung der Produktivkräfte und Produktionsverhältnisse Raum bieten. Im Bericht des ZK an den IX. Parteitag heißt es: „Das Leben bestätigt, daß beide Formen des sozialistischen Eigentums in der Landwirtschaft große Entwicklungspotenzen besitzen und auch das genossenschaftliche Eigentum breiten Raum für den Übergang der Klasse der Genossenschaftsbauern zu industriemäßiger Produktion bietet."[2]

Das genossenschaftliche Eigentum war bisher fast ausschließliches Produktionsfeld der Genossenschaftsbauern. Im wachsenden Maß wird es aber auch Tätigkeitsfeld der völlig gleichberechtigt in den LPG arbeitenden Angehörigen der Arbeiterklasse und der Berufstätigen aus anderen sozialen Schichten. Diese Entwicklung ermöglicht das gegenwärtig zur Diskussion stehende Musterstatut für LPG Pflanzenproduktion und LPG Tierproduktion. Für Werktätige, die nicht Genossenschaftsmitglieder sind, ist die Bildung einer Gewerkschaftsgruppe in der LPG und die Delegierung von Arbeitern durch die Gewerkschaft in den Vorstand der LPG vorgesehen.[3]

1 K. Hager, Der IX. Parteitag und die Gesellschaftswissenschaften, Berlin 1976, S. 42.

2 E. Honecker, Bericht des Zentralkomitees der Sozialistischen Einheitspartei Deutschlands an den IX. Parteitag der SED, Berlin 1976, S. 64.

3 Vgl. Musterstatut der LPG Tierproduktion – Entwurf, in: Deutsche Bauernzeitung Nr. 1/1977, Beilage, S. 2.

Mit der weiteren Entwicklung des genossenschaftlichen Eigentums, insbesondere bestimmt durch die weitere Vergesellschaftung der Produktion und den immer umfassenderen Einsatz von materiellen Produktionsfonds, die durch die Arbeiterklasse geschaffen werden, verringern sich die sozialökonomischen Besonderheiten, die aus dem genossenschaftlichen Eigentum resultieren. Dazu zählen beispielsweise auch die Einführung von zeitlichen Arbeitsbedingungen für die Genossenschaftsbauern, wie sie für die Berufstätigen anderer Bereiche unserer Gesellschaft zutreffen, oder die Gewährleistung eines monatlichen Mindestarbeitseinkommens.

Ein weiterer Faktor sozialökonomischer Differenzierungen ist die Entwicklung des Charakters und Inhalts der Arbeit. Bedingt durch den zunehmenden Prozeß der Arbeitsteilung und Spezialisierung mit dem schrittweisen Übergang zu industriemäßiger Produktion vollzieht sich die Entwicklung des Charakters und Inhalts der Arbeit unterschiedlich. Es entstehen neue spezifische Anforderungen an eine bestimmte, immer größer werdende Gruppe von Menschen im landwirtschaftlichen Arbeitsprozeß. Demgegenüber gibt es nicht wenige in der Landwirtschaft Tätige, die unter herkömmlichen Bedingungen arbeiten. Obgleich der Übergang zur industriemäßigen Produktion in der Landwirtschaft dem ökonomischen Wesen nach auch mit dem Übergang zur maschinellen Großproduktion identisch ist, weist die landwirtschaftliche Produktion eine Reihe von Besonderheiten auf. Zu diesen Besonderheiten zählen:

1. der Boden ist Hauptproduktionsmittel,
2. die landwirtschaftliche Produktion ist Produktion mit lebenden Organismen,
3. die landwirtschaftliche Produktion ist witterungsabhängig und hat saisonbedingten Charakter.

Lenin sagt, daß das Besonderheiten sind, „. . . die absolut nicht zu beseitigen sind . . . Infolge dieser Besonderheiten wird die maschinelle Großindustrie in der Landwirtschaft niemals *alle* jene Züge aufweisen, die sie in der Industrie besitzt."[4] Eng verbunden mit diesen Besonderheiten der landwirtschaftlichen Produktion ist der Saisoncharakter der Arbeit. Im Interesse der kontinuierlichen Einbeziehung aller Berufstätigen in den gesellschaftlichen Arbeitsprozeß ist es erforderlich, daß sich Berufstätige der Pflanzenproduktion einen Zweitberuf aneignen, zum Beispiel als Reparaturschlosser, als Bauhandwerker, als Forstarbeiter. Die Realisierung dieses Einsatzes der Berufstätigen erfordert eine enge kooperative Zusammenarbeit mit den entsprechenden Partnern.

Mit den Besonderheiten der landwirtschaftlichen Produktion sind auch weitere Bedingungen verbunden. So ist eine im Interesse der landwirtschaftlichen Bodennutzung liegende und durch den Entwicklungsstand der Produktivkräfte und Produktionsverhältnisse bedingte Verteilung der Hauptproduktivkraft Mensch auf das landwirtschaftlich nutzbare Territorium notwendig. Hierbei wurde insbesondere in den vergangenen Jahren sichtbar, daß die Entwicklung der materiellen Produktivkräfte des landwirtschaftlichen Produktionsprozesses unter sozialistischen Bedingungen schneller erfolgen kann als eine entsprechende Veränderung der Territorialstruktur. Das begründet die wachsende Bedeutung der planmäßigen Entwicklung der territorialen Bedingungen für die effektive Gestaltung der landwirtschaftlichen Produktion und für die weitere Entwicklung der sozialistischen Lebensweise.

Im Prozeß des Übergangs zur industriemäßigen Produktion erhält die Arbeit in der Landwirtschaft zunehmend schöpferischen Charakter, und sie verbindet sich immer stärker mit Wissenschaft und Technik. Dazu heißt es im Programm der Sozialistischen

[4] W. I. Lenin, Die Agrarfrage und die „Marxkritiker", in: Werke, Bd. 5, Berlin 1955, S. 136.

Einheitspartei Deutschlands: „Die Arbeit in der Landwirtschaft wandelt sich auf Grund der Anwendung industrieller Produktionsmethoden. Sie verlangt eine hohe allgemeine und fachlich spezialisierte Bildung".[5]

Die Veränderungen im Inhalt der Arbeit haben dazu geführt, daß ein sehr hoher Anteil der Berufstätigen über eine abgeschlossene Ausbildung verfügt. So hatten im Jahr 1975 von den Berufstätigen der sozialistischen Landwirtschaft 78,8 Prozent eine abgeschlossene Ausbildung, darunter 65,9 Prozent als Facharbeiter.[6] In anderen Bereichen der Volkswirtschaft wurde meines Erachtens ein vergleichsweise niedrigerer Stand der Facharbeiterausbildung erreicht. Mit dem hohen Ausbildungsstand der Berufstätigen in der Landwirtschaft ist ein entscheidender Beitrag geleistet worden, das Bildungsgefälle zwischen Staat und Land zu beseitigen.

Das unterschiedliche Qualifikationsniveau der Berufstätigen in der Landwirtschaft ist jedoch auch weiterhin ein Faktor, der zu Besonderheiten in der Entwicklung der sozialistischen Lebensweise führt. Das kommt beispielsweise im Zusammenhang zwischen Qualifikationsniveau und Nutzung der Freizeit zum Ausdruck. Der Anteil der Berufstätigen mit Hoch- und Fachschulabschluß im Volkswirtschaftsbereich Land- und Forstwirtschaft ist vom Jahr 1965 mit 3,1 Prozent auf 7,2 Prozent der Gesamtberufstätigen im Jahr 1975 gestiegen. Der damit erreichte Stand liegt vergleichsweise unter dem Anteil der Berufstätigen mit Hoch- und Fachschulabschluß in der Industrie, die im Jahr 1975 über einen Anteil von 9,9 Prozent der Berufstätigen mit abgeschlossener Hoch- und Fachschulausbildung verfügt. Ausgehend von den Anforderungen der industriemäßigen Produktion, wird es erforderlich, den Anteil der Hoch- und Fachschulkader in den nächsten fünfzehn Jahren zu verdreifachen.[7]

Die Veränderungen im Inhalt der Arbeit führen auch zu einer Verringerung von körperlich schwerer, einfacher Arbeit zugunsten geistig-schöpferischer Arbeit. Dieser Prozeß vollzieht sich abhängig von der Anwendung moderner Produktionsverfahren für einzelne Gruppen der Berufstätigen differenziert. Dabei zeigen sich gegenwärtig folgende grundlegende Entwicklungstendenzen.

In der Pflanzenproduktion ist ein hoher Mechanisierungsgrad des Arbeitsprozesses charakteristisch. So erfolgte zum Beispiel 1975

die Getreideernte zu	100 Prozent,
die Kartoffelernte zu	94,6 Prozent und
die Zuckerrübenernte zu	99,5 Prozent mit Großmaschinen.[8]

Daher verringerte sich hier in den vergangenen Jahren der objektiv erforderliche Umfang der einfachen manuellen Arbeiten. Diese wurden und werden gegenwärtig überwiegend von Frauen verrichtet. Da einerseits einfache manuelle Arbeiten in den nächsten Jahren zwar weiter reduziert werden, aber andererseits noch immer objektiv erforderlich sind und Frauen in den Altersgruppen um 50 Jahre oftmals nur schwer für einen anderen Arbeitseinsatz zu gewinnen sind, erfüllen diese auf Handarbeit spezialisierten Gruppen in den nächsten Jahren ihre spezifische Funktion im landwirtschaftlichen Arbeitsprozeß. Diese Frauen leisten vielfach nach wie vor relativ schwere

5 Programm der Sozialistischen Einheitspartei Deutschlands, Berlin 1976, S. 30.
6 Berechnet nach: Statistisches Jahrbuch der DDR 1976, Berlin 1976, S. 185.
7 Vgl. G. Grüneberg, Der IX. Parteitag der SED über die Aufgaben der Land- und Nahrungsgüterwirtschaft sowie die weitere gesellschaftliche Entwicklung auf dem Lande, Berlin 1976, S. 18.
8 Statistisches Jahrbuch der DDR 1976, Berlin 1976, S. 187.

körperliche Arbeit und sind diskontinuierlich tätig. Das bleibt nicht ohne Auswirkungen auf die Lebensweise. Ein Schwerpunkt für die weitere Einbeziehung der Frauen in den Arbeitsprozeß der Pflanzenproduktion ist ihre Gewinnung für den Einsatz mit moderner Technik (zum Beispiel für die Bedienung von Mähdreschern bzw. das Fahren von Traktoren).

In der Tierproduktion resultiert eine Differenzierung der Arbeitsbedingungen aus der objektiv notwendigen Tatsache, daß Tierproduktionsanlagen über lange Zeiträume hinaus genutzt werden müssen und der Übergang zur industriemäßigen Tierproduktion nur schrittweise erfolgen kann. In industriemäßigen Anlagen der Tierproduktion ergeben sich neue Anforderungen an die Berufstätigen. So erfordern insbesondere folgende Faktoren bei der Aufnahme einer Tätigkeit in Milchproduktionsanlagen eine Umstellung:

- die Schichtarbeit,
- geistig-nervliche Arbeitsanforderungen,
- höhere Ansprüche an die Qualifikation.

Arbeiten die Berufstätigen unter herkömmlichen Bedingungen im gebrochenen Arbeitstag, oftmals ohne geregelte arbeitsfreie Tage, so ist für die Arbeit in industriemäßigen Anlagen eine im festen Zeitrhythmus geregelte Schichtarbeit typisch. Damit in Verbindung stehen auch solche sozialen Bedingungen wie eine hohe Teilnahme der Berufstätigen in industriemäßigen Anlagen an der gesellschaftlichen Speiseversorgung oder die Notwendigkeit der Entwicklung eines Berufsverkehrs zu Beginn und Ende der Schichtarbeiten.

In welchem Umfang sich das Verhältnis von körperlich schwerer, einfacher Arbeit zugunsten geistig-schöpferischer Arbeit verändert, zeigt die nachfolgende Tabelle 1 für die Berufstätigen in der Milchproduktion.

Tabelle 1
Charakteristik der Arbeitsanforderungen der Berufstätigen herkömmlicher und industriemäßiger Milchproduktionsanlagen (MPA)
(Befragungsergebnisse, Angaben in Prozent – nach Stuhrmann)

Anforderungscharakteristik	*herkömmlich* MPA 1974/75 (n = 61)	*industriemäßig* MPA 1974/75 (n = 115)
überwiegend körperliche Arbeit	90,2	65,2
darunter:		
schwere körperliche Arbeit	60,7	21,7
leichte körperliche Arbeit	29,5	43,3
überwiegend geistige Arbeit	9,8	34,8
darunter:		
Steuer-, Regel-, Überwachungsarbeit	1,6	14,8
geistig-schöpferische Arbeit	8,2	20,0

Die charakterisierten Unterschiede in der Arbeitsbeanspruchung, zu denen noch oftmals höhere zeitliche Anforderungen und ungünstigere sanitär-hygienische Bedingungen in herkömmlichen Produktionsanlagen hinzukommen, machen deutlich, daß gegenwärtig für die Berufstätigen in der Tierproduktion Unterschiede hinsichtlich des Niveaus der Arbeitsbedingungen bestehen, deren planmäßige Überwindung im Interesse der weiteren Verringerung sozialökonomischer Differenzierungen erforderlich ist. Eine entscheidende Maßnahme dafür besteht in der sozialistischen Rationalisierung und Rekonstruktion.

Aus dem Dargelegten wird deutlich, daß es im Interesse der erfolgreichen Verwirklichung der Einheit von Wirtschafts- und Sozialpolitik erforderlich ist, den sozialökonomischen Differenzierungen oder den sie bestimmenden Faktoren auch in der wissenschaftlichen Arbeit verstärkte Aufmerksamkeit zu schenken. Das wird es ermöglichen, die Planmäßigkeit der Herausbildung der sozialistischen Lebensweise immer umfassender zu sichern.

A. KECK

Zur wachsenden Rolle des nichtproduzierenden Bereiches für die sozialistische Lebensweise

Die planmäßig proportionale Entwicklung zwischen dem produzierenden und dem nichtproduzierenden Bereich wird meines Erachtens zu einer immer bedeutungsvolleren Bedingung für die weitere Ausprägung der sozialistischen Lebensweise und der Persönlichkeitsentwicklung. Die materiell-technische Basis des nichtproduzierenden Bereiches in Umfang, Qualität und Wirksamkeit hat enorme Bedeutung für die Durchsetzung der Ökonomie der Zeit. Immerhin verbringen die Bürger in den Wohngebieten, in welchen die Erfolge, aber auch Widersprüche in der Entwicklung des kulturell-sozialen Bereichs besonders deutlich werden, 70 Prozent ihrer Zeit. Da der kulturell-soziale Bereich Bestandteil der Infrastruktur ist, erwachsen hieraus auch viele, unsere Menschen tagtäglich interessierende kommunalpolitische Diskussionen und ökonomische Konsequenzen. Die Proportion zwischen dem produzierenden und dem nichtproduzierenden Bereich hat nicht nur finanzielle Aspekte, ist nicht nur eine Angelegenheit der Umverteilung, wie es manchmal einseitig dargestellt wird. Sie ist in allererster Linie eine volkswirtschaftlich, stark territorial ausgeprägte Grundproportion mit bedeutenden materiell-technischen Entwicklungserfordernissen. Sie ist heute schon eine entscheidende Grundproportion, und dieser Charakter verstärkt sich zunehmend.

Der nichtproduzierende Bereich prägt in entscheidendem Maße die Anforderungen an die technische und vor allem soziale Infrastruktur für ihren Inhalt selbst.

Es haben sich heute gegenüber den Anfangsjahren unserer Planwirtschaft auch hier neue Dimensionen herausgebildet. Heute haben wir es mit 200 Milliarden Grundfonds und etwa 19 Prozent der Berufstätigen gegenüber 12,5 Prozent im Jahre 1950 zu tun. Während in den letzten 10 Jahren die Zahl der Arbeitskräfte im produzierenden Bereich insgesamt etwa unverändert blieb, ist sie im nichtproduzierenden Bereich nahezu um 300000 gewachsen, vor allem in der Volksbildung und im Gesundheits- und Sozialwesen. Untersuchungen zeigen, daß für das Gesundheits- und Sozialwesen ein hoher volkswirtschaftlicher und territorialer Verflechtungsgrad besteht. Seine vor allem gebrauchswertmäßige Beherrschung ist für die stabile medizinische und soziale Betreuung von enormer Bedeutung.

Es wachsen aber auch die möglichen und erforderlichen Verflechtungen zwischen den einzelnen Zweigen des nichtproduzierenden Bereichs. Sie haben vor allem in der technischen und sozialen Infrastruktur in vielem eine gemeinsame materiell-technische Basis, deren Vorzüge man viel besser nutzen könnte.

Es bildet sich immer mehr das Erfordernis der Erarbeitung einer wissenschaftlich begründeten Ökonomik des nichtproduzierenden Bereichs und seiner Zweige heraus. Das ist eine Ökonomik, die ihren Beitrag zur Herausbildung der sozialistischen Lebensweise auf wichtigen Gebieten des gesellschaftlichen Lebens im Sozialismus leisten kann und muß. Solche Bestrebungen sollten vom Wissenschaftlichen Rat für die wirtschaftswissenschaftliche Forschung bei der Akademie der Wissenschaften der DDR verstärkt gefördert werden.

Im vergangenen Jahr wurde an der Akademie der Wissenschaften der UdSSR von der Kommission Nichtproduzierende Sphäre und Dienstleistungen eine wissenschaftliche Konferenz zum Thema „Sozialökonomische Probleme der nichtproduzierenden Sphäre und Dienstleistungen" im Lichte der Aufgaben des XXV. Parteitages der KPdSU durchgeführt. Solodkov sprach über die wissenschaftliche Herausarbeitung der Auffassungen über „Theoretische Probleme der Ökonomie der nichtproduzierenden Sphäre", Pravdin über „Methodologische Probleme der Organisation der Leitung der Dienstleistungen und ihrer Qualität" und Dolišnoj über „Ausgewählte methodologische Fragen der Arbeit in den Bereichen der nichtproduzierenden Sphäre". Andere Beiträge befaßten sich mit zweigspezifischen Fragen des Gesundheitswesens, der Volksbildung usw.

Verfolgt man die innere Dynamik von Volksbildung, Kultur, Gesundheits- und Sozialwesen und auch der anderen nichtproduzierenden Zweige, dann erkennt man ganz wesentliche Prozesse, die sehr viel mit dem Gegenstand unserer heutigen Beratung zu tun haben. Das beginnt bei der Bestimmung des langfristigen Bedarfs an personellen, materiellen und finanziellen Mitteln in den 80er Jahren; das betrifft den Ausbau der materiell-technischen Basis, die Beherrschung der Dialektik zwischen vergegenständlichter und lebendiger Arbeit in den vor allen Dingen arbeitsintensiven Zweigen des nichtproduzierenden Bereiches, geht über Fragen der Sozialstruktur und Probleme des Annäherungsprozesses (im Gesundheitswesen wächst zum Beispiel der Anteil der Hoch- und Fachschulkader bis 1980 auf mehr als zwei Drittel der Berufstätigen an) und schließt sicherlich auch zweigspezifische Fragen des Verhältnisses von Leistungsprinzip und gesellschaftlichen Fonds in diesen Bereichen selbst ein.

Die allgemeine Zugänglichkeit qualifizierter medizinischer Leistung, die neuen Anforderungen an die Arzt-Schwester-Mitarbeiter-Patienten-Beziehungen, die täglich millionenfach erbrachten Leistungen des Gesundheitswesens für die Bürger sind Begegnung mit dem real existierenden Sozialismus. Natürlich ist das nicht weniger wichtig wie die Begegnung unserer Bürger mit der Schule und vielen anderen Versorgungseinrichtungen, die nicht immer ohne Konflikte abgehen.

Die nichtproduzierenden Zweige kann man schon lange nicht mehr einfach als Konsumtion von Nationaleinkommen betrachten. Das wäre viel zu einseitig. Die nichtproduzierenden Zweige muß man meines Erachtens mindestens unter drei Gesichtspunkten betrachten, im Hinblick auf ihren Beitrag

- zur Verwirklichung des sozialpolitischen Programms,
- zur Förderung der volkswirtschaftlichen Leistungskraft und
- zur Durchsetzung der sozialistischen Lebensweise und der Persönlichkeitsentwicklung.

Quantität, Qualität und Wirksamkeit von Kindergärten und Kinderkrippen bewirken eben auch, daß der gesellschaftliche Arbeitszeitfonds von berufstätigen Frauen mit Kindern besser ausgenutzt werden kann. Wenn die Müttersterblichkeit im Zeitraum von 1970 bis 1975 je 10 000 Geburten von 4,3 auf 2,4, die Säuglingssterblichkeit je 1000 Geborene von 18,5 auf 15,3 und die Frühinvalidität weiter gesenkt werden konnte, dann ist das real gewonnene menschliche Arbeitskraft. Das gleiche trifft zu, wenn im Ergebnis der Schutzimpfungen gefürchtete Infektions- und Kinderkrankheiten, wie Kinderlähmung, Diphterie und Masern, gebannt werden konnten. Aber damit wurde nicht nur Leben und Arbeitskraft gewonnen, sondern auch Vertrauen in den Sozialismus und viel persönliches Lebensglück.

Zu den Möglichkeiten des Gesundheitswesens, die volkswirtschaftliche Leistungskraft zu stärken, gehören auch alle Anstrengungen zur Senkung des Krankenstandes.

Immerhin muß man wissen, daß beispielsweise ein Krankenstand von etwa 6,21 Prozent, wie er im Jahre 1975 aufgetreten ist, einem ständigen Ausfall von nahezu 500 000 Arbeitskräften gleichkommt. Diese Zahl würde immerhin jährlich über 8 Mrd. Mark an Nationaleinkommen erzeugen. Dabei sind wir uns über die Problematik dieser Ziffer durchaus im klaren.

Diese wenigen Beispiele sollten nur deutlich machen, wieviele Möglichkeiten und Reserven in der aktiven Einwirkung der nichtproduzierenden Sphäre auf die Stärkung der volkswirtschaftlichen Leistungskraft und die Durchsetzung der sozialistischen Lebensweise und die Persönlichkeitsentwicklung verborgen liegen.

J. ORESCHKO

Stärkere Einbeziehung politischer Faktoren in die Forschung zur sozialistischen Lebensweise

Die Beratung von sozialen und ökonomischen Problemen der weiteren Ausprägung der sozialistischen Lebensweise im Wissenschaftlichen Rat für die wirtschaftswissenschaftliche Forschung ist außerordentlich bedeutungsvoll. Damit werden Fragen behandelt, die von allergrößtem Interesse für jeden Menschen unserer Republik sind, weil sie sein persönliches Leben betreffen. Gleichfalls sind sie auch von größter Wichtigkeit für die weitere Entwicklung unserer gesamten Gesellschaft.

Der Rat hat sich bereits vor 2 Jahren mit dieser Thematik befaßt. Seitdem sind eine Reihe neuer Fragen herangereift, die der Lösung bedürfen. In der sozialistischen Lebensweise kommt in komprimierter Form die Überlegenheit des Sozialismus gegenüber dem Kapitalismus sichtbar zum Ausdruck. Deshalb sind alle Fragen, die die verschiedenen Seiten der sozialistischen Lebensweise betreffen, von ungeheurer politischer Aktualität. Die Entwicklung und die realen Bedingungen der sozialistischen Lebensweise haben weltweite Bedeutung in der Auseinandersetzung der beiden Gesellschaftssysteme.

Die Fragen des sozialistischen Lebens sind ebenso von entscheidender Bedeutung für das immer engere Zusammenrücken der Werktätigen in den Ländern der sozialistischen Staatengemeinschaft. Auf dem Fundament der marxistisch-leninistischen Weltanschauung als ideologischer Basis treten die vielfältigen Gemeinsamkeiten und neuen Beziehungen unserer großen sozialistischen Gemeinschaft in der sozialistischen Lebensweise immer deutlicher zutage. Ihre weitere Ausprägung führt zu einer unmittelbaren Aktivierung unserer Menschen, entfaltet die schöpferischen Kräfte der sozialistischen Gesellschaft für die weitere Gestaltung der entwickelten sozialistischen Gesellschaft. Damit ergibt sich, daß die weitere Ausprägung der sozialistischen Lebensweise eine wichtige Quelle für die Erreichung neuer Erfolge in unserer sozialistischen Entwicklung ist.

Ausgehend von diesen politischen Aspekten, können wir die Beratung zur weiteren Vervollkommnung der sozialistischen Lebensweise, zur Lösung der ökonomischen und sozialen Probleme gar nicht hoch genug einschätzen. Unser Streben sollte deshalb darin bestehen, zu diesen hochaktuellen Fragen noch mehr in der Öffentlichkeit zu wirken.

Die in den Thesen zu dieser Problematik und im Vortrag enthaltenen Untersuchungsergebnisse und Vorschläge für die weitere Forschungsarbeit sind außerordentlich wertvoll und zeugen von einer tiefgründigen wissenschaftlichen Arbeit. Besonders hervorzuheben ist, daß der Bereich der menschlichen Arbeit im Sozialismus als Kernstück der sozialistischen Lebensweise herausgearbeitet und im engen Zusammenhang mit Freizeit, Bildung, Sport und anderen Lebensbereichen verstanden wird. Ein Ziel der weiteren Forschungsarbeit sollte es sein, den sich weiter ausprägenden Charakter der sozialistischen Arbeit, ausgehend von den produzierenden Bereichen, auch noch stärker in den nichtproduzierenden Bereichen zu erforschen.

Eine ebenso wichtige Seite der sozialistischen Lebensweise ist der Wohnbereich und die Umwelt. Die vielfältigen Wechselbeziehungen und spezifischen Beziehungen sozialistischen Lebens werfen viele neue Probleme gerade hierzu auf, die der Untersuchung und Lösung bedürfen. Auch die Untersuchungsergebnisse über ländliche Siedlungsgebiete sind außerordentlich aktuell. Damit werden Fragen aufgeworfen, die von entscheidender Bedeutung für die Entwicklung auf dem Lande sind.

In den Untersuchungen über die sozialistische Lebensweise und ihre ökonomischen und sozialen Probleme erscheint es notwendig, den gesamten politisch-ideologischen Komplex, der sich im neuen Verhalten des Menschen zeigt, noch tiefgründiger zu untersuchen und in die Arbeit einzubeziehen. Ich meine damit vor allem die gesellschaftliche Verantwortung und das aktive, schöpferische Wirken unserer Bürger. Dieser Faktor, der insbesondere das Neue, die Überlegenheit gegenüber der bürgerlichen Gesellschaft zum Ausdruck bringt, ist eine außerordentlich wichtige Seite der sozialistischen Lebensweise, die wir bevorzugt weiter voranbringen wollen. Die Initiativen auf diesem Gebiet sind außerordentlich vielfältig und sind typisch für den Sozialismus. Solche Aktivitäten, wie im Wettbewerb „Schöner unsere Städte und Gemeinden – Mach mit!" und weitere gesellschaftliche Initiativen, sind eine typische Charakterisierung der sozialistischen Lebensweise. Welche Bedeutung bereits Lenin dieser freiwilligen Arbeit für die Entwicklung des sozialistischen Menschen beigemessen hat, kommt überzeugend in den kommunistischen „Subbotniks" zum Ausdruck.

Ein weiterer wichtiger Bereich dieses politischen Wirkens in sozialistischer Weise ist die aktive Tätigkeit unserer sozialistischen Menschen auf dem Gebiet der Sicherheit, Ordnung und des Schutzes sowie der Verteidigung der sozialistischen Errungenschaften. Das typisch Neue auf diesem Gebiet ist das bewußte, freiwillige und aktive Mitwirken. Die Entwicklung einer bewußten Disziplin und Ordnung, des Kampfes gegen Kriminalität und asoziales Verhalten zeigt gerade sehr anschaulich die Überlegenheit unserer Gesellschaftsordnung gegenüber dem Kapitalismus. Die enorme Zunahme der Kriminalität in den kapitalistischen Ländern hat ihre Wurzeln in der Ausbeuterordnung und der Lebensweise dieser Gesellschaft. Es ist nur zu selbstverständlich, daß wir auf Grund unserer sozialistischen gesellschaftlichen Beziehungen und unserer sozialistischen Lebensweise dem Prozeß der Zurückdrängung von Kriminalität und asozialem Verhalten noch mehr Bedeutung beimessen und dafür auch unsere Menschen gewinnen.

Die bewußte Mitverantwortung und Mitgestaltung am Schutz und an der Verteidigung unserer Errungenschaften durch den Ehrendienst in der Nationalen Volksarmee sowie in anderen Schutz- und Sicherheitsorganen, in den Kampfgruppen der Arbeiterklasse und in der vormilitärischen Ausbildung durch die GST sind Beweis der neuen Einstellung und des neuen sozialistischen Lebens unserer Menschen. Dieses neue Verhalten ist letztlich einer der entscheidenden Faktoren der Überlegenheit unserer sozialistischen Gesellschaft und auch unserer Landesverteidigung gegenüber dem Kapitalismus und dem militärischen Dienst in einer bürgerlichen Armee.

Die umfassende Ausprägung und allseitige Vertiefung dieses Prozesses dient der weiteren Stärkung der sozialistischen Gesellschaft und ist deshalb Sache aller. Diese politischen Faktoren sind immanenter Bestandteil und zugleich schöpferischer Impuls sozialistischer Lebensweise.

Ein großer Fragenkomplex, der für die weitere Konzipierung unserer sozialistischen Lebensweise ebenfalls außerordentliche Bedeutung hat, ist die richtige Proportionierung und das Wechselverhältnis von individueller und gemeinschaftlicher Freizeitgestaltung. Es ist selbstverständlich und unumstößlich, daß ein entscheidender Teil der

Freizeit durch die Menschen auch in der sozialistischen Gesellschaft individuell bzw. in der Familie gestaltet wird. Entscheidend ist jedoch, daß der Sozialismus eine sinnvolle Ergänzung des individuellen Freizeitlebens mit gesellschaftlichen Formen und Methoden der Freizeitgestaltung ermöglicht und entwickelt. Dabei kommt es meines Erachtens darauf an, für die nächste Periode Strategien zu konzipieren, durch welche die Verbesserung sowohl individueller als auch gemeinschaftlicher Freizeitgestaltung optimal gesichert wird. Dabei gilt es zu ermitteln, welche Potenzen vor allem die typisch sozialistische Freizeitgestaltung stärker zur Wirkung bringen. Wir sollten keinesfalls eine ideenlose Uniformierung auf diesem Gebiet zulassen, aber auch nicht Tendenzen, die der bürgerlichen Konsumgesellschaft eigen sind. Es ist notwendig, hier nach langfristigen Lösungen zu suchen und solche Lösungen schrittweise durchzusetzen.

Selbstverständlich ist der Komplex der sozialistischen Lebensweise außerordentlich umfangreich und zwingt zur Schwerpunktbildung. Aber Einschränkungen oder Reduzierungen einzelner wichtiger Seiten der sozialistischen Lebensweise liegen nicht im Interesse der Sache, weil wir damit dem Wesen und der Vielfältigkeit unseres sozialistischen Lebens nicht entsprechen würden.

I. KLEIN, Ch. FOLMERT

Zum Zusammenhang von Arbeit und Lebensweise im Sozialismus

Marx und Engels betonten, daß Lebensweise die „bestimmte Art der Individuen ist, ihr Leben zu äußern" und „damit zusammenfällt, ‚was' und ‚wie' sie produzieren"[1]. Dieser von den Begründern des Marxismus-Leninismus gesetzte grundlegende materialistische Ausgangspunkt zur Bestimmung des Inhalts der Kategorie Lebensweise setzt sich in der Diskussion marxistisch-leninistischer Gesellschaftswissenschaftler immer mehr durch. So schreibt Glesermann: „Jede ökonomische Gesellschaftsformation bringt eine bestimmte Lebensweise der Menschen und eine dieser entsprechende Denkweise hervor. In der Lebensweise finden die Produktivkräfte und Produktionsverhältnisse, die politische Ordnung der Gesellschaft und ihre Kultur Ausdruck. Die Lebensweise bildet sich aus den Bedingungen des Alltagslebens der Menschen, insbesondere ihren Arbeitsbedingungen und ihrer Lebenshaltung sowie aus den Verhaltensformen, die zur Gewohnheit geworden und in gegebenem sozialen Milieu üblich sind . . . Man kann Lebensweise definieren als die für die jeweilige Gesellschaft typischen Formen der Lebenstätigkeit der Menschen, in Einheit mit den Bedingungen dieser Lebenstätigkeit."[2]

Dieses materialistische Herangehen ist unabdingbar, um sich ein tieferes Verständnis für die Probleme der weiteren Herausbildung der sozialistischen Lebensweise zu erarbeiten. Hieraus ergibt sich, daß dem Charakter und den Bedingungen der sozialistischen Arbeit im Zusammenhang mit der Entwicklung der sozialistischen Lebensweise eine vorrangige Rolle zukommt.

In den Thesen wird zu Recht auf den engen Zusammenhang von sozialistischer Lebensweise und Charakter der Arbeit hingewiesen. Die Arbeit ist die entscheidende Lebenssphäre, weil durch die Arbeit nicht nur die für die Befriedigung der materiellen und kulturellen Bedürfnisse der Menschen notwendigen Güter erzeugt werden, sondern in der Arbeit und durch die Arbeit sich die gesellschaftlichen Verhältnisse und Beziehungen entwickeln und unmittelbar für jeden Werktätigen äußern.

Der Arbeitsprozeß ist die entscheidende Sphäre der Persönlichkeitsentwicklung. Richtung und Tempo der Persönlichkeitsentwicklung sind wesentlich vom Niveau des gesellschaftlichen Charakters der Arbeit und der damit zusammenhängenden Erscheinungen abhängig. Die Entwicklung des gesellschaftlichen Charakters der Arbeit und der Arbeitsinhalte hängt eng mit der Entwicklung der führenden Rolle der Arbeiterklasse und der Annäherung der Klassen und Schichten zusammen. Die Arbeit nimmt daher in der sozialistischen Lebensweise einen zentralen Platz ein, ist ihr wichtigster Bestandteil.

Der sich aus dem gesellschaftlichen Eigentum an den Produktionsmitteln ergebende unmittelbar gesellschaftliche Charakter der Arbeit, der die Negation der Privatarbeit

[1] K. Marx, F. Engels, Die deutsche Ideologie, in: MEW, Bd. 3, Berlin 1958, S. 21.
[2] G. Glesermann, Lebensweise und ideologischer Kampf, in: Einheit, 6/1975, S. 574/575.

und des Widerspruchs von privater und gesellschaftlicher Arbeit ist, ist bestimmend für die neue Rolle der Arbeit im Leben der Gesellschaft, eines jeden Produzentenkollektivs und eines jeden Werktätigen. Der aus dem gesellschaftlichen Eigentum an den Produktionsmitteln resultierende unmittelbar gesellschaftliche Charakter der Arbeit schließt die Ausbeutung des Menschen durch den Menschen aus. Als Existenzquelle der Gesellschaft ist die unmittelbar gesellschaftliche Arbeit zugleich Arbeit für sich, Existenzquelle eines jeden ihrer arbeitsfähigen Mitglieder.

Die unmittelbare Gesellschaftlichkeit der Arbeit als historisch höchste Stufe des Charakters der Arbeit gehört zu den entscheidenden Vorzügen des Sozialismus und ist konstituierendes Moment seiner Lebensweise.

Man kann im Sozialismus als erster Phase der kommunistischen Gesellschaftsformation von einer einheitlichen, durch die Interessen der Arbeiterklasse bestimmten Lebensweise sprechen, da die Arbeiterklasse hierfür bereits grundlegende Voraussetzungen geschaffen hat. Sie bestehen darin, daß

- die Ausbeutung und Unterdrückung des Menschen beseitigt und antagonistische Klassengegensätze aufgehoben sind und
- in den sozialistischen Produktionsverhältnissen die politische Macht der Arbeiterklasse und ihr Bündnis mit den Genossenschaftsbauern und allen übrigen Schichten der sozialistischen Gesellschaft verankert ist.

Bei Beachtung des konkreten historischen Entwicklungsstandes der sozialistischen Gesellschaft, ihrer Produktionsstruktur, ihrer sozialen Struktur, der Unterschiede im geistig-kulturellen und politisch-ideologischen Niveau ihrer Mitglieder ergibt sich, daß in der sozialistischen Gesellschaft auch noch objektive Grundlagen für die Differenziertheit der Lebensweise der Mitglieder der Gesellschaft vorhanden sind.

Für die Untersuchung der Probleme, die die weitere Herausbildung und Durchsetzung der sozialistischen Lebensweise betreffen, ist es unseres Erachtens notwendig, das dialektische Verhältnis von Einheitlichkeit und Differenziertheit der sozialistischen Lebensweise zu beachten. Zugleich muß man zwischen der im Sozialismus noch nicht überwundenen Klassenteilung und sozialen Differenziertheit infolge der geschichtlich entstandenen Arbeitsteilung einerseits und der technisch-funktionalen Seite der Arbeitsteilung andererseits unterscheiden. Für die Aufdeckung der gesetzmäßigen Tendenzen ist es bedeutsam, die Entwicklung des Zusammenhangs von Arbeit und Lebensweise im Sozialismus zu erforschen. Die Entwicklung der gesellschaftlichen Arbeitsteilung in der sozialistischen Gesellschaft ist ein Prozeß des Übergangs von einem Typ der Arbeitsteilung zu einem anderen: von einer Arbeitsteilung, die die gesetzmäßige Grundlage wesentlicher sozialer Unterschiede ist, zu einer Arbeitsteilung, auf der die soziale Gleichheit zwischen den verschiedenen Gruppen der Produzenten beruhen wird.

Die marxistisch-leninistischen Parteien der sozialistischen Länder haben wesentliche Schritte zur Verwirklichung dieser Aufgaben konzipiert und in Angriff genommen. In diesem Prozeß müssen die Massen selbst ihre Lebensweise umgestalten. Hierbei ist die Arbeiterklasse die führende Kraft. Durch die Höherentwicklung der Produktivkräfte und des Volkseigentums entwickelt sie die materiellen Grundlagen für die allseitige Entwicklung der Fähigkeiten und Bedürfnisse aller Werktätigen.

Diese Aufgabe wird bei der Gestaltung der entwickelten sozialistischen Gesellschaft zum bestimmenden Inhalt der Strategie der marxistisch-leninistischen Parteien der Arbeiterklasse. Sie hat auch in den vorangegangenen Etappen des sozialistischen Aufbaus die strategische Zielsetzung mitbestimmt. Jedoch muß der Sozialismus erst einen bestimmten Reifegrad seiner inneren Entwicklung wie seiner äußeren Existenzbedingungen erreicht haben, um diese Aufgabe als Hauptaufgabe so zu formulieren, wie es der XXIV. Parteitag der KPdSU und der VIII. Parteitag der SED tun konnten. Bei der Frage nach den bestimmenden Faktoren der Lebensweise im Sozialismus müssen wir von der im Programm der SED formulierten Feststellung ausgehen:

„Die Arbeiterklasse ist unter Führung der SED die entscheidende gesellschaftliche Kraft, die den sozialen, politischen und ideologischen Inhalt der sozialistischen Lebensweise entsprechend ihren Klasseninteressen bestimmt, im Maßstab der ganzen Gesellschaft durchsetzt und ständig vertieft."[3]

Ausdruck des zutiefst humanistischen Wesens des Sozialismus und seiner Lebensweise ist die Allgemeinheit der Arbeit. Sie resultiert aus dem unmittelbar gesellschaftlichen Charakter der Arbeit und äußert sich in dem für alle gleichen Recht und der für alle gleichen Pflicht, mit den vergesellschafteten Produktionsmitteln zu arbeiten, im gleichen Recht auf Bildung und Qualifizierung und den gleichen Bedingungen für den Erhalt der Konsumgüter in Abhängigkeit von der Quantität und Qualität der geleisteten Arbeit, entsprechend dem Prinzip: Jeder nach seinen Fähigkeiten, jedem nach seiner Leistung. Die Gewißheit eines jeden arbeitsfähigen Bürgers, eine Arbeit entsprechend seiner Qualifikation zu erhalten, ist ein Wesensmerkmal sozialistischer Lebensweise. Die sozialistische Allgemeinheit der Arbeit entwickelt bei jedem Werktätigen die Verantwortung gegenüber der Gesellschaft und gibt ihm die Überzeugung, daß ihn die Gesellschaft braucht. Sie gibt ihm soziale Sicherheit und Geborgenheit. Die sozialistische Arbeit ist Quelle und Garantie der Menschenwürde und der Gleichberechtigung in der Gesellschaft, ihren Kollektiven und in der Familie. Allein die Leistung für die Gesellschaft bestimmt Platz und Ansehen eines jeden Menschen der sozialistischen Gesellschaft.

Die Allgemeinheit der sozialistischen Arbeit gehört zu den hervorragendsten Errungenschaften und Vorzügen des Sozialismus. Sozialistische Arbeit schließt die dem Kapitalismus immanente Arbeitslosigkeit und Verschwendung von Arbeitskraft aus.

Das Recht auf Arbeit, dieses grundlegende Menschenrecht, das für Millionen Werktätige der kapitalistischen Welt (gegenwärtig sind in den entwickelten Ländern des staatsmonopolistischen Kapitalismus etwa 15 Millionen Arbeitslose registriert) ein unerfüllbarer Traum ist, ist in der DDR längst Realität geworden. Die sozialistische Gesellschaft kann sich heute hinsichtlich der Allgemeinheit der Arbeit höhere Ziele setzen. Nicht mehr die Sicherung von Arbeitsplätzen schlechthin, sondern die Sicherung solcher Arbeitsplätze, die ein Optimum der Entfaltung sozialistischer Persönlichkeiten gestatten, gilt es zu verwirklichen. Die Gestaltung progressiver Arbeitsinhalte als Erfordernis der allseitigen Persönlichkeitsentwicklung ist zugleich auch eine aus der sozialistischen Intensivierung entspringende Möglichkeit und Notwendigkeit.

Infolge der aus dem Kapitalismus übernommenen materiell-technischen Basis und der damit verbundenen Unterschiede in den Arbeitsinhalten ist die Gestaltung persönlichkeitsfördernder Arbeitsinhalte ein äußerst komplizierter und langwieriger Prozeß, der vor allem die planmäßige Verringerung körperlich schwerer und gesundheitsschädigender, monotoner und die Arbeitskraft einseitig beanspruchender Arbeiten und eine die Sicherheit fördernde Gestaltung der Arbeitsmittel und -verfahren durch wachsende Mechanisierung und Automatisierung verlangt. Dadurch werden entscheidende materielle Voraussetzungen dafür geschaffen, daß die Arbeit allmählich zum ersten Lebensbedürfnis wird und zunehmend auch geistige Bedürfnisse befriedigt.

[3] Programm der Sozialistischen Einheitspartei Deutschlands, Berlin 1976, S. 53.

Die Entwicklung der Allgemeinheit der Arbeit ist untrennbar mit der Entfaltung des Schöpfertums verbunden.

Die Entwicklung des Schöpfertums der Arbeit ist gleichzusetzen mit dem Prozeß der Selbstverwirklichung des Menschen mit der allseitigen Entfaltung seiner Persönlichkeit. Die entscheidenden gesellschaftlichen Voraussetzungen dafür sind das gesellschaftliche Eigentum an den Produktionsmitteln und der unmittelbar gesellschaftliche Charakter der Arbeit. Gleichzeitig verlangt die zunehmende Entfaltung des Schöpfertums der Arbeit ein solches Niveau der materiell-gegenständlichen Seite der Produktivkräfte, das es gestattet, den Menschen aus dem unmittelbaren Produktionsprozeß mehr und mehr zu lösen.

Unbestritten setzt das gegenwärtige Entwicklungsniveau der Produktionsmittel, insbesondere der Arbeitsmittel, der Entfaltung des Schöpfertums in der Arbeit teilweise gewisse Grenzen und sind die Möglichkeiten schöpferischer Arbeit noch differenziert.

Die Vervollkommnung des freien, schöpferisch tätigen und vielseitig gebildeten Produzenten ist ein objektives Erfordernis des Sozialismus. Der Sozialismus verlangt die Entfaltung der schöpferischen Arbeit, verlangt, daß sich die Werktätigen der gesellschaftlichen Wirkungen ihrer Tätigkeit bewußt sind und solche Ergebnisse anstreben, die der gesamten Gesellschaft wie ihnen selbst zugute kommen. In diesem Prozeß entstehen ständig neue und höhere Anforderungen an die Kenntnisse und Fähigkeiten der Werktätigen, an ihr Vermögen, den gesellschaftlichen Reproduktionsprozeß gemeinschaftlich zu leiten und zu planen. Zugleich entwickelt sich ihre Leistungsbereitschaft. Ausdruck dafür ist die stürmische Entwicklung der Masseninitiative (Wettbewerb, Neuererbewegung usw.), die zugleich sichtbares Zeichen der Entfaltung der Persönlichkeit und der Kollektivbeziehungen der Werktätigen ist. Gewissenhafte, ehrliche, gesellschaftlich nützliche Arbeit ist das Herzstück sozialistischer Lebensweise.

Bewußte Arbeit setzt voraus, daß der in der sozialistischen Produktion tätige Werktätige die Frage nach dem „Was, warum, wie und wofür?", wie Genosse Honekker auf der 2. Tagung des ZK der SED 1976 betonte, stellt und Antwort darauf findet.

Fragestellung und Antwort ergeben sich in der Regel nicht aus den empirischen Erfahrungen der Produktion selbst. Sie verlangen Information über den Zusammenhang zwischen der Arbeit des einzelnen mit gesamtgesellschaftlichen Erfordernissen, die dem Werktätigen die Einordnung der eigenen Arbeit in gesamtgesellschaftliche Ziele, die ihm auch persönlich nutzen, möglich macht. Das setzt die ideologische Aneignung der sozialistischen Produktionsverhältnisse voraus. Inwieweit solche Informationen von jedem einzelnen zu Motivationen seiner Arbeitsleistung verarbeitet werden, hängt von verschiedenen Faktoren ab. Hierbei spielen sowohl das Verhältnis zur eigenen Arbeit, der materielle und moralische Anreiz wie auch das Verhältnis zum Arbeitskollektiv, das politisch-ideologische Niveau und der individuelle Bildungsgrad jedes Werktätigen eine Rolle.

Diese Faktoren wirken aber nicht immer in harmonischer Übereinstimmung miteinander, sondern bilden oft widersprüchliche Seiten der Individuen.

Die Entwicklung der sozialistischen Lebensweise ist ein objektiv gesetzmäßiger Prozeß, der sich jedoch nicht spontan durchsetzt. Gerade deshalb ist die ideelle Aneignung des gesellschaftlichen Eigentums durch alle Mitglieder der sozialistischen Gesellschaft für die weitere Gestaltung der entwickelten sozialistischen Gesellschaft und die Schaffung der Voraussetzungen für den allmählichen Übergang zum Kommunismus eine grundlegende Bedingung.

Diese Aneignung, als ein die gesamte Lebensweise bestimmender Prozeß, vollzieht sich nicht in gleichem Tempo wie die Inbesitznahme der gesellschaftlichen Produktionsmittel durch die Arbeiterklasse. Sein Inhalt besteht in der materiellen und ideellen Umkehrung des Prozesses der Trennung der Produzenten von ihren Arbeitsbedingungen, die der Kapitalismus bei der Schaffung des kapitalistischen Privateigentums mit „schonungslosestem Vandalismus" (Marx) durchsetzte.

Die Entwicklung der gesellschaftlichen Individuen hat ihre Grundlage in den durch sie geschaffenen, grundlegend veränderten materiellen Bedingungen ihres gesellschaftlichen Lebens – ihrer gesamten Lebensweise. Sie vollzieht sich heute durch die Verwirklichung der wissenschaftlich-technischen Revolution unter den Bedingungen des Sozialismus. Dabei bildet sich das für den entwickelten Sozialismus typische Verhalten der Individuen zur Gemeinschaft, das ein Verhältnis zum gesellschaftlichen Eigentum als zu den selbstverständlich zu seinem Dasein gehörenden objektiven Existenzbedingungen einschließt, in dem Maße heraus, wie die Werktätigen im Sozialismus immer mehr die vom Kapitalismus erzeugte sachliche Gegenüberstellung von Eigentum und Arbeitsbedingungen auch in ihrem individuellen Denken und Verhalten überwinden. Dieser Prozeß hat sowohl ideelle als auch materielle Voraussetzungen.

Die Entfaltung des Schöpfertums der sozialistischen Arbeit ist ein dringliches Erfordernis der Entwicklung der Produktivkräfte. Moderne industrielle Anlagen und Technologien, die zunehmende Mechanisierung, der Übergang der sozialistischen Landwirtschaft zu industriemäßiger Produktion verlangen und bewirken, daß der Anteil der geistig-schöpferischen Arbeit im Produktionsprozeß zunimmt, das heißt, sie gestatteten und verlangen eine Entwicklung solcher Arbeitsinhalte, die die schöpferischen Potenzen der Menschen fördern. Solche, dem Sozialismus adäquate Arbeitsinhalte sind immanenter Bestandteil der sozialistischen Lebensweise.

Progressive Arbeitsinhalte zeichnen sich dadurch aus, daß sie auf die Persönlichkeitsbildung und Kollektiventwicklung gerichtet sind und gleichzeitig eine hohe Arbeitsproduktivität gestatten. Darin besteht zugleich die dem Sozialismus adäquate Konzeption zur Entwicklung der Technik.

Die Gestaltung progressiver Arbeitsinhalte ist fester Bestandteil des humanistischen Anliegens des Sozialismus, alles zu tun für das Wohl des Menschen. Im Prozeß der Gestaltung der entwickelten sozialistischen Gesellschaft wird die Herausbildung progressiver Arbeitsinhalte immer bedeutungsvoller. Durch ihre Gestaltung wird den Werktätigen der Charakter der Arbeit bewußt, wächst die Arbeitszufriedenheit und das Interesse an der Arbeit, werden neue Initiativen geweckt und die persönlichkeitsbildende Wirkung der Arbeit verstärkt.

Die progressive Veränderung der Arbeitsinhalte bildet eine untrennbare Einheit mit der Entwicklung der Arbeitsbedingungen als der „Lebensbedingungen des Arbeiters während der Arbeit".[4]

In der Aufgabe, dem Sozialismus adäquate Arbeitsinhalte und Arbeitsbedingungen zu schaffen, verbinden sich Ziel und Mittel der sozialistischen Produktion, da sie einerseits zur Erhöhung des materiellen und kulturellen Lebensniveaus der Werktätigen beitragen und andererseits von ihnen Wirkungen ausgehen, die zur Erhöhung der Leistung und der Effektivität der Arbeit führen.

In der praktischen Durchsetzung dieses Prozesses ist die Partei immer wieder vor die Notwendigkeit gestellt, die dabei auftretenden objektiven Widersprüche aufzudecken und die Wege zu ihrer Lösung zu finden. Unter diesem Aspekt wird unseres

[4] Vgl. K. Marx, Das Kapital, Erster Band, in: MEW, Bd. 23, Berlin 1962, S. 449.

Erachtens die strategische Bedeutung der von der Partei verfolgten Einheit von Wirtschafts- und Sozialpolitik erst völlig deutlich. In unserem Parteiprogramm heißt es: „Die SED wird auch künftig alle Anstrengungen darauf richten, daß die wachsenden Arbeitsleistungen, die Fortschritte in der Produktion sowie die zunehmende Anwendung der wissenschaftlich-technischen Errungenschaften der Arbeiterklasse und allen Werktätigen zugute kommen und das Lebensniveau des Volkes und seine Kultur ständig weiter gehoben werden, daß sein geistiges Leben reicher wird . . .

Die Wirtschafts- und Sozialpolitik der SED trägt zur weiteren Annäherung der Klassen und Schichten, zur Verringerung wesentlicher Unterschiede zwischen körperlicher und geistiger Arbeit und zur Annäherung der Lebensbedingungen zwischen Stadt und Land bei. Sie verbindet die Verwirklichung des Leistungsprinzips mit der Minderung sozialer Unterschiede."[5]

Die Aufgabenstellung des Programms zur Entwicklung der sozialistischen Lebensweise steht hierzu in direkter Beziehung: „Die SED wirkt dafür, daß sich die für die entwickelte sozialistische Gesellschaft charakteristische Art und Weise des gesellschaftlichen Lebens und individuellen Verhaltens in allen Lebensbereichen immer mehr ausprägt – bei der Arbeit und in der Freizeit, im Arbeitskollektiv und in der Familie sowie in den Lebensgewohnheiten. Die sozialistische Lebensweise ist in der sozialistischen Produktionsweise begründet und schließt die stetige Hebung des materiellen und geistigen Lebensniveaus ein."[6]

Die Einheit von Wirtschafts- und Sozialpolitik ist also in ihrer Zielsetzung auf die Einheit des Prozesses des weiteren Ausbaus der materiell-technischen Basis des Sozialismus, die Entwicklung der Menschen selbst, ihrer Lebensweise und ihrer Beziehungen zueinander und zur Gesellschaft gerichtet. Es geht hierbei vor allem um die Lösung der für den Sozialismus neuen und höheren Aufgabe, die höchste Entwicklung der gesellschaftlichen Produktivkräfte zu verwirklichen und dabei solche Wege zu beschreiten, daß dies zur weiteren Entfaltung der schöpferischen Fähigkeiten der unmittelbaren Produzenten, ihrer stets wachsenden Einbeziehung in die Leitung und Planung aller gesellschaftlichen Prozesse – zum weiteren Abbau der Unterschiede zwischen den Klassen und Schichten führt.

Eng damit im Zusammenhang steht die Entwicklung des individuellen Verhältnisses zur Arbeit als einer entscheidenden Seite der sozialistischen Lebensweise. Die Arbeit kann sich erst in der höheren Phase der kommunistischen Formation für alle zum individuellen Lebensbedürfnis herausbilden. Die Entwicklung des individuellen Verhältnisses zur Arbeit – ebenso wie des Verhältnisses zum gesellschaftlichen Eigentum – ist ein widersprüchlich und differenziert verlaufender Prozeß, der die volle Verwirklichung beider von Marx genannten Bedingungen für die Selbstverwirklichung des Menschen verlangt. Marx schrieb: „Die Arbeit der materiellen Produktion kann diesen Charakter nur erhalten dadurch, daß 1. ihr gesellschaftlicher Charakter gesetzt ist, 2. daß sie wissenschaftlichen Charakters, zugleich allgemeine Arbeit ist, nicht Anstrengung des Menschen als bestimmt dressierte Naturkraft, sondern als Subjekt, das in den Produktionsprozeß nicht bloß in natürlicher, naturwüchsiger Form, sondern als alle Naturkräfte regelnde Tätigkeit erscheint."[7]

Unter den Bedingungen des entwickelten Sozialismus ist die erste von Marx genannte Voraussetzung – der gesellschaftliche Charakter der Arbeit – bereits in hohem

5 Programm der Sozialistischen Einheitspartei Deutschlands, a. a. O., S. 22/23.

6 Ebenda, S. 53.

7 K. Marx, Grundrisse der Kritik der politischen Ökonomie, Berlin 1953, S. 505.

Maße verwirklicht. Die zweite Voraussetzung ist direkt mit einer solchen Entwicklung der Produktivkräfte verbunden, die die Überwindung der Arbeitsteilung zwischen körperlicher und geistiger Arbeit, zwischen Stadt und Land ermöglicht.

Akteure dieser Entwicklung sind die Werktätigen selbst, die unter Nutzung der eigenen politischen und ökonomischen Macht die Bedingungen ihrer Selbstverwirklichung schaffen. Unseres Erachtens liegt in der Tatsache dieser – in der ersten Phase teilweise verwirklichten – Voraussetzungen für die Selbstverwirklichung des Menschen in der Arbeit die wesentliche Ursache für die Widersprüchlichkeit, in der sich der Prozeß der Entwicklung des Verhältnisses zur Arbeit als individuelles Lebensbedürfnis jedes Menschen unter sozialistischen Bedingungen vollzieht.

Bei der Verwirklichung des gesellschaftlichen Charakters der Arbeit unter sozialistischen Bedingungen wird die Arbeit bereits zum individuellen Bedürfnis, wenn der Werktätige sich der Bedeutung seiner Arbeit für die Gesellschaft bewußt ist und sie als notwendiges Glied des volkswirtschaftlichen und gesellschaftlichen Gesamtprozesses begreift. Das schließt ein, daß er die sozialistische Gesellschaft zugleich als Bedingung seiner eigenen individuellen Existenz und als Voraussetzung wesentlicher Bedürfnisse seines Lebens positiv erfaßt. Die ideologische Aneignung der sozialistischen Produktionsverhältnisse und die individuelle Identifizierung mit den objektiven Interessen der Arbeiterklasse ist also die entscheidende Voraussetzung dafür, daß die Arbeit auch unter den Bedingungen der noch nicht überwundenen historischen Arbeitsteilung der ersten Phase der kommunistischen Formation für viele Menschen bereits zum individuellen Bedürfnis wird. Marx hebt in der Polemik mit den Auffassungen von A. Smith, der die Arbeit als „Opfer an Ruhe" betrachtet hervor: „... daß das Individuum in seinem normalen Zustand von Gesundheit, Kraft, Tätigkeit, Geschicklichkeit und Gewandtheit auch das Bedürfnis einer normalen Portion von Arbeit hat" und „daß diese Überwindung von Hindernissen an sich Bestätigung der Freiheit"[8] ist. Für den Arbeiter der sozialistischen Produktion, der sich seiner gesellschaftlichen Stellung im Sozialismus bewußt ist, ist Arbeit auch bereits Bestätigung seiner Freiheit, obwohl er noch unter die Arbeitsteilung subsumiert ist. Er erkennt in seiner Arbeit den Weg zur Überwindung der Arbeitsteilung durch die gesamte Höherentwicklung der Gesellschaft zum Kommunismus und findet in der individuellen Teilnahme an der Verwirklichung dieser Ziele seiner Klasse auch persönliche Befriedigung.

Wird die Arbeit unter sozialistischen Bedingungen individuell als Erfüllung des Bedürfnisses nach Selbstbestätigung, nach Selbstverwirklichung erfaßt, ist dies für die gesamte Lebensweise des Menschen in der sozialistischen Gesellschaft bestimmend. Dies hat entscheidende Bedeutung für sein Verhalten innerhalb der beruflichen Tätigkeit, der sich daraus ergebenden Kollektivbeziehungen und seine Beziehungen zur Gesellschaft. Es hat aber auch wesentlichen Einfluß auf die Gestaltung seines gesamten Lebensrhythmus im persönlichen Bereich, auf Freizeitgestaltung, Erholungsbedürfnisse, persönliche Konsumbedürfnisse, auf die Erziehung der Kinder und Verhalten in der Familie und auf die Entwicklung der kulturellen Bedürfnisse.

Die Entwicklung der sozialistischen Arbeit gibt dem Traum der Menschen vom Glück einen humanistischen Sinn, befreit ihn von Gewinnsucht, Egoismus und bürgerlichem Konsumgeist und führt zur Entfaltung der Menschenwürde. Sie gestattet die Gestaltung eines solchen Lebens, das die Entfaltung aller menschlichen Wesens- und Schöpferkräfte ermöglicht und den Menschen glücklicher macht.

[8] Ebenda.

H. HANSPACH

Zu einigen Fragen des Arbeitsinhalts und der Arbeitsorganisation

Auf dem Gebiet der Organisation und Ökonomie der Arbeit stehen wir bei der Realisierung von Aufgaben, die heute beraten werden, vor einer Reihe komplizierter Fragen der Forschung und der Anwendung dieser Ergebnisse in der Praxis. Ich möchte zu drei Problemen einige Bemerkungen machen:

- zum Arbeitsinhalt, bezugnehmend auf den Teil II der Thesen
- zum Leistungsprinzip
- zu den gesellschaftlichen Anforderungen an die sozialistischen Arbeitswissenschaften.

Bei allen Überlegungen gehen wir von der Grundrichtung der gesellschaftlichen Entwicklung in der DDR aus, so wie sie in den Dokumenten des IX. Parteitages formuliert wurde und die allen Bürgern unseres Staates eine gesicherte Perspektive bietet. Für die Werktätigen wurden und werden weiterhin die Arbeits- und Lebensbedingungen verbessert und damit zugleich auch grundlegende Voraussetzungen für die weitere Ausprägung der sozialistischen Lebensweise geschaffen.

Der gesellschaftliche Fortschritt und der wahrhaft humanitäre Charakter der sozialistischen Gesellschaft werden schon damit bewiesen – und die krisenhafte Entwicklung in den kapitalistischen Ländern macht das gegenwärtig besonders deutlich –, daß das Recht auf Arbeit umfassend verwirklicht ist. Darauf wurde in den Thesen und im Referat Bezug genommen.

Das Recht auf Arbeit bedeutet im entwickelten Sozialismus nicht nur materielle Existenzsicherung. Seine Durchsetzung ist vor allem auch Grundlage der Entfaltung der Persönlichkeit und damit der zunehmenden Selbstverwirklichung des Menschen im Arbeitsprozeß. Die Herausbildung einer sozialistischen Lebensweise ist deshalb untrennbar mit der allseitigen Ausprägung des sozialistischen Charakters der Arbeit verbunden, so wie das in den Thesen und im Einführungsreferat begründet wurde.

Um die aus den sozialistischen Produktionsverhältnissen resultierenden Möglichkeiten einer freien und schöpferischen Arbeit zu nutzen, ist eine neue Qualität des „Wie" der Produktion und damit des Inhalts der Arbeit notwendig. Wir betrachten den Arbeitsprozeß stets als Auseinandersetzung des Menschen mit der Natur, in der sich zugleich die Menschen selbst und ihre gesellschaftlichen Beziehungen entwickeln. Art und Weise der Einwirkung des Menschen auf die Natur werden dabei sowohl von der Beschaffenheit der Arbeitsmittel als auch von den Fähigkeiten und dem Charakter des Zusammenwirkens der Menschen bestimmt.

Aus der Einheit von technischer, ökonomischer und sozialer Bedingtheit des Arbeitsprozesses ergibt sich die gemeinsame Verantwortung der Natur-, technischen und Gesellschaftswissenschaften bei der Verwirklichung des wissenschaftlich-technischen Fortschritts, insbesondere im Hinblick auf die Entwicklung des Inhalts der Arbeit. Die Aufgabe besteht darin, Bedingungen und Inhalt der Arbeit so zu gestalten, daß sich der Mensch seiner Rolle als Eigentümer, Produzent und Konsument bewußt und dieser Rolle auch gerecht wird. Darin besteht – im Gegensatz zur Entfremdung der Arbeit im Kapitalismus – nach meiner Auffassung das entscheidend Neue in der zunehmenden Bedeutung des subjektiven Faktors im sozialistischen Reproduktionsprozeß. Der wissenschaftlich-technische Fortschritt erhöht nicht nur die Verantwortung des Werktätigen auf Grund der ihm anvertrauten und komplizierteren größeren Produktionsfonds, sondern er muß auch in den Bedingungen und im Inhalt der Arbeit zum Tragen kommen, was wesentlich zur Herausbildung neuer Denk- und Verhaltensweisen, einer neuen Einstellung zur Arbeit beiträgt.

Leistungs- und persönlichkeitsfördernder Inhalt und die Bedingungen der Arbeit dürfen deshalb nicht zufällige Folge wissenschaftlich-technischer Lösungen sein, sondern sie müssen stets gleichrangige Ziele neben den technischen und ökonomischen Parametern für Aufgaben des wissenschaftlich-technischen Fortschritts darstellen. Es geht dabei um das Problem der besseren Beherrschung der Beziehungen zwischen Arbeitsbedingungen, Arbeitsinhalt, materieller und moralischer Stimulierung einerseits sowie Persönlichkeitsentwicklung und Effektivität der Arbeit andererseits. Letztlich kommt darin zum Ausdruck, daß die Entwicklung der sozialistischen Lebensweise nicht nur eine Erhöhung der Produktion, sondern auch ihre qualitative Vervollkommnung erfordert.

In diesem Zusammenhang erscheint es notwendig, auf Probleme der Verwirklichung des Grundprinzips des Sozialismus „Jeder nach seinen Fähigkeiten, jedem nach seiner Leistung" Bezug zu nehmen. Wir sollten dieses Prinzip immer in der Einheit seiner zwei Seiten betrachten. Es geht also nicht nur um die Leistung schlechthin, sondern auch um die Fähigkeiten der Werktätigen und um die Realisierungsbedingungen dieser Fähigkeiten. Die dem Sozialismus adäquaten Triebkräfte werden nur dann voll wirksam, wenn Fähigkeit in Form von Leistung realisiert wird. Das ist nicht nur eine Frage der Gewährleistung des Rechts auf eine hohe Bildung – wie in These 20 dargestellt –, sondern das Problem besteht gerade darin, über die Gestaltung der Arbeit selbst die gestiegenen Bildungspotenzen im Arbeitsprozeß zu realisieren. Erst mit der Erfüllung der Erfordernisse zur Realisierung der Fähigkeiten in der Produktion kann auch das Leistungsprinzip voll entfaltet werden. Das bestätigen auch unsere bisherigen Erfahrungen bei der Einführung neuer Formen der Stimulierung hoher Leistungen der Werktätigen in über 200 Betrieben. Diese Maßnahmen als Bestandteil des sozialpolitischen Programms unserer Partei haben sich vor allem dort als erfolgreich erwiesen, wo Leistungsstimulierung und Schaffung der Leistungsvoraussetzungen als Einheit gehandhabt werden.

Die Dynamik des wissenschaftlich-technischen Fortschritts, die Erhöhung des Bildungs- und Qualifikationsniveaus sowie das Wachstum des materiellen und kulturellen Lebensniveaus überhaupt stellen neue Anforderungen bei der Verwirklichung des Prinzips „Jeder nach seinen Fähigkeiten, jedem nach seiner Leistung", die sich vor allem aus einem Wandel der Bedürfnisse und Interessen des Menschen im Arbeitsprozeß ergeben. Im Vordergrund steht immer mehr das Bedürfnis nach inhaltsreichen Arbeitsaufgaben und nach höherer Verantwortung.

Soziologische Untersuchungen, die in der DDR durchgeführt wurden, lassen erkennen, daß solche Faktoren wie Verantwortung und Handlungsspielraum in der Arbeit für die Werktätigen an Bedeutung zunehmen. Veränderungen in dieser Bedürfnisstruktur haben sich auch teilweise in industriell hochentwickelten kapitalistischen Ländern vollzogen. Eine Ende 1969 in den USA durchgeführte gesamtnationale Untersuchung stellte fest, daß von fünf Merkmalen der Arbeit die Bedingungen und der Inhalt der Arbeit die am höchsten von den Arbeitern bewerteten sind. In den kapitalistischen Ländern wird deshalb auch der Kampf der Arbeiterklasse für höhere Löhne immer stärker mit Forderungen nach Verbesserung der Bedingungen und Organisation der Arbeit verbunden.

Das Ausmaß solcher Veränderungen ist im Kapitalismus jedoch vor allem abhängig von den Verwertungsbedingungen des Kapitals. Gesetzmäßig ist, daß unter solchen Bedingungen bestimmte Verbesserungen der Gestaltung und Organisation der Arbeit zugleich mit einer Erhöhung aber auch Verschleierung des Ausbeutungsgrades verbunden sind. Veränderte Arbeitsaufgaben führen dort nicht unbedingt zu einem höheren Einkommen der Arbeiter. Das wurde mir im Februar auf einem internationalen Symposium der International Labour Organization – ILO – in Moskau von Vertretern der Gewerkschaften aus kapitalistischen Ländern mehrfach bestätigt. Charakteristisch ist, daß es sich bei der sogenannten Humanisierung der Arbeit um einen äußerst widerspruchsvollen, nicht einheitlichen Prozeß handelt, der letztlich ein Ausdruck der Klassenauseinandersetzung und eine Form erhöhter Ausbeutung ist.

Einerseits können meines Erachtens sogenannte moderne Formen der Arbeitsorganisation wie „job rotation", „job enlargement" und „job enrichment" mitunter geeignet sein, gewisse Verbesserungen in den Bedingungen und der Organisation der Arbeit zu erreichen, andererseits zeigt die kapitalistische Praxis jedoch nur eine begrenzt mögliche Nutzung solcher Formen infolge der kapitalistischen Produktionsverhältnisse.

Diese Grenzen werden besonders auf dem Gebiet der Mitbestimmung deutlich. Von gesamtbetrieblichen Entscheidungen bleiben die Arbeiter ausgeschlossen. Obwohl bei manchen Arbeitswissenschaftlern kapitalistischer Industrieländer die Einsicht wächst, daß das Gebiet der Arbeitsorganisation nicht nur aus der begrenzten Sicht einseitiger Unternehmerinteressen zu betrachten ist, sondern in zunehmendem Maße Grundprobleme der gesellschaftlichen Verhältnisse berührt, versuchen die herrschenden Kreise eine Umwälzung dieser Verhältnisse durch makroökonomische Regelungen auf dem Gebiet der Organisation der Industriearbeit zu verhindern (Regierungsprogramme dazu existieren zum Beispiel in den USA, in Großbritannien, in Frankreich und in der BRD). Aufgrund der ökonomischen Gesetze des Kapitalismus und der aus ihnen resultierenden antagonistischen Widersprüche ist eine umfassende, systematische und planmäßige Neugestaltung der Arbeit objektiv nicht möglich.

Uns geht es darum, mit den Möglichkeiten unserer sozialistischen Arbeitswissenschaften die Auseinandersetzung mit bürgerlichen Vertretern noch besser zu führen und Erscheinungen der Konvergenz entgegenzuwirken. Die Herausbildung einer sozialistischen Lebensweise erfordert die Verbindung des wissenschaftlich-technischen Fortschritts mit den Vorzügen des Sozialismus auch auf dem Gebiet der Organisation der Arbeit. Wir sollten uns in der künftigen theoretischen und praktischen Arbeit auf folgende Probleme konzentrieren:

Es gilt, die mit den Hauptrichtungen begonnene Systematisierung der Wissenschaftlichen Arbeitsorganisation (WAO) weiterzuentwickeln, besonders hinsichtlich einer wirkameren Planung. Der Fortschritt bei der Neu- oder Umgestaltung von Arbeitsplätzen ist zweifellos bedeutsam, das ist auch in den einleitenden Ausführungen hervorgehoben worden. Die Erweiterung des Instrumentariums und der methodischen Grundlagen der WAO muß beschleunigt werden, um vor allem bei der Vorbereitung neuer Erzeugnisse, Verfahren und Produktionsstätten stärker den Anforderungen des wissenschaftlich-technischen Fortschritts gerecht zu werden. Es geht hier um die Einflußnahme auf die technische, ökonomische, arbeitswissenschaftliche und damit soziale Qualität des wissenschaftlich-technischen Fortschritts. Wir werden damit Schritte tun können, um zur Lösung des von Prof. Dr. Winkler angesprochenen Problems beizutragen, daß sich durch neue Arbeitsmittel die Arbeitsbedingungen und damit die Leistungsbedingungen unserer Werktätigen weiter verbessern. Zum anderen steht die Aufgabe, wie wir mit unseren Erkenntnissen zur Beschleunigung des wissenschaftlich-technischen Fortschritts in den Prozessen Forschung und Entwicklung, Konstruktion, Projektierung bis hin zur Überleitung in die Produktion beitragen. Hier ist sowohl die Bereitstellung umfassender arbeitswissenschaftlicher Normative, Standards und Regelungen als auch die Erarbeitung von rationellen Leitungs- und Organisationslösungen eine vorrangige Aufgabe.

Dringlich ist die Ausarbeitung einer Strategie zur Entfaltung und Nutzung der Fähigkeiten der Menschen in der Produktion entsprechend der durch den wissenschaftlich-technischen Fortschritt veränderten Bedürfnisstruktur. Eine solche Strategie sollte sich beziehen auf die Entwicklung progressiver Arbeitsinhalte, auf die Förderung der dem Charakter der Arbeit entsprechenden sozialen Beziehungen und die Schaffung von Voraussetzungen zur noch wirksameren Teilnahme aller Werktätigen an der Leitung und Planung des Betriebes. Dabei geht es darum, alle nutzbaren Möglichkeiten rasch auszuschöpfen. Damit sind nicht nur Probleme der unmittelbaren Arbeitsgestaltung, sondern auch Fragen des demokratischen Zentralismus im Betrieb, der Leitungsstruktur und Leitungsprinzipien, der Kollektivbeziehungen usw. verbunden. Es handelt sich also um ein komplexes Problem, dessen gemeinschaftliche Bearbeitung und Lösung auch die weitere Unterstützung des Wissenschaftlichen Rates für die wirtschaftswissenschaftliche Forschung erfordert.

J. Rittershaus, E. Ebert

Zu einigen Fragen der Erforschung der Bedürfnisse und des Bedarfs

In These 14 wird mit Recht darauf verwiesen, daß die Hauptquelle des Realeinkommens in der entwickelten sozialistischen Gesellschaft die Arbeitseinkommen sind und bleiben.

Daraus leitet sich folgerichtig die weitere Feststellung in These 20 ab: „Warenkäufe und Inanspruchnahmen von Dienstleistungen, wofür die Bevölkerung auch künftig mehr als 90 Prozent ihrer steigenden Nettogeldeinnahmen verwendet, bleiben der Hauptweg der Befriedigung der Bedürfnisse im Sozialismus."

Ausgehend von den Beschlüssen des IX. Parteitages der SED, den im Programm der SED formulierten strategischen Zielstellungen und dem erreichten Entwicklungsstand, ergeben sich aus dieser Erkenntnis einige aktuelle theoretische und unmittelbar praktische Probleme und Aufgaben hinsichtlich

- der Bildung der Arbeitseinkommen im produktiven wie auch im nichtproduzierenden Bereich unter Berücksichtigung der Sicherung ihrer Kongruenz zur Leistungsentwicklung in Wert, Menge und Qualität;
- der Realisierungsbedingungen der Nettogeldeinnahmen der Bevölkerung in Gestalt eines bedarfsgerechten Angebotes von Konsumgütern und Leistungen entsprechend den vielfältig strukturierten Bedürfnissen;
- der Erforschung der Bedürfnisentwicklung in der entwickelten sozialistischen Gesellschaft unter den gegebenen historischen Bedingungen der DDR, der Rang- und Reihenfolge ihrer Befriedigung, den sich vollziehenden Prozessen der Bedürfnisbefriedigung mittels gesellschaftlicher und individueller Fonds *und* der schrittweisen Durchsetzung praktikabler Lösungen in den kommenden Fünfjahrplänen.

Zum zweiten und dritten Problem möchten wir in der Diskussion einige Gedanken darlegen.

Allein die Ausgaben der Bevölkerung für Warenkäufe betragen etwa 80 Prozent der Nettogeldeinkommen. Der Einzelhandelsumsatz betrug 1976 etwa 88 Mrd. Mark und wird entsprechend der Direktive zum Fünfjahrplan bis 1980 etwa 100 Mrd. Mark erreichen. Das sind mehr als 60 Prozent des im Inland verwendeten Nationaleinkommens. Wie immer in den letzten Jahren geht es auch gegenwärtig darum, solche Realisierungsbedingungen für die sich planmäßig entwickelnden Geldeinkommen der Bevölkerung zu schaffen, die über die umfassende Verwirklichung des Leistungsprinzips zur Befriedigung der Bedürfnisse der Menschen und zugleich damit auch zu einem Stimulator der Entwicklung der Produktion werden. Das setzt die Bereitstellung der notwendigen Konsumgüter und Leistungen in entsprechender Wertgröße, Menge und Qualität voraus. Von 1950 bis 1975 hat sich der Einzelhandelsumsatz etwa verfünffacht. Damit verbunden war eine beträchtliche Steigerung der Warenbereitstellung bei vielen Erzeugnissen. Der Haushaltsbesatz mit hochwertigen Industriewaren, der Pro-Kopf-Verbrauch bei wichtigen Nahrungsmitteln, Textilwaren und anderen Erzeugnissen hält internationalen Vergleichen stand.[1] Das Niveau der Versorgung hat sich verbessert, ihre Kontinuität und Stabilität sind gewachsen. Der sichtbarste und wirksamste Ausdruck dieser Entwicklung des wachsenden Lebensniveaus und der sozialen Sicherheit in unserem Lande ist die ständig anwachsende gesellschaftliche Aktivität und Masseninitiative in der Produktion und auf anderen Gebieten des gesellschaftlichen Lebens. Die Verwirklichung der Hauptaufgabe ist in der Tat der entscheidende Stimulator der Entfaltung des Schöpfertums der Arbeiterklasse und der anderen Werktätigen für die Initiative bei der Intensivierung der Produktion usw. Dennoch gilt die Feststellung, daß – bei hoher Stabilität und Planmäßigkeit in der Entwicklung der Geldeinkommen der Bevölkerung – eine der Feinstruktur der Nachfrageentwicklung entsprechende Konsumgüterproduktion und Warenbereitstellung noch nicht immer voll gesichert wird. Bei einer Reihe Sortimenten wird dem Bedarf nicht voll entsprochen, die Bestandsentwicklung in Menge und Struktur – insbesondere bei manchen Textilerzeugnissen – unterstreicht dies. So steht teilweise einem Überangebot an nicht bedarfsgerechter Ware ein Unterangebot bei anderen Positionen gegenüber. Hohe Zeitaufwendungen für den Einkauf, wiederholte Nachfragen sind die Folge. Das bedeutet faktisch, daß leistungsgerechte Einkommen nicht immer gegen bedarfsgerechte Waren und Leistungen realisierbar sind. Das behindert praktisch die Entwicklung des sozialistischen Bewußtseins und damit die freie Entfaltung des dem Sozialismus innewohnenden Schöpfertums der Werktätigen. Das heißt, es handelt sich hier nicht allein um das ökonomische Problem, sondern ebenso um eine grundlegende soziale und ideologische Problematik, wenn auch diese letztere noch nicht immer so deutlich meßbar ist wie die erstere. Tatsache jedoch ist, daß sich hemmende Faktoren in der Bewußtseins- und Persönlichkeitsentwicklung mehr oder weniger auch auf die Leistungsentwicklung negativ auswirken, daß beispielsweise Arbeitszufriedenheit und Arbeitsatmosphäre eng mit der Leistungsfähigkeit der Kollektive und des einzelnen zusammenhängen. Mit anderen Worten: Ausreichend befriedigter Bedarf wirkt positiv keineswegs nur „außerhalb der Produktion", sondern über seinen Einfluß auf die Entwicklung des Bewußtseins, auf Einstellungen und Verhaltensweisen auch auf die Leistungsbereitschaft und -fähigkeit in der Produktion.

Sicher ist es kompliziert, immer und im vollen Umfang für ca. 1 Million der verschiedensten auf dem Markt gehandelten Artikel ein bedarfsgerechtes Angebot zu sichern.

Die Verbraucher der DDR leben etwa in 6,4 Millionen Haushalten unterschiedlichster Größe und Dauer ihres Bestehens. Sie verfügen über differenzierte Einzel- und Familieneinkommen zum Erwerb von Waren. Familienstand, Alter, Bildungsniveau, Berufsausübung, Wohn- und Verkehrsbedingungen, Neigungen, Hobbys, Geschmack, Leben in der Stadt oder auf dem Lande, gesundheitlicher Status und vieles andere mehr führen zu unterschiedlichen Bedürfnissen und Nachfrageäußerungen.

Eine immense Anzahl wichtiger und weniger wichtiger Faktoren – ökonomische, politische, demographische, physiologische, psychische, ethische, technische etc. – wirken auf die Herausbildung des Bedarfs an Konsumgütern insgesamt, an wichtigen Sortimenten und an jedem im Angebot befindlichen Artikel ein. Um unter diesen dynamischen Bedingungen die bedarfsgerechte Produktion und Warenbereitstellung zu gewährleisten, sind viele Probleme zu lösen, wobei eine hohe Qualität der Leitung dieser Prozesse, des Zusammenwirkens von Handel und Produktion, der Vertragsbeziehungen usw. eine wichtige Rolle spielen. Zu den vorrangigen und mit entscheiden-

[1] Statistisches Jahrbuch der DDR 1976, Berlin 1976, S. 311/13.

den Voraussetzungen gehört die kontinuierliche Erforschung der Bedürfnisse der Menschen und des Bedarfs. Es geht nach wie vor um die theoretisch und praktisch so bedeutungsvolle Aufgabe, den Bedarf und die voraussichtliche Bedarfsentwicklung der Bevölkerung möglichst exakt zu erforschen, ihn der Ausarbeitung der Volkswirtschaftspläne zugrunde zu legen, die materielle Struktur der Volkswirtschaft so zu gestalten, daß ein entsprechendes Angebot an Waren und Leistungen gesichert wird.

In den Beschlüssen des IX. Parteitages der SED zum Fünfjahrplan für 1976 bis 1980 ist festgelegt, daß „ausgehend von dem erreichten Niveau im Zeitraum 1976–1980 stabile und dauerhaft Lösungen für die bedarfsgerechte Produktion und das sortiments- und zeitgerechte Angebot der Konsumgüter zu erreichen"[2] sind.

Die Erfüllung dieser Aufgabenstellung – so kompliziert sie auch sein mag – ist Voraussetzung für

- das volle Wirksamwerden des sozialpolitischen Programms von Partei, Regierung und Gewerkschaften, ist selbst dessen Bestandteil;
- die Durchsetzung des Leistungsprinzips, der materiellen und moralischen Interessiertheit, für die ungehinderte Entwicklung des sozialistischen Bewußtseins und die immer breitere Entfaltung der gesellschaftlichen Aktivität;
- die Planmäßigkeit des gesamten Reproduktionsprozesses, die Proportionalität der volkswirtschaftlichen Entwicklung für die Produktivität und Effektivität der Wirtschaft.

So sehr gegenwärtig die Entwicklung und Schaffung von Kapazitäten für Forschung und Entwicklung auf dem Gebiet der Konsumgüterentwicklung, ihrer Gebrauchswerteigenschaften und Leistungsparameter, die Einführung solcher hochwertigen Erzeugnisse in die Produktion, in die Zirkulation und in das Angebot bedarfsgerechter Konsumgüter insgesamt im Vordergrund stehen, so wenig darf unseres Erachtens der bestehende Rückstand in Theorie und Praxis hinsichtlich der Erforschung der Bedürfnisse und des Bedarfs als wesentlicher Elemente der sozialistischen Lebensweise, kurz gesagt der Marktforschung, übersehen werden. Die Erforschung der Gesetzmäßigkeiten der Bedürfnisentwicklung und der Rang- und Reihenfolge ihrer materiellen Sicherung und Befriedigung in den konkret gegebenen Stadien ihrer Äußerung und Entwicklung wird immer stärker zu einer Voraussetzung für eine hohe Qualität der sozialistischen Wirtschaftspolitik und ihrer Einheit mit der Sozialpolitik, für die Qualität der Planung auf diesem Gebiet.

Die Entwicklung des individuellen Verbrauchs von Waren und Leistungen in der DDR muß noch stärker als bisher, vom Gebrauchswert her gesehen, eine eigenständige, der sozialistischen Lebensweise angemessene, Gestaltung erkennen lassen. Sicher muß und soll jeder Mensch, ob im Kapitalismus oder im Sozialismus, essen, sich kleiden, wohnen, unterhalten, bilden, erholen etc. Und trotzdem sind diese allgemeinen Lebensbedingungen nicht klassenneutral, weisen sie entsprechend dem Charakter der Produktionsweise einer Gesellschaft konkret-historisch spezifische Züge auf. Im Sozialismus entwickeln sich die materiellen Lebensbedingungen entsprechend den Erfordernissen der sozialistischen Lebensweise, die vor allem von den Grundinteressen und -bedürfnissen der Arbeiterklasse geprägt wird. Die materiellen Lebensbedingungen im Kapitalismus entsprechen den herrschenden Eigentums- und Machtverhältnissen, der Ausbeutung, dem sozialen Antagonismus in den Klassenbeziehungen, was sich im Wohnen, in der Bildung usw. deutlich beweisen läßt.

[2] Direktive des IX. Parteitages der SED zum Fünfjahrplan für die Entwicklung der Volkswirtschaft der DDR in den Jahren 1976–1980, Berlin 1976, S. 101.

Im Sozialismus besteht die soziale Zielstellung der Entwicklung der materiellen Lebensbedingungen letztlich in der Verwirklichung der historischen Mission der Arbeiterklasse, muß sie den freundschaftlichen Beziehungen der Klassen und Schichten, der Minderung sozialer Unterschiede zwischen ihnen und der sozialen Annäherung dienen.

Wie aber sieht das konkret aus? Wie entwickeln sich die Bedürfnisse der Menschen auf dem Gebiet des Wohnens, der Bekleidung, der Freizeitgestaltung, der Bildung und Qualifizierung auf der Grundlage sich verändernder gesellschaftlicher Beziehungen, Verhaltensweisen, Einstellungen etc.? Und welche Konsumgüter, Waren und Leistungen entsprechen dem oder stimulieren gewünschte sozialistische Bedürfnisse? Wir stimmen mit den Autoren der Diskussionsgrundlage überein, daß sich im überschaubaren Zeitraum „in der Verbrauchsstruktur im Vergleich zu der bisherigen keine völlig neue Qualität entwickeln" wird (These 18).

Es geht vor allem darum, den sozialistischen Charakter der Verbrauchsstruktur immer stärker auszuprägen und das, was im Angebot ist, qualitativ ständig zu verbessern. Die Langlebigkeit von Verbrauchsgewohnheiten und die Langfristigkeit ihrer Veränderung stellen zugleich natürlich an die wissenschaftliche Forschung die Forderung, eine weit in die Zukunft reichende Forschung zu betreiben. Eine Forschung, die prognostische Aussagen ermöglicht, kann nur eine interdisziplinäre und außerordentlich komplexe Forschung sein. Das vor allem deshalb, weil die Aussage hinsichtlich des Bedarfs fundiert werden muß in der Aussage über die Bedürfnis- und Interessenentwicklung und dies wiederum untrennbar mit der Entwicklung der sozialen Beziehungen der Klassen, Schichten und anderen sozialen Gruppen zusammenhängt. Unseres Erachtens ist es erforderlich, in den nächsten Jahren auf dem hier angesprochenen Gebiet interdisziplinäre Forschungen von Ökonomen, Philosophen und Vertretern des Wissenschaftlichen Kommunismus, Soziologen, Ernährungswissenschaftlern, Medizinern usw. usf. zu verstärken und zugleich zu sichern, daß die vorliegenden Erkenntnisse einzelner Wissenschaftsdisziplinen, beispielsweise der Soziologie über Tendenzen der Entwicklung bestimmter Bildungs- und Qualifizierungsbedürfnisse, kultureller Bedürfnisse usw., noch besser für die hier angeführte Fragestellung genutzt werden.

H. Luck

Aspekte der Territorialplanung zur Vervollkommnung der sozialistischen Lebensweise

Die Diskussion über Charakter und Wesen der sozialistischen Lebensweise wird seit einigen Jahren verstärkt geführt. Das ergibt sich aus der erreichten Reifestufe des Sozialismus. Es ist also die reale sozialökonomische Wirklichkeit in den Ländern der sozialistischen Staatengemeinschaft, die diese Frage stellt und ihre wissenschaftliche Untersuchung legitimiert.

An der Diskussion beteiligten sich die Vertreter der verschiedenen wissenschaftlichen Disziplinen. Das erklärt zum Teil erkennbare unterschiedliche Auffassungen. Gemeint ist damit weniger der Versuch, die Kategorie sozialistische Lebensweise bereits exakt zu formulieren, als vielmehr die inhaltlichen Arbeitsdefinitionen, die oft divergieren. Beispielsweise gibt es Meinungen, die die wichtigste Sphäre der gesellschaftlichen Existenz, die gesellschaftliche Arbeit, ausklammern und die Lebensweise auf die nichtproduzierenden Bereiche reduzieren oder die Lebensweise aus der Sicht des Alltagsverhaltens und des Alltagsbewußtseins der Werktätigen erfassen und damit gleichsetzen wollen.

Die sozialökonomischen Determinanten der Lebensweise der Gesellschaft liegen in ihrer Produktionsweise. Sie ist als eine gesellschaftliche Grundkategorie hinreichend definiert, und sie bestimmt auch methodologisch den Rahmen zur Untersuchung der sozialistischen Lebensweise, die ja kein „Eigenleben" hat oder als an sich verselbständigt verstanden werden kann. Die sozialistische Lebensweise prägt sich wesentlich im Widerstreit zwischen Neuem und Altem heraus. Sie ist die Negierung des „Proletarierdaseins". Aber sie ist ebenso die Bewahrung der vielen edlen Eigenschaften der Arbeiterklasse, die da heißen: Solidarität, Ehrlichkeit, Achtung vor der Arbeit und viele andere mehr.

Ich sehe die sozialistische Lebensweise als eine integrale Widerspiegelung der Gesamtheit der Arbeits- und Lebensbedingungen der sozialistischen Gesellschaft an, die das Ergebnis bewußten Handelns der Werktätigen sind. Und ich verstehe die Entwicklung der sozialistischen Lebensweise so, daß sie auf das engste mit der ständigen Vervollkommnung des grundlegenden Produktionsverhältnisses der sozialökonomischen Gesellschaftsformation des Kommunismus verbunden ist.

Mit diesen Bemerkungen billige ich die vorgelegten Thesen und besonders ihren Ausgangspunkt. Vielleicht kann man bei der Bestimmung der Grundrichtungen zur weiteren Ausprägung der sozialistischen Lebensweise den von Karl Marx begründeten Zusammenhang zwischen dem sozialökonomischen Hauptziel und dem ökonomischen Ziel der kommunistischen Gesellschaftsformation ansprechen. Marx beurteilte das sozialökonomische Ziel am Grad der bewußten Entwicklung aller Anlagen und Fähigkeiten der Individuen in Wechselwirkung zum Nutzeffekt der gesellschaftlich organisierten Gesamtarbeit, zur „wirklichen Ökonomie", die sich in der stetigen ununterbrochenen Entwicklung der gesellschaftlichen Produktivkraft und in der Reduktion des gesellschaftlichen Arbeitszeitaufwandes zum Minimum als Voraussetzung für das Vermehren der freien Zeit darstellt.[1]

Es ist gerade diese Zielidentität, die die gesamtgesellschaftlichen rationalen Handlungsweisen der sozialistischen Gesellschaft objektiviert. Eine solche Zielidentität kann der Kapitalismus nicht hervorbringen. Das ist durch den Grundwiderspruch ausgeschlossen.

Im Abschnitt IV der vorliegenden Thesen werden zu Recht auch ökonomische und soziale Probleme der Lebensbedingungen der Werktätigen in Verbindung mit der Territorialpolitik und der Territorialplanung behandelt. Meine Ausführungen beziehen sich auf einige damit verbundene Aspekte.

Die Territorialplanung ist ein untrennbarer Bestandteil der sozialistischen Planung in ihrer Gesamtheit. Man muß das akzentuiert herausstellen, weil es dem Wesen und der Funktion der Territorialplanung nicht entsprechen würde, sie nur einseitig oder als „Ergänzung der Zweigplanung" anzusehen. Das würde ihrer aktiven Aufgabe bei der Ökonomisierung des volkswirtschaftlichen Reproduktionsprozesses widersprechen und überdies im Gegensatz zur politischen Ökonomie des Sozialismus stehen.

Der volkswirtschaftliche Reproduktionsprozeß in seiner Gesamtheit, wie in seinen einzelnen Teilen, hat stets und immer eine standortmäßige Komponente, und folglich ist auch der Reproduktionsprozeß auf wachsender Stufenleiter stets mit der Reproduktion seiner standortmäßigen Grundlagen verbunden. Diese Bedingungen aktiv zu stimulieren, ist eine vorrangige Aufgabe der Territorialplanung, die als Teil der Volkswirtschaftsplanung, besonders als Produktionsstandortplanung, als Ressourcen-Planung und als Planung des Siedlungsnetzes in Erscheinung tritt.

Das entspricht ganz der bekannten Aussage von Karl Marx, wonach die Wirkungen der gesellschaftlichen Arbeit auf ihren Gegenstand immer an gegenständliche Bedingungen gebunden sind und die Erde selbst als das allgemeine Arbeitsmittel dieser Art betrachtet werden muß, weil sie für die Werktätigen den Platz im Arbeitsprozeß und ihres Wirkungsraumes bestimmt.[2] Mit anderen Worten: dort wo die Menschen arbeiten, gehen die Arbeits- und Lebensbedingungen ineinander über. Es bestehen jeweils konkrete Wechselbeziehungen, und gerade sie sind es, die Gegenstand der Territorialplanung sind. Die Vorzüge der einheitlichen sozialistischen Wirtschaftsplanung und die Weitsicht der Politik unserer Partei zeigen sich anschaulich in der planmäßigen Vervollkommnung der Standortverteilung der Produktivkräfte und, darin eingeschlossen, in der stetigen Vervollkommnung der Arbeits- und Lebensbedingungen in den Territorien unter Beachtung historisch gegebener Ausgangsbedingungen.

Das ist besonders aus historischer Sicht zu unterstreichen, wenn man sich an die Ausgangsbedingungen des Jahres 1945 erinnert. Es wird oft die These vertreten, die DDR habe bereits, an ihren Ausgangsbedingungen gemessen, einen relativ hohen Industrialisierungsgrad zu verzeichnen gehabt. Es ergeben sich aber sofort Einschränkungen, wenn an die vom Kapitalismus übernommene und vorhandene Standortverteilung der Produktivkräfte gedacht wird. Beispielsweise gab es 1945 im heutigen Gebiet der DDR keinen Energiemaschinenbau. Den Produktionsstandorten nach lag die Erzeugung von Wasserturbinen zu 96 Prozent oder die Erzeugung von Hütten- und Walzwerkeinrichtungen zu 93 Prozent in Westdeutschland. Noch gravierender zeigte sich die vom Kapitalismus übernommene disproportionale Standortverteilung innerhalb und zwischen den Teilterritorien der DDR.

[1] Vgl. K. Marx, Grundrisse der Kritik der politischen Ökonomie, Berlin 1974, S. 599.
[2] Vgl. K. Marx, Das Kapital, Erster Band, in: MEW, Bd. 23, Berlin 1962, S. 193.

Hier gab es ganze Gebiete, wie den Norden, die industriell unterentwickelt waren. Es bestanden hier Produktionsverhältnisse „von besonderer Art", die eine Folge des preußischen Entwicklungsweges des Kapitalismus in der Landwirtschaft waren, mit weitgehenden Konsequenzen für die Klassen- und Berufsstruktur und auch mit ökonomischen Folgen, die selbst heute noch nachwirken. Zu solchen Folgen muß man sicher auch die Struktur des Siedlungsnetzes der Nordbezirke zählen oder die politökonomisch befestigte Kategorie des „inneren Marktes", die nicht die Dichte an Gewerben, Dienstleistungen, sozialen Bereichen der Infrastruktur etc. hat, wie in den industriell stärker frequentierten Gebieten der DDR.

Solche Nachwirkungen zeigen sich auch im großen Standortverteilungsschema der Produktivkräfte der DDR. Zieht man beispielsweise auf der Karte eine Linie von Magdeburg über Berlin nach Frankfurt/Oder, so wird die industriell relativ weniger entwickelte Zone sichtbar, die sich bis zur Küste hin erstreckt.

Gerade hieran kann mit ermessen werden, welchen nachhaltigen Einfluß die Politik der Partei auf die grundsätzliche Veränderung der Arbeits- und Lebensbedingungen ausgeübt hat, indem bereits 1949 Beschlüsse zur Nutzung der Küste als produktionslenkender Standort für den Aufbau des Seeschiffbaus, für die große Hochseefischerei und für die Seehandelsflotte gefaßt wurden.

Zu der Folgerichtigkeit einer planmäßigen Entwicklung in der Standortverteilung der Produktivkräfte gehört unbedingt die 1952 erfolgte Neugliederung des Territoriums der DDR in Bezirke, die gerade für die Territorialplanung die Möglichkeiten erweiterte, differenziert und gezielt auf eine harmonische Entwicklung der Arbeits- und Lebensbedingungen einzuwirken. Das unterstreicht erneut die Direktive des IX. Parteitages der SED zur Entwicklung der Volkswirtschaft bis 1980, die meines Erachtens nicht zufällig einen selbständigen Abschnitt zur Standortverteilung der Produktivkräfte hat und aus der Sicht der einheitlichen sozialistischen Wirtschaftsplanung Schwerpunkte der Entwicklung in den Bezirken ausweist.

Die nach Bezirken differenzierte Planung des Wohnungsneubaus, der Versorgungsgrade bei Dienstleistungen, im Gesundheits- und Sozialwesen usw. führt zur Homogenität in den Arbeits- und Lebensbedingungen, die wesentlich die territorialen Effekte des volkswirtschaftlichen Reproduktionsprozesses erhöhen. In diesem Zusammenhang gibt es sicher noch offene Fragen und neu herangereifte Probleme, die auch in den Thesen angesprochen werden, wenn von „Unterschieden" in der territorialen Konzentration, Kombination und Komplexität der materiellen Bedingungen für die weitere Ausprägung der sozialistischen Lebensweise (These 4) die Rede ist. Nicht ganz zu folgen vermag ich den Ausführungen, die sich auf die bekannte Gruppierung in Ballungsbezirke und Nichtballungsbezirke beziehen. Natürlich haben die Bezirke absolut und relativ einen unterschiedlichen Anteil an der Industrieproduktion, an der Gesamtbevölkerung, an der Industrieproduktion je Quadratkilometer und weiteren hier möglichen Kennziffern. Es ist meines Erachtens aber zu vereinfacht, daraus, wie das im Thesenentwurf ein wenig anklingt, „Vorteile" und „Nachteile" „in bezug auf territoriale Bedingungen für die Befriedigung wesentlicher materieller und kultureller Bedürfnisse" zwischen den südlichen Bezirken und den dünn bevölkerten Gebieten im Norden der DDR abzuleiten.

Für die Befriedigung *wesentlicher* materieller und kultureller Bedürfnisse sind doch die territorialen Bedingungen nicht ausschlaggebend. Und wenn das mit Hinweisen auf Unterschiede im Industrialisierungsgrad oder mit der Dichte des inneren Marktes, beispielsweise mit versorgenden und betreuenden Einrichtungen, in Verbindung gebracht wird, dann muß man doch zu einer anderen Schlußfolgerung kommen, nämlich zu der, die Industrialisierung zu verstärken oder die Neulokalisation von Industriezweigen im Norden der DDR auszudehnen, was ja auch geschieht.

Ich empfehle hier eine eventuelle Konkretisierung der Thesen, obwohl ich natürlich weiß, daß wir insgesamt noch nicht den notwendigen Vorlauf bei der möglichst vollständigen Optimierung in der Standortverteilung der Produktivkräfte haben.

Lassen Sie mich abschließend auf eine im gesellschaftlichen Leben der DDR neue Erscheinung hinweisen, die gerade für die konkrete Gestaltung der sozialistischen Lebensweise auch im Hinblick auf ihre weitere Ausprägung einen nachhaltigen Einfluß gewinnt. Ich meine die auf freiwilliger Basis bestehenden Gemeindeverbände und die damit verbundene Kooperation, die ökonomische Mittel potenziert und wirksamer macht.

Im Bezirk Rostock wirken gegenwärtig 20 Städte und 213 Gemeinden in Gemeindeverbänden zusammen. Das sind bezogen auf die Städte und Gemeinde der Landkreise 65 Prozent und bezogen auf die Bevölkerungszahl der Landkreise 58 Prozent. Im Mittel umfassen die Gemeindeverbände 12 000 Einwohner mit einer Streuung bis zu 20 000 und nach unten bis zu 5 000 Einwohner.
Was kann man bei aller Vorsicht der Verallgemeinerung aus der Bildung und Wirksamkeit der Gemeindeverbände ableiten?

1. Eine gezielte Einwirkung und bessere Einstellung zur Wirkung der demographischen Faktoren. Im Bezirk Rostock zeigt beispielsweise die demographische Vorausberechnung bis 1995 einen absoluten Rückgang der Wohnbevölkerung in den Landkreisen. Gleichzeitig wird jedoch erkennbar, daß sich innerhalb der Landkreise, besonders durch die planmäßige Entwicklung der Landwirtschaft und eigene Standortbildung, eine Konzentration der Bevölkerung an neuen Wohnstandorten vollzieht.

2. Das stellt neue Probleme für die planmäßige Gestaltung des Siedlungsnetzes und für die Vervollkommnung der materiell-technischen und sozialen Teile der Infrastruktur. Es hat sich bestätigt, bei der Bildung der Gemeindeverbände von einem durch die Territorialplanung erarbeiteten „Siedlungsnetz der Zukunft" auszugehen und in Übereinstimmung mit einer solchen Konzeption potentielle Siedlungsschwerpunkte als Sitz- und Mittelpunkt für das gesellschaftliche Leben in den Gemeindeverbänden anzusehen.

3. Die Gemeindeverbände folgen in ihrer Flächenausdehnung *etwa* und in der Regel der durch die kooperativen Abteilungen Pflanzenproduktion bewirtschafteten landwirtschaftlichen Nutzungsfläche. Das war keine mit Beginn der Bildung der Gemeindeverbände geforderte Zielsetzung. Das Leben selbst hat das so ergeben, und es gibt viele bisher nicht erschlossene neue Möglichkeiten, die wachsenden Produktivitätsresultate der kooperativen Abteilungen Pflanzenproduktion, aber auch die dadurch veränderten Arbeits- und Lebensbedingungen in den Genossenschaften selbst in Übereinstimmung mit der planmäßigen Gestaltung der Arbeits- und Lebensbedingungen durch die Gemeindeverbände zu bringen. Sicher wird die weitere gesellschaftliche Entwicklung hier auch neue Fragen aufwerfen. Letztlich betreffen sie alle die Planmäßigkeit der gesellschaftlichen Gesamtentwicklung und die zunehmende bessere Nutzung der Vorzüge, die die weitere Gestaltung der entwickelten sozialistischen Gesellschaft bietet.

W. Ostwald

Territoriale Bedingungen für die weitere Ausprägung der sozialistischen Lebensweise in der DDR

Die interdisziplinäre Territorialforschung in der DDR geht davon aus, daß es eine relative Unterschiedlichkeit der Reproduktionsbedingungen im Territorium gibt. Diese Unterschiedlichkeit besteht vor allem großräumig – so zwischen dem Norden der DDR und den Ballungsgebieten im südlichen Teil. Mit ihr sind nicht unerhebliche Unterschiede in den ökonomischen und sozialen Bedingungen für die weitere Ausprägung der sozialistischen Lebensweise verbunden.

Durch die Planmäßigkeit und Proportionalität des Prozesses der Standortverteilung der Produktivkräfte in nahezu drei Jahrzehnten sozialistischer Produktionsverhältnisse konnten grundlegende territoriale Unterschiede der Produktions- und Lebensbedingungen in der DDR beseitigt werden. Insbesondere die grundlegenden materiellen und geistig-kulturellen Lebensbedingungen, die Bedingungen des Arbeitens, des Wohnens, der Versorgung, der Bildung usw. sind heute im Territorium unseres Landes überall angenähert. Das Territorium der DDR ist damit frei von solchen Antagonismen, wie sie in nichtsozialistischen Ländern beispielsweise im Gegensatz von Notstandsgebieten und überagglomerierten Gebieten bestehen und sich als Begleiterscheinungen der kapitalistischen Krise weiter vertiefen. Mit den territorialen Planentscheidungen der sozialistischen Volkswirtschaftsplanung werden noch bestehende Resterscheinungen solcher territorialer Niveauunterschiede mit jedem Fünfjahrplan nachweisbar weiter abgebaut.

Jedoch gibt es selbstverständlich keine territoriale Nivellierung, denn „von Land zu Land, von Provinz zu Provinz, von Ort zu Ort sogar wird immer", wie Engels im Jahre 1875 in einem Brief an Bebel schrieb, „eine *gewisse* Ungleichheit der Lebensbedingungen bestehen, die man auf ein Minimum reduzieren, aber nie ganz beseitigen können wird".[1]

Es gehört zu den Aufgaben der sozialistischen Planwirtschaft, die Art und das Ausmaß sowie die ökonomischen und sozialen Wirkungen großräumiger territorialer Unterschiede der Reproduktionsbedingungen sowie deren Entwicklung möglichst genau zu beherrschen und sie planmäßig proportional zu gestalten. Die Territorialforschung muß durch sorgfältige Analyse von Erscheinungen und Ursachen solcher territorialer Unterschiede sowie durch Vorausberechnung ihrer langfristigen Entwicklung wissenschaftlichen Vorlauf für territoriale Planentscheidungen zur Standortverteilung der Produktivkräfte schaffen.

Da diese Erscheinungen und die Faktoren ihrer Entstehung und Entwicklung außerordentlich komplex sind, kommt es in der Forschung zur Standortverteilung der Produktivkräfte vor allem darauf an, ihre Zusammenhänge komplex zu erforschen, die Zusammenhänge von Intensivierung, Bevölkerungsentwicklung, Territorialstruktur,

[1] F. Engels, Brief an Bebel, in: MEW, Bd. 19, Berlin 1962, S. 7 (Hervorhebungen im Original).

Urbanisierung und Infrastruktur, wie sie Kurt Hager in seiner Rede auf der Konferenz der Gesellschaftswissenschaftler der DDR im Jahre 1976 gekennzeichnet hat.[2]

Besondere Aufmerksamkeit bei der interdisziplinären Erforschung dieser Zusammenhänge durch unsere Territorialforschung gilt der territorialen Konzentration als einer territorialen Bewegungsform der Produktivkräfte und Bestandteil des Vergesellschaftungsprozesses. Die territoriale Konzentration der Produktivkräfte, insbesondere der Bevölkerung, ist eine gesetzmäßige Erscheinung und eine Bedingung des wissenschaftlich-technischen Fortschritts und muß bei der weiteren Gestaltung der entwickelten sozialistischen Gesellschaft bewußt und planmäßig proportioniert werden. Ihr Ausdruck ist die unterschiedliche Dichte der Bevölkerung und Beschäftigten, der Grundfonds, der Bebauung, der Infrastrukturnetze und der Siedlungen im Territorium des Landes. Die ständige Veränderung dieser Dichtewerte im Prozeß der fortschreitenden territorialen Konzentration der Produktivkräfte variiert ständig die territorialen Reproduktionsbedingungen, die konkreten territorialen Bedingungen für die weitere Erhöhung des materiellen und kulturellen Lebensniveaus in den einzelnen Bezirken, Kreisen, Städten usw., die territorialen Bedingungen für die Entwicklung der sozialistischen Produktion, für die Erhöhung der Effektivität, für den wissenschaftlich-technischen Fortschritt und das Wachstum der Arbeitsproduktivität.

Ein wesentlicher Bestandteil des territorialen Konzentrationsprozesses ist die Migration. Gegenwärtig hat die Migration zwischen den Bezirken der DDR eine Größenordnung von etwa 140 000 Personen pro Jahr;[3] außerdem verändern noch einmal fast 140 000 Personen pro Jahr ihren Wohnsitz innerhalb der Bezirke über die Kreisgrenzen. Die Größenordnung ist beachtlich, die Entwicklungstendenz des Umfangs der Migration ist allerdings im Vergleich der Jahre seit 1971 leicht rückläufig. Die territoriale Struktur und Richtung der Migration in der DDR ist hauptsächlich durch zwei Merkmale gekennzeichnet,

a) durch die Bevölkerungswanderung aus allen Bezirken in die Hauptstadt Berlin (etwa 18 000 Personen pro Jahr); auch die Nachbarbezirke der Hauptstadt, Potsdam und Frankfurt/Oder, nehmen einen Teil dieser Zuwanderung auf, so daß sie trotz eigener hoher Abwanderung in die Hauptstadt nach einen Zuwanderungsüberschuß aufweisen;

b) durch die Bevölkerungswanderung aus den Dörfern und Kleinstädten in die mittleren und großen Städte; die Einwohnerzahl der Städte der DDR über 10 000 Einwohner hat in den letzten 15 Jahren durch planmäßige territoriale Konzentration des Wohnungsbaus und der Arbeitsplätze um fast 700 000 Personen zugenommen. Der Anteil dieser Städte an der Gesamtbevölkerungszahl hat sich damit von 50 Prozent im Jahre 1960 auf 55 Prozent im Jahre 1975 erhöht.

Eine solche territoriale Konzentration ist politisch, ökonomisch und sozial vorteilhaft und notwendig. Sie sollte auch in den kommenden Jahren bei der weiteren Gestaltung der entwickelten sozialistischen Gesellschaft planmäßig fortgesetzt werden. Sie ist politisch notwendig, um die Hauptstadt und weitere wichtige Städte als Zentren der Arbeiterklasse weiter zu stärken; sie ist ökonomisch notwendig, weil eine territoriale Konzentration der Produktivkräfte günstigere Bedingungen für die Intensivierung schafft; sie ist sozialpolitisch notwendig, weil eine territoriale Konzentration des Neu-

[2] K. Hager, Der IX. Parteitag und die Gesellschaftswissenschaften, Berlin 1976, S. 38.

[3] Die folgenden Zahlenangaben zur Migration in der DDR beziehen sich auf das Jahr 1974 und sind berechnet nach: Statistisches Jahrbuch der Deutschen Demokratischen Republik 1976, Berlin 1976, S. 396 f.

baus und der Modernisierung der Wohnsubstanz sowie der gesamten Infrastruktur die Lösung der Wohnungsfrage unterstützt.

Die Realisierung dieser Effekte der territorialen Konzentration und die volle Nutzung ihrer Vorzüge für die weitere Ausprägung der sozialistischen Lebensweise hängt in der Perspektive immer stärker davon ab, wie es der sozialistischen Volkswirtschaftsplanung gelingt, die territorialen Bedingungen sowohl an den Standorten und in den Gebieten zu gestalten, deren Dichtewerte durch die territoriale Konzentration erhöht werden, als auch dort, wo eine entsprechende Dekonzentration vorgenommen werden muß.

Das dabei verfolgte Ziel der langfristigen planmäßigen Entwicklung der Territorialstruktur der DDR ist, in allen Bezirken, Kreisen und Städten eine leistungsfähige, der entwickelten sozialistischen Gesellschaft ädaquate materiell-technische Basis sowie ein prinzipiell gleichwertig hohes Lebensniveau in allen Landesteilen zu gewährleisten. Das erfordert, die territorialen Ressourcen in allen Gebieten der DDR mit hoher Effektivität für die Steigerung der Produktion und die weitere Verbesserung der Lebensbedingungen zu nutzen. Die territoriale Organisation der Produktion und der Infrastruktur muß dazu noch rationeller gestaltet, die Infrastruktur in allen Gebieten weiter verbessert werden. Dazu gehört, nichtgerechtfertigte territoriale Niveauunterschiede in der Infrastrukturausstattung zu beseitigen, gleichzeitig aber auch eine vorrangige infrastrukturelle Entwicklung der Hauptstadt und anderer Zentren durchzusetzen. In diesem Sinne wird die gesamte Siedlungsstruktur so weiterentwickelt, daß sie den wachsenden Bedürfnissen der Menschen immer besser entspricht und mit der Standortverteilung der Produktion übereinstimmt. Der Schutz und die Gestaltung der natürlichen Umwelt wird in diese planmäßige Gestaltung der Territorialstruktur der DDR organisch einbezogen. Dies alles bedeutet jedoch keine grundlegende Umgestaltung der vorhandenen, historisch gewachsenen Territorialstruktur, die zu einem großen Teil ja bereits Ergebnis einer planmäßigen Standortverteilung der Produktivkräfte ist. Ich gehe im Gegenteil davon aus, daß die Grundproportionen der Territorialstruktur der DDR und ihrer Gebiete bis zum Jahre 1990 und darüber hinaus trotz der territorialen Konzentrationsprozesse stabil bleiben und eine ausreichende territoriale Ausgangsbedingung für die weitere Ausprägung der sozialistischen Lebensweise in der gesamten DDR bilden. Die Intensivierung als Wesenszug und Reproduktionstyp der entwickelten sozialistischen Gesellschaft bestimmt auch die weitere Standortverteilung der Produktivkräfte in der DDR.

Der Territorialforschung der DDR sind wichtige Aufgaben übertragen worden, ausgehend von diesen Prämissen und Zielstellungen sowie von der Dynamik der Entwicklung der Territorialstruktur der DDR, das heißt vor allem, von Ausmaß und Richtung der territorialen Konzentrationsprozesse, langfristige Planentscheidungen wissenschaftlich vorzubereiten.

Die künftigen Konzentrationsgebiete sind im wesentlichen die Hauptstadt Berlin und weitere ausgewählte Städte von zentraler und bezirklicher Bedeutung, darunter alle Bezirksstädte, weitere wichtige Industriestädte und Kreisstädte, immer einschließlich des jeweiligen Umlandes. Für sie müssen mit dieser Forschungsarbeit und langfristigen Planung die gesellschaftlichen Funktionen dieser Städte, vor allem ihre politischen und ökonomischen Funktionen sowie die optimalen Größenordnungen der erforderlichen und möglichen territorialen Konzentration bestimmt werden. Es müssen die grundsätzlichen Planentscheidungen zur Schaffung der Aufnahmebedingungen für den Einwohnerzuwachs vorbereitet werden, vor allem hinsichtlich des Wohnungsbaus und der technischen Infrastruktur in diesen Städten. Bei der technischen Infrastruktur ragen die erforderlichen Maßnahmen für die Wärmeversorgung und für die Verkehrsinfrastruktur heraus.

Zu den Dekonzentrationsgebieten, vor allem den Dörfern und Kleinstädten, müssen umgekehrt langfristige Planentscheidungen vorbereitet werden, mit denen auch dort bei abnehmenden Einwohnerzahlen die ökonomischen und sozialen Bedingungen für die weitere Ausprägung der sozialistischen Lebensweise ständig weiter verbessert werden. Dies liegt ganz im Sinne der Beschlüsse der 5. Tagung des Zentralkomitees der SED, die Wohnbedingungen auch in den kleinen Städten und Gemeinden bis zum Jahre 1980 weiter zu verbessern.[4] Auch langfristig müssen Maßnahmen vorbereitet werden, die dort bei Einwohnerrückgang und damit verbundenen Veränderungen der Alters-, Sozial-, Berufs- und Qualifikationsstruktur der Einwohner eine weitere kontinuierliche Verbesserung der materiellen und kulturellen Lebensbedingungen gewährleisten, mit denen zeitweise entstehenden regionalen oder örtlichen Überkapazitäten der sozialen Infrastruktur entgegengewirkt, mit denen die technische Infrastruktur auch in den Dörfern und Kleinstädten modernisiert und die Wegezeitaufwendungen auf dem Lande schrittweise weiter reduziert werden. Am Beispiel ausgewählter Kreise der DDR hat die Territorialforschung gemeinsam mit den Bezirken Rechnungen durchgeführt, die gegenwärtig ausgewertet und zu langfristigen Entscheidungsvorschlägen geführt werden.

Besonderer Aufmerksamkeit bedarf die Entwicklung der Hauptstadt Berlin sowie der anderen industriellen Ballungsgebiete. Sie weisen mit ihren herausragenden Einwohner- und Grundfonds-Dichtewerten erhebliche volkswirtschaftliche Effektivitätspotenzen auf. Mit der Territorialforschung kann zur vollen Nutzung dieser Potenzen beigetragen werden, unter anderem indem durch gezielte analytische Arbeiten die Ursachen für eine Bevölkerungsabwanderung aus einigen Städten der industriellen Ballungsgebiete in den Bezirken Halle, Leipzig, Dresden und Karl-Marx-Stadt systematisch ermittelt und Maßnahmen vorbereitet werden, die die Anziehungskraft dieser Ballungsgebiete wieder vergrößern. Das kann vor allem durch weitere Verbesserung der infrastrukturellen Voraussetzungen für die sozialistische Lebensweise in diesen Gebieten und ihren städtischen Zentren sowie durch planmäßige Umweltgestaltung geschehen.

Der Hauptweg dazu ist fraglos die sozialistische Intensivierung und ihre spezifische territoriale Form, die territoriale Rationalisierung, nicht allein in den industriellen Ballungsgebieten, sondern in allen Gebieten, Städten und Dörfern der DDR. Die territoriale Rationalisierung wird deshalb bewußt auf folgende Schwerpunkte orientiert:

- die bessere Auslastung der vorhandenen Grundfonds im Territorium, vor allem durch verstärkten Übergang zur Mehrschichtarbeit, wodurch überall das gesellschaftliche Arbeitsvermögen effektiver eingesetzt werden kann; die Wohnraumbereitstellung, der Berufsverkehr sowie die Versorgung und Betreuung müssen vor allem in dieser Richtung gezielt verbessert werden;
- die Herstellung von Rationalisierungsmitteln und die Organisierung der Rationalisierungshilfe größerer für kleinere Betriebe im Territorium, in die auch Konsumgüter-, Dienstleistungsbetriebe, örtliche Baubetriebe, der Handel und auch das Handwerk einzubeziehen sind;
- die Koordinierung von Investitionsvorhaben verschiedener Verantwortungsbereiche im Territorium, unter Einbeziehung solcher gemeinsamer Maßnahmen, die unmittelbar die Lebensbedingungen im Territorium verbessern, sowie

[4] Vgl. Beschluß der 5. Tagung des Zentralkomitees der SED, Zur weiteren Verwirklichung der Beschlüsse des IX. Parteitages der SED im Bauwesen, Berlin 1977, S. 95.

- die gemeinsame Nutzung und Schaffung von Einrichtungen zur Versorgung und Betreuung der Werktätigen in den Betrieben und der Bürger in den Wohngebieten im Interesse einer allseitigen und raschen Entwicklung der Arbeits- und Lebensbedingungen.

Die gezielte territoriale Rationalisierung kann also die weitere Ausprägung der Bedingungen für die sozialistische Lebensweise in den Territorien maßgeblich begünstigen.

Die Zielstellungen und Ressourcen erlauben es, generell bis zum Jahre 1990 und darüber hinaus einen bedeutenden weiteren Abbau territorialer Niveauunterschiede in der DDR zu planen und eine weitere Annäherung der territorialen Lebensbedingungen in Stadt und Land nachzuweisen. Dennoch kann als zwangsläufige Begleiterscheinung der territorialen Konzentration in einzelnen Bezirken und Kreisen eine vorübergehende Vergrößerung gewisser territorialer Unterschiede der Alters- und Sozialstruktur der Bevölkerung und eine daraus resultierende Unterschiedlichkeit in den Wohnbedingungen, in der Ausstattung der Siedlungen mit Infrastruktur, in der Arbeitskräftezahl für die Infrastruktur und damit in den Versorgungsbedingungen nicht ausgeschlossen werden. Nach meiner Meinung ist es erforderlich,

- das Ausmaß und die ökonomischen und sozialen Wirkungen solcher Erscheinungen genauer zu erfassen und zu untersuchen, sie unter Kontrolle zu halten und nicht zuzulassen, daß sie bestimmte Größenordnungen überschreiten; es ist erforderlich, solche optimalen Varianten der territorialen Konzentration zu bestimmen, mit denen diese Aufgabenstellung beherrscht werden kann;
- solche Erscheinungen theoretisch richtig einzuordnen, und zwar als zeitweilig, regional differenziert und vereinzelt, ohne Einfluß auf die Tendenz, daß von der Territorialstruktur her immer bessere Bedingungen für die weitere Ausprägung der sozialistischen Lebensweise planmäßig geschaffen werden; in solchen Erscheinungen spiegelt sich nach meiner Auffassung eigentlich nur die Langfristigkeit und der Tendenzcharakter solcher Prozesse wie der allmählichen Überwindung wesentlicher Unterschiede zwischen Stadt und Land wider.

R. Wundrak

Ökonomische und soziale Probleme bei der weiteren Ausprägung der sozialistischen Lebensweise in den Nordgebieten der DDR

Die weitere Ausprägung der sozialistischen Lebensweise, die, wie es im Programm der Sozialistischen Einheitspartei Deutschlands heißt, „in der sozialistischen Produktionsweise begründet ist und die stetige Hebung des materiellen und geistigen Lebensniveaus einschließt"[1], setzt entsprechend der These 6 die Beachtung der Differenziertheiten voraus, besonders der, die mit den natürlichen, geographischen und territorialen Umwelt-, Lebens- und Arbeitsbedingungen verbunden sind. Aber im gleichen Maße müssen die Konsequenzen bzw. Folgen, Tendenzen, Probleme und Widersprüche bei der Vervollkommnung der Standortverteilung der Produktivkräfte in den Nordgebieten der Republik beachtet werden. In der Vergangenheit war die Ausprägung der sozialistischen Lebensweise in diesen Territorien, in denen die Landwirtschaft dominierte, die verschiedenen Gewerke schwach entwickelt waren, das Versorgungs- und Verkehrssystem nicht den Anforderungen der Konzentration der Bevölkerung und der Produktion entsprach, vor allen Dingen an die extensiv erweiterte Reproduktion, das heißt die Neuerrichtung von Industriebetrieben, gebunden. In den nächsten Jahren sind Neubauten bzw. Erweiterungen der Produktionskapazitäten nicht ausgeschlossen.

Ausmaß und Tempo der Reproduktion, ihre Proportionen werden durch die verfügbare Menge gesellschaftlicher Arbeit, durch ihre Produktivität, ihre Distribution auf die einzelnen Reproduktionssphären bestimmt. Die verfügbare Menge gesellschaftlicher Arbeit hängt von den materiellen, zeitlichen und sozialen Reproduktionsbedingungen ab. Die entwickelte sozialistische Gesellschaft, die bekanntlich ihre Produktivkräfte nicht wie der Kapitalismus durch die Verarmung der individuellen Produktivkraft des Werktätigen, das heißt des Hauptfaktors der sozialistischen Reproduktion, sondern bei Erhöhung ihres Lebensniveaus entwickelt, muß bei der erweiterten Reproduktion in industriell wenig entwickelten Gebieten oft zusätzliche Aufwendungen tätigen und bei der weiteren Ausprägung der sozialistischen Lebensweise eine Reihe spezifischer Probleme lösen. Die Erfahrungen, die in den neu errichteten Betrieben im Norden der DDR gesammelt wurden, weisen viele übereinstimmende Tendenzen auf.

Zugleich muß beachtet werden, daß es innerhalb der nördlichen Bezirke Differenzierungen gibt. Zu den wichtigsten weiterhin zu lösenden Fragen gehören meines Erachtens:

1. die Sicherung der Übereinstimmung zwischen der optimalen Zusammensetzung des Gesamtarbeiters und dem Erfahrungs- bzw. Qualifikationsniveau der im Territorium vorhandenen Arbeitskraft;
2. die Sicherung einer planmäßigen Entwicklung zwischen dem Tempo der Konzentration der Produktion und der Konzentration der Bevölkerung in einem Territorium;

[1] Programm der Sozialistischen Einheitspartei Deutschlands, Berlin 1976, S. 53.

3. die stärkere Einflußnahme an die Entwicklung zwischen der gesellschaftlich notwendigen und der praktischen Migrationsbewegung in der Republik;
4. die Gewährleistung eines optimalen Verhältnisses zwischen der Produktionsstruktur und der Geschlechter-, Alters-, Berufs- und Qualifikationsstruktur in einem industriell wenig entwickelten Territorium.

Diese Fragen treten in der Entwicklung des Arbeitskräftebedarfs bei der Neuerrichtung von Betrieben, bei der Bildung ihrer Stammbelegschaften, beim Übergang zur industriemäßigen Produktion in der Landwirtschaft, bei der Konzentration der Bevölkerung und anderen zutage. Eine Vollständigkeit und Rangfolge der Fragen und Probleme war nicht beabsichtigt.

In neu errichteten Betrieben ist gewöhnlich eine Tendenz des höheren Arbeitskräftebedarfs gegenüber dem geplanten typisch. Er liegt oftmals bis um die Hälfte über der Norm, besonders während der Bau- und Montagephase infolge umfangreicheren Instandhaltungsbedarfs; im Interesse eines größeren Vorlaufs, um die Inbetriebsetzungsarbeiten zu sichern; der Schaffung eigener oder größerer Struktureinheiten für spezielle Instandhaltungsarbeiten; der baulichen Werterhaltung (Ausbau des Bauhofs, des Fuhrparks), da vorgesehene Kooperationsleistungen aus den Territorien auf Grund noch notwendiger Bilanzierung der Kapazitäten mitunter nicht rechtzeitig realisiert werden können. Außerdem ist die Arbeitskräfteplanung im Territorium sehr kompliziert und von mehreren Faktoren abhängig. Sie reicht meistens über das Territorium hinaus. Die Arbeitskräfteforderungen der einzelnen Betriebe und Einrichtungen auf einer Großbaustelle und auch im Territorium, die verschiedenen Ministerien unterstehen, sind meines Erachtens noch besser zu koordinieren. Betriebliche und territoriale Interessen (Baukapazitäten, Arbeitskräfte und anderes), insbesondere bei neu angesiedelten Betrieben, werden oft relativ spät aufeinander abgestimmt. In den alt angesiedelten Betrieben steigt zuweilen die Fluktuation, weil sich ein Teil der Arbeitskräfte bessere Arbeits- und Lebensbedingungen, günstigere Arbeitszeitregelungen, schnellere Aussicht auf eine Neubauwohnung erhofft, was im wesentlichen auf die Altersgruppen unter 35 Jahre zutrifft. Von den Arbeitskräften des Kernkraftwerkes „Bruno Leuschner", die aus dem Territorium stammen, sind 48 Prozent unter 25 Jahre, 27 Prozent im Alter zwischen 25 bis 35 Jahre. Dadurch kann sich die altersmäßige Zusammensetzung und unter Umständen das Qualifikationsniveau in den alt angesiedelten Betrieben verschlechtern.

Bei manchen Projekten im Norden muß ein Teil des Arbeitskräftebedarfs mit Arbeitskräften gedeckt werden, die aus den mittleren und südlichen Gebieten der Republik kommen. Für diese Werktätigen ergeben sich bei der Gestaltung der Arbeits- und Lebensbedingungen besondere Anforderungen, weil sie nicht im Territorium ansässig sind. Häufig sind, wie zum Beispiel auf Großbaustellen, über mehrere Jahre hinweg solche Arbeitszeitregelungen unerläßlich, die eine intensive Nutzung der Arbeitszeit gewährleisten und eine angemessene Freizeit für den Aufenthalt am Heimatort einschließlich günstiger Transportbedingungen sichern. Aber zu lange Schichten begrenzen für die Montagearbeiter die Möglichkeiten unserer Gesellschaft, die arbeitsfreie Zeit für die Bildung und Qualifizierung, die demokratischen und schöpferischen Aktivitäten, für die Entwicklung sozialistischer Familienbeziehungen, wie die These 4 betont, effektiv zu nutzen. Die Erfahrung lehrt, daß eine Reihe von Montagearbeitern, vor allem im Interesse der Gestaltung der sozialistischen Familienbeziehungen, ihre Tätigkeit aufgeben und wieder Arbeiten in ihren Heimatorten übernehmen. Zeitweilige Störungen im Ablauf der Montagearbeiten können die Folge sein.

Bei Montagearbeitern zeigte sich, daß mit der weiteren Ausprägung der sozialistischen Lebensweise ihre qualitativen Merkmale in den Vordergrund treten, die materielle Stimulierung in ihrer Wirkung in diesem konkreten Bereich abnehmen und gegenüber den qualitativen Seiten der sozialistischen Lebensweise zurücktreten kann.

Die Bildung von Stammbelegschaften in den neuen Betrieben halte ich für eines der zentralen ökonomischen und sozialen Probleme bei der weiteren Ausprägung der sozialistischen Lebensweise in den Nordterritorien, weil sich in den entwickelten Kollektiven die spezifisch sozialistischen Beziehungen der kameradschaftlichen Zusammenarbeit und der gegenseitigen Hilfe entwickeln, die einen wesentlichen Bestandteil der sozialistischen Lebensweise darstellen, worauf das Programm der SED eindeutig orientiert.[2] In den meisten Fällen sind die neuen Betriebe in Territorien errichtet worden, in denen die Landwirtschaft überwog und es einige wenige kleine Betriebe und Handwerksbetriebe, mitunter 2 bis 3 mittlere Betriebe gab. Eine gewisse Ausnahme bilden die Gebiete unmittelbar an der Küste, wo bereits in den ersten Jahren der Existenz unseres Staates größere Betriebe angesiedelt worden sind (Werften, Fischverarbeitung, Seeverkehrswirtschaft).

Der hauptsächliche Grund für die Standortwahl neuer Betriebe war oft das gesellschaftlich nicht voll genutzte Arbeitsvermögen. Jedoch selbst eine rechtzeitig einsetzende und gute Berufsausbildung konnte selten das erforderliche Erfahrungs- und Qualifikationsniveau vermitteln, um die modernen und hochproduktiven Anlagen von Anfang an effektiv auszulasten, weil es keinem der von uns untersuchten Betriebe sofort gelang, einen Prozentsatz von 25 bis 30 Prozent erfahrener Kader in der Produktion zu sichern. In den ersten Jahren kommen sie in der Regel selten über 10 Prozent. Die Erfahrungsträger können aber nur vorwiegend aus den Ballungszentren kommen. Dadurch kann die kadermäßige Stabilität anderer Betriebe zeitweilig erschüttert werden, zumal dann, wenn der neu zu errichtende Betrieb wesentlich größer ist als der Stammbetrieb. In dem VEB Nachrichtenelektronik Greifswald setzt sich die Gesamtbeschäftigtenzahl aus 27 Prozent der Wohnbevölkerung und 73 Prozent aus zugezogenen Arbeitskräften zusammen. Von den 73 Prozent kamen 20 Prozent aus Ballungszentren, 10 Prozent waren Absolventen und 43 Prozent kamen aus anderen Gebieten der Nordbezirke.

Jedes im Norden der DDR neu errichtete Werk zieht Arbeitskräfte aus den Ballungszentren ab, das heißt ein bestimmter Arbeitskräftestrom bewegt sich von den Ballungszentren weg, fort von den Orten hoher Konzentration der Produktionsfonds in Gebiete, die industriell weiter entwickelt werden müssen. Diese Binnenwanderung erfolgt in unmittelbarer Abhängigkeit von der Anzahl und der Größe neu errichteter Betriebe in den Nordgebieten, deren Problem aber nur in den seltensten Fällen noch die Schaffung neuer Arbeitsplätze schlechthin ist, sondern in erster Linie in der Schaffung von Arbeitsplätzen für die Frauen besteht. Selbst eine vom technologischen Standpunkt eines erfahrenen Betriebes aus umfangreiche Dokumentation, die einem neuen Betrieb übergeben wird, kann in den ersten Jahren nur schwer den Erfahrungsschatz eines alten Facharbeiterstamms ersetzen. Das wirkt sich manchmal hemmend auf die Stabilität der Produktion in einem neuen Betrieb und auf die Fluktuation der Belegschaft aus.

Die Berufsausbildung ist zu fast 90 Prozent die Quelle für die Versorgung dieser Betriebe mit Facharbeitern. Sie erfolgt in den ersten Jahren meistens in kleinen Be-

[2] Ebenda, S. 54; siehe dazu außerdem: I. I. Kuz'minov, Abriß der politischen Ökonomie des Sozialismus, Methodologie, Berlin 1976, S. 160.

trieben des Territoriums oder in den Lehrwerkstätten des zu errichtenden Betriebes. Die Lehrlingsanzahl der Ausbildungsbetriebe übersteigt manchmal die Beschäftigtenanzahl. Außerdem handelt es sich oft um Berufe, die im Territorium noch keine Tradition besitzen, was nicht unbedingt ein Nachteil sein muß. In den Fällen, wo Ausbildungsgemeinschaften gebildet worden sind, treten zusätzliche Probleme auf, wenn erstens die bewährten Größenordnungen von Ausbildungsgemeinschaften überschritten werden, die organisatorisch und leitungsmäßig nicht beherrschbar sind, und zweitens, wenn ein Betrieb qualitativ und quantitativ dominiert, ohne Trägerbetrieb der Ausbildungsgemeinschaft zu sein. In der ersten Zeit fehlt weitgehend die produktionsbezogene Ausbildung.

Die neuen Betriebe haben während der Meisterungsphase der neuen Technik oder Produktion mitunter einen relativ hohen Verlust an Jungfacharbeitern zu registrieren, wenn diese aus den unterschiedlichsten Gründen, nach Beendigung ihres Ehrendienstes in der Nationalen Volksarmee nicht in den Betrieb zurückkehren. In einem im Bezirk Neubrandenburg neu errichteten Betrieb wurden von 1967 bis 1976 insgesamt 987 Facharbeiter bei rund 200 Gesamtbeschäftigten in der Produktion ausgebildet. Die Produktion in diesem Betrieb ist dadurch nicht stabil. Der Ausprägungsgrad der sozialistischen Lebensweise spielt hierbei eine interessante Rolle. In einigen Betrieben konnte festgestellt werden, daß der Prozentsatz der Rückkehrer aus der Nationalen Volksarmee höher ist als in allen anderen Betrieben des Territoriums. Das gute Betriebsklima, die moderne neuartige Technologie, die große Perspektive, die entwickelten Arbeits- und Lebensbedingungen im Betrieb und im Wohngebiet sowie die landschaftliche Lage des Werkes und der Stadt wirken anziehend auf junge Menschen. Somit kann die sozialistische Lebensweise ihrerseits stimulierend auf die Entwicklung der Volkswirtschaft einwirken. Ein Aspekt, der in den Thesen, meiner Ansicht nach, nicht ausreichend berücksichtigt worden ist.

In vielen Territorien des Nordens eilt die Konzentration der Industrie und der Agrar-Industrie-Komplexe der Bevölkerungskonzentration voraus, wodurch die materiellen, zeitlichen und sozialen Reproduktionsbedingungen der Arbeitskraft zeitweilig erschwert werden können. Sie verschiebt die territorialen Proportionen und verursacht eine Reihe von Problemen der weiteren wirtschaftlichen Entwicklung und bei der weiteren Ausprägung der sozialistischen Lebensweise. Bei der Konzentration der Produktion in den nördlichen Gebieten muß meines Erachtens folgendes beachtet werden: Erstens ist der Profilierungsprozeß ihrer Wirtschaft noch nicht abgeschlossen; zweitens haben sie gesamtgesellschaftlich unerläßliche Spezialaufgaben, wie der Bezirk Rostock in der Seeverkehrs- und Hafenwirtschaft; drittens haben im Erholungswesen die Bezirke Rostock und Neubrandenburg wichtige Aufgaben zu erfüllen; viertens sind bisher vorwiegend solche Industriezweige wie Werften, Metallverarbeitung, Maschinenbau angesiedelt worden; fünftens gibt es bei der Spezialisierung innerhalb des Standortes im Norden kaum Kooperationsmöglichkeiten, und sechstens liegt der Hektarbesatz mit Arbeitskräften in der Landwirtschaft unter dem Republikdurchschnitt. So bedingen beispielsweise die Erholungsaufgaben in einzelnen Nordgebieten einen prozentual höheren Beschäftigungsanteil im Handel und Gaststättenwesen. Bis zum Jahre 1990 werden in der Landwirtschaft kaum nennenswerte Arbeitskräfte freigesetzt. Ein Teil ihrer Arbeitskräfte wird innerhalb des Produktionszweiges – aus der Pflanzenproduktion in die Melioration, Lagerung usw. – umgesetzt. Zwangsläufig entwickeln viele Industriebetriebe im Norden ihre Kooperationsbeziehungen mit Betrieben mittlerer und südlicher Territorien, was zu einer zusätzlichen Belastung unseres Transportsystems führen könnte.

Die schnelle Konzentration der Produktion in einzelnen Nordgebieten erhöht auch den Pendleranteil. Während 1973 in der Stadt Rostock 43 Prozent Einwohner des Bezirkes wohnten, arbeiteten in ihren Betrieben und Einrichtungen 45 Prozent der Beschäftigten des Bezirkes, die über die Hälfte der Industrieproduktion des Bezirkes erzeugten. In der Stadt Greifswald wohnen 16,3 Prozent der Bezirksbevölkerung, und 16,1 Prozent der Beschäftigten im Bezirk arbeiten in Einrichtungen des Territoriums. In nur zwei Städten des Bezirkes sind 59,1 Prozent der Bevölkerung und 61,1 Prozent der Beschäftigten konzentriert. In den Konzentrationspunkten Rostock und Greifswald gab es rund 18000 bzw. 3000 Arbeitspendler. Die Hauptpendlerströme kommen aus den Bezirken Schwerin, Neubrandenburg, Halle, Leipzig, Dresden und Karl-Marx-Stadt. Der Bezirk Rostock ist Pendlerquelle für Berlin, die Bezirke Frankfurt und Potsdam. Im Bezirk Rostock gibt es bis 1980 keine Arbeitskräftereserven, was sich auf den Schiffbau und das Bauwesen auswirkt. Nach wie vor können manche Gaststätten nicht ganztägig geöffnet werden.

Problematisch ist die unkontrollierte Abwanderung, das heißt sie erfolgt nicht im Interesse der gesellschaftlichen Erfordernisse, sondern vorwiegend nach individuellen Interessen, weil sie nicht zielgerichtet gesteuert wird.

Die Inbetriebnahme von Produktionskapazitäten in den nördlichen Gebieten führt in einigen Territorien zu einer sprunghaften Zunahme der Bevölkerung. Das Verkehrsnetz, die Infrastruktur erreichen sehr schnell ihre oberen Grenzen und sind selten flexibel genug, um kurzfristig den gestiegenen Anforderungen nachkommen zu können. 1949 hatte zum Beispiel die Stadt Greifswald, in deren Nähe das Kernkraftwerk „Bruno Leuschner" errichtet wird, 45000 Einwohner, im Jahre 1970, zu Baubeginn des Kraftwerkes, 46600 und im Jahre 1975 bereits 54700 Einwohner, zusätzlich 11000 Einwohner, deren Nebenwohnsitz Greifswald ist. Innerhalb von fünf Jahren vergrößerte sich die Einwohnerzahl der Stadt um 8700 bzw. 19700, das heißt um 18,9 Prozent bzw. 42,8 Prozent. Bis zum Jahre 1980 wird die Einwohnerzahl um weitere 10 Prozent wachsen. In der Stadt entwickelte sich das Bauwesen sprunghaft und nahm eine gute Entwicklung, obwohl Disproportionen, beispielsweise zwischen der Montage und dem Ausbau nicht völlig überwunden werden konnten.

Der verstärkte Wohnungsbau erhöht zugleich die Nachfrage nach Möbeln, aber die wenigen Möbelverkaufsstellen sind ihrer Kapazität und ihren Lagermöglichkeiten nach selten fähig, sie kurzfristig zu decken. Der Neubau von Kaufstätten für Möbel ist ökonomisch nicht sinnvoll, weil die Nachfrage bereits in absehbarer Zeit wieder zurückgehen wird. Als Möglichkeit verbleibt der beschleunigte Warenumlauf, der ungewohnte Anforderungen an die Verkaufsorganisation und das Verkaufspersonal stellt.

Im Zusammenhang mit dem Übergang zur industriemäßigen Produktion in der Landwirtschaft fehlt meines Erachtens in den Thesen ein Problem. Ein bestimmter Teil der heute in der Landwirtschaft tätigen Arbeitskräfte wird aus Alters- und Qualifikationsgründen den Anforderungen der industriemäßigen Produktion nicht gerecht werden können. Ihr Mobilitätsgrad ist gering. Ihr Einsatz in anderen Betrieben des Territoriums ist nicht unproblematisch, besonders der von weiblichen Arbeitskräften. Trotz größerer Anstrengungen sind ältere Frauen zum Teil nicht in der Lage, als Arbeiterin zum Beispiel in einem Kleiderwerk zu arbeiten, weil die Beweglichkeit ihrer Hände auf Grund der jahrelangen teilweise schweren landwirtschaftlichen Arbeit einseitig entwickelt ist.

Immer deutlicher zeichnet sich in einzelnen Territorien des Nordens ein anderes soziales und ökonomisches Problem ab. Der Anteil arbeitender Rentner wird zurückgehen. Arbeitskräfte im Vorrentenalter meistern die veränderten Anforderungen infolge des wissenschaftlich-technischen Fortschritts immer schwerer. Die sozialistische Gesellschaft muß meiner Meinung nach schrittweise solche altersspezifischen Arbeitsplätze schaffen, die es ermöglichen, das Arbeitsvermögen im Vor- und Rentenalter zweckmäßig und rationell einzusetzen. In industriell relativ wenig oder bisher einseitig entwickelten Territorien mit mangelnder Vielfalt des Arbeitsplätzeangebots müssen langfristige Maßnahmen ergriffen werden, um dieses Problem zu lösen.

Nach den vorliegenden Erfahrungen wird bei vielen Problemen der weiteren Ausprägung der sozialistischen Lebensweise in den Nordgebieten ein Niveauvergleich mit anderen Territorien der DDR schwer möglich sein; stärker müssen die demographischen und ökonomischen Besonderheiten dieser Gebiete berücksichtigt werden.

In dem Diskussionsbeitrag konnte nur auf einige Probleme und Zusammenhänge, Entwicklungstendenzen bei der weiteren Ausprägung der sozialistischen Lebensweise in den Nordterritorien der Republik verwiesen werden, die im einzelnen noch näher analysiert werden müssen, bevor sie verallgemeinert werden können. Wir begrüßen die Diskussion und hoffen, daß sie mit der heutigen Beratung nicht beendet ist.

W. Katzer

Die Ausprägung der sozialistischen Lebensweise stellt höhere Anforderungen an die Sozialistische Betriebswirtschaft

Im Programm der SED kommt klar zum Ausdruck, daß auch im Lebensbereich Arbeit die für die entwickelte sozialistische Gesellschaft charakteristische Art und Weise des gesellschaftlichen und individuellen Verhaltens immer mehr auszuprägen ist. Das Programm charakterisiert die gewissenhafte, ehrliche, gesellschaftlich nützliche Arbeit als Herzstück der sozialistischen Lebensweise.[1] Schließlich wird betont, daß die Arbeit die wichtigste Sphäre des gesellschaftlichen Lebens ist.[2]

Von den ca. 8 Millionen Werktätigen unseres Landes arbeiten bekanntlich rund 3 Millionen in Betrieben der Industrie. Damit ist es Aufgabe der Betriebe und der Sozialistischen Betriebswirtschaft, diesem Aspekt verstärkte Aufmerksamkeit zu widmen. Von ihrem Selbstverständnis ausgehend, ist sich die Sozialistische Betriebswirtschaft dieser Aufgabe voll bewußt. In der begrifflichen Bestimmung wird die Sozialistische Betriebswirtschaft charakterisiert als „... gesellschaftlich bewußt organisierte ... *Arbeit* ... sozialistischer Produzentenkollektive ..." und die Betriebe selbst als „... Kollektive von Werktätigen ..."[3] Der Betrieb wird also nicht als Anhäufung von sachlichen Fonds und die Sozialistische Betriebswirtschaft nicht als Funktionsmechanismus von sachlichen Beziehungen verstanden, sondern als Kollektiv von Menschen und ihrer Tätigkeit.

Die Frage ist nun, inwieweit die Sozialistische Betriebswirtschaft ihrer eigenen Begriffsbestimmung in der Praxis in unseren Betrieben, im Forschungs- und schließlich im Ausbildungsprozeß bereits gerecht wird.

Sie zerlegt ihren Gegenstand in die Phasen und Elemente des Reproduktionsprozesses sowie in Prozesse, die das Zusammenwirken der Phasen und Elemente über einen langen Zeitraum garantieren, wie Leitung, Planung, Rechnungsführung, Analyse und Kontrolle. Will die Sozialistische Betriebswirtschaft ihrer eigenen Definition und eindeutigen Begriffsbestimmung gerecht werden, so muß sie in *allen* ihren Teilerscheinungen und Prozessen, die mit der menschlichen Arbeit zusammenhängen, den Menschen als soziales Wesen betrachten, das sich allseitig und frei im Arbeitsprozeß entfalten kann.

Betrachtet man die aus der Grundgliederung der Betriebswirtschaft abgeleiteten Leitungsaufgaben (Beherrschung der Vorbereitung, Durchführung und Realisierung der Produktion; Reproduktion der Arbeitskraft und der Grundfonds; Materialwirtschaft; Kostenrechnung, Preisarbeit und Finanzierung) und die aus den Grundfunktionen (produktive und kulturell-soziale Funktion[4]) abgeleiteten Leitungsfunktionen

[1] Vgl. Programm der Sozialistischen Einheitspartei Deutschlands, Berlin 1976, S. 53 f.
[2] Vgl. Ebenda, S. 24.
[3] Autorenkollektiv: Sozialistische Betriebswirtschaft – Lehrbuch, Berlin 1974, S. 25 und 20.
[4] Vgl. H. Lange, S. Tannhäuser, Rolle und Aufgaben der sozialistischen Industriebetriebe, in: Wirtschaftswissenschaft, 9/1976, S. 1390.

(prognostizieren, analysieren, planen, stimulieren, organisieren und lenken, abrechnen, kontrollieren, erziehen) und ihre Widerspiegelung in der Leitungsstruktur des Betriebes (Direktionen für Forschung und Entwicklung; Produktion; Beschaffung und Absatz; Kader und Bildung; Technik; Ökonomie und Rechnungsführung/Statistik) und der Struktur des Betriebsplanes (Wissenschaft und Technik, Produktion, Absatz; Arbeitskräfte, Arbeits- und Lebensbedingungen, Grundfonds, Material, Kosten und Finanzen), so entstehen meines Erachtens in der Regel gedankliche Assoziationen zum Begriff „Lebensweise" im Zusammenhang mit Kader und Bildung, Kultur und Sozialwesen sowie dem Planteil Arbeits- und Lebensbedingungen.

Zweifellos finden mit der Lebensweise zusammenhängende Erscheinungen hier einen konzentrierten Ausdruck, aber keinesfalls sind es Ressortfragen der für diese Bereiche Verantwortlichen. Die Verknüpfungen sind zu allen anderen Teilprozessen herzustellen, und im Ausweis der Effektivität sind die durch eingeleitete Maßnahmen verbundenen Veränderungen oder ihre Bedingungen viel stärker unter dem Aspekt der Ausprägung der sozialistischen Lebensweise zu betrachten, sind diese Faktoren als immer wesentlichere Komponente der Effektivitätsbetrachtung zu berücksichtigen.

Was bedeutet es zum Beispiel – wie in der Diskussionsgrundlage in These 3 gefordert –, den Produktionsprozeß nicht nur als wirtschaftlichen, sondern zugleich als sozialen Prozeß zu organisieren? Die sozialen Belange berücksichtigen, heißt,

- die Wirkung der Technologieänderung auf die persönlichkeitsbildenden Faktoren zu untersuchen und die Möglichkeiten der progressiven Veränderung der Arbeitsinhalte von vornherein (und nicht nachträglich) auszuschöpfen,
- die Beteiligung der Werktätigen am Änderungsprozeß als einen schöpferischen Prozeß zu sichern, heißt, ihre Initiative und ihr Schöpfertum zu entfalten, damit sich die betroffenen Werktätigen mit der Maßnahme identifizieren und so persönliche und kollektive Interessen in Übereinstimmung gebracht werden, was wiederum zu erhöhter Arbeitszufriedenheit führt,
- der Veränderung der Kollektivbeziehungen und den dabei auftretenden individuellen Problemen verstärkte Aufmerksamkeit zu schenken,
- bei eventuellen Veränderungen im Schichtregime die damit verbundenen Versorgungs- und auch familiären Probleme zu lösen,
- beim Nachweis der Effektivität die sozialen Faktoren zu gewichten, wobei natürlich entsprechend dem Stande der Entwicklung der Produktivkräfte und damit der durch die Ressourcen begrenzten Möglichkeiten nicht alle sozialen Faktoren maximal berücksichtigt werden können.

Die höheren Anforderungen an die Sozialistische Betriebswirtschaft bestehen also in folgendem:

1. Die Zielsetzungen für die Betriebe dürfen nicht nur im wesentlichen in den Erzeugnissen und Leistungen und in Forderungen nach Reproduktion der materiellen Produktionsbedingungen bestehen, sondern müssen in immer stärkerem Maße die Vervollkommnung der ökonomischen und sozialen Beziehungen und die Entwicklung der Arbeits- und Lebensbedingungen enthalten.

2. Die einzelnen Intensivierungsfaktoren und ihr komplexes Zusammenwirken sind stets als Einheit von ökonomischen und sozialen Komponenten zu behandeln, und jede ressortmäßige Trennung ist zu verhindern.

3. Die Wirkungsbeziehungen von gesellschaftlichen, kollektiven und persönlichen Interessen sind, unter verstärkter Anwendung der Erkenntnisse der Soziologie und Psychologie, tiefgründiger zu analysieren und zu beeinflussen.

P. Delitz

Zur Analyse sozialökonomischer Aspekte der Lebensweise der Arbeiterklasse im staatsmonopolistischen Kapitalismus

Im vorliegenden Diskussionsmaterial wird einleitend darauf hingewiesen, daß die Ausprägung und Entwicklung der sozialistischen Lebensweise zunehmendes Gewicht in der Auseinandersetzung zwischen Sozialismus und Kapitalismus erhält. Diese wachsende Bedeutung der realen sozialen Prozesse, aber auch der sozialen Kategorie Lebensweise in der Klassenauseinandersetzung ergibt sich nicht zuletzt daraus, daß diese Kategorie ein ganz wesentliches Fortschritts- und Freiheitskriterium darstellt. Dies sowohl aufgrund ihrer sozialen Komplexität und Konkretheit als auch ihrer spezifischen, auf die aktive, schöpferische Rolle der Persönlichkeit und die Möglichkeiten ihrer Entfaltung bezogenen Blickrichtung.

In der Entwicklung der beiden Gesellschaftssysteme vollziehen sich seit einigen Jahren beschleunigt und verstärkt gegensätzliche Entwicklungsprozesse, die die Frage „Wie und wozu lebt der Mensch?" nachdrücklicher und dringlicher stellen. Entsprechen in der entwickelten sozialistischen Gesellschaft die wachsende Führungsrolle der Arbeiterklasse und ihrer marxistisch-leninistischen Partei sowie die Notwendigkeit des bewußten, schöpferischen Handelns aller Bürger der sozialistischen Gesellschaft der zunehmenden Komplexität und gegenseitigen Bedingtheit der Entwicklung der gesellschaftlichen Hauptbereiche, so zeigt sich in den entwickelten kapitalistischen Ländern eine zunehmend komplexe Auswirkung aller Elemente der allgemeinen Krise auf das Alltagsleben, das Denken und Handeln, auf die sozialen Beziehungen der Arbeiterklasse. Dadurch vertieft sich einerseits die Objektsituation der Arbeiterklasse wie auch andererseits ihr Kampf zur Realisierung ihrer Klasseninteressen. Wird die Lebensweise der Arbeiterklasse im gegenwärtigen Kapitalismus zutiefst von den sozialen Folgen der allgemeinen Krise geprägt, so wirkt diese ihr aufgezwungene Lebensweise zugleich verschärfend auf die soziale Labilität dieses Systems zurück.

In dieser Situation ist es für den politischen und ideologischen Kampf meines Erachtens notwendig, daß die marxistisch-leninistische Imperialismusforschung untersucht, wodurch die Lebensweise der Arbeiterklasse im staatsmonopolistischen Kapitalismus ihrem Klasseninhalt nach bestimmt wird, in welchen ihrer Erscheinungsformen dieser Klassencharakter besonders deutlich hervortritt und in der Auseinandersetzung zwischen Kapitalismus und Sozialismus besonderes Gewicht erhält. Im Institut für internationale Politik und Wirtschaft wurde mit theoretischen und konzeptionellen Überlegungen zu sozialökonomischen Aspekten der Lebensweise der Arbeiterklasse im staatsmonopolistischen Kapitalismus begonnen. Der Vorlauf der Sozialismusforschung hat es erlaubt, vorhandene Ergebnisse und Erfahrungen, theoretische Fragestellungen und methodologische Anregungen aufzugreifen – ohne sie selbstverständlich mechanisch übernehmen zu können. Gleichzeitig gibt die klarere Bestimmung der ökonomischen Hauptfelder der sozialistischen Lebensweise – wie auf der heutigen Ratstagung – wichtige Hinweise, welchen Bedingungen und Erscheinungsformen der Lebensweise im Kapitalismus wir uns vorrangig zuwenden müssen, um unsere Arbeit möglichst zielstrebig auf die politischen und ideologischen Bedürfnisse unserer sozialistischen Gesellschaft und der ideologischen Auseinandersetzung mit dem Imperialismus auszurichten. Ich meine aber auch gleichzeitig, daß es neben den relativ eigenständigen Fragestellungen zur Lebensweise der Arbeiterklasse im Sozialismus und im Kapitalismus eine Reihe Probleme gibt, die wir effektiv nur durch die Gemeinschaftsarbeit von Sozialismus- und marxistisch-leninistischer Imperialismusforschung lösen können. Dazu gehören die schon genannte genauere Bestimmung solcher Felder der Lebensweise, die in der Klassenauseinandersetzung zunehmende Bedeutung erhalten, die Untersuchung des konkreten Wirkungsmechanismus einzelner Züge der sozialistischen Lebensweise auf die Lage und die Bewußtseinsentwicklung der Arbeiterklasse im Kapitalismus, die Bestimmung der wichtigsten Vermittlungsglieder zwischen objektiven ökonomischen Prozessen und ihrem Bewußtwerden und ihrer Umsetzung im Denken und Handeln der Arbeiterklasse und ähnliche Fragen mehr.

In vielen Veröffentlichungen zur sozialistischen Lebensweise gibt es kleinere, meist polemisch angelegte, abgrenzende Abschnitte zur Lebensweise im Kapitalismus oder speziell zur Lebensweise der Arbeiterklasse im Kapitalismus. Die meisten rücken – je nach Zweck und Umfang – einzelne Aspekte in den Vordergrund. Häufig wird nur die objektive Abhängigkeit als ausgebeutete Lohnarbeiter von den kapitalistischen Produktionsverhältnissen betont oder aber werden die subjektiven Versuche der Bourgeoisie in den Vordergrund gerückt, der Arbeiterklasse Elemente ihrer eigenen Lebensweise aufzuzwingen.

Man muß meines Erachtens bei unseren Überlegungen davon ausgehen, daß Bourgeoisie und Proletariat die antagonistischen Pole einer notwendig aufeinander bezogenen Einheit im Rahmen der kapitalistischen Produktionsverhältnisse bilden. Daraus resultiert, daß einerseits die Lebensweise der einzelnen Klassen und Schichten der kapitalistischen Gesellschaft durch allgemeinste, grundlegende Züge der kapitalistischen Produktionsweise einheitlich bestimmt wird, daß aber zugleich – und das ist das Entscheidende – diese allgemeinsten Züge wie Privateigentum an Produktionsmitteln, staatsmonopolistische Regulierung des Verwertungsprozesses, der Reifegrad der Naturbeherrschung, der Arbeitsteilung und andere die Lebensweise der einzelnen Klassen und Schichten in jeweils ganz spezifischer, nur dieser einen Klasse oder Schicht eigenen Art und Weise prägen. Eine allgemeine Kategorie kapitalistische Lebensweise für alle Angehörigen dieser Gesellschaft ist daher sozial kaum relevant, weil sie das Klassenverhältnis nicht zum Ausdruck bringt.

Die Lebensweise der Arbeiterklasse im Kapitalismus muß daher aus dem sozialen Wesen der Arbeiterklasse als ausgebeutete Klasse, als gesellschaftliche Hauptproduktivkraft und als einzig revolutionäre Klasse abgeleitet werden. In der Lebensweise der Arbeiterklasse reflektiert sich die Polarität ihres sozialen Wesens als ökonomisch beherrscht und als kämpfende, die Zukunft verkörpernde und gestaltende Klasse.

Die Lebensweise der Arbeiterklasse im gegenwärtigen Kapitalismus wird in ihrem sozialen Charakter von drei komplexen Prozessen bestimmt:

1. Die sozialökonomischen Beziehungen binden die Arbeiterklasse objektiv an die Lebensgrundlagen der Bourgeoisie, unterwerfen sie als doppelt freie Lohnarbeiter und als gesellschaftliche Hauptproduktivkraft dem Profitmotiv. Gleichzeitig ruft jedoch die Bewegungsform einer Reihe grundlegender ökonomischer Gesetzmäßigkeiten und Beziehungen einen solchen Schein hervor, der diese objektiven sozialen Beziehungen verschleiert.

2. Die Bourgeoisie vertieft diese objektiven Bindungen und Verschleierungen durch ihr System der materiellen, politischen, ideologischen und sozialpsychologischen Ver-

haltenssteuerung, um die Arbeiter im Bannkreis bürgerlicher, systemstabilisierender Lebensprinzipien zu halten.

Diese Einheit objektiver und subjektiver Bindungen und Verschleierungen bestimmt im hohen Maße das Alltagsverhalten, das Denken und Handeln vieler Angehöriger der Arbeiterklasse in individuell und gruppenspezifisch stark variierender Weise. In der Wechselwirkung zwischen objektiv gegebenen Bedingungen und subjektiven Versuchen, die Klassenlage der Arbeiter zu verschleiern, kommt zweifellos den objektiv wirkenden Mechanismen – wie dem sozialen Charakter der im doppelten Sinne freien Lohnarbeiter, dem Unterschied zwischen Wesen und Erscheinungsform des Lohnes, dem Warenfetischismus – gegenüber der bewußten staatsmonopolistischen Manipulierung die entscheidende Rolle zu. Über sie werden von der Masse der Ausgebeuteten die sozialökonomischen Beziehungen im Alltagsbewußtsein erfaßt, und sie beeinflussen in dieser verschleierten, verzerrten Form im hohen Maße das Alltagsverhalten, die Lebensweise der Arbeiterklasse und anderer Schichten. Auch die subjektiven ideologischen Bemühungen können letztlich nur auf dieser Grundlage wirksam werden.

3. Die Lebensweise der Arbeiterklasse wird im zunehmenden Maße von der Notwendigkeit des Kampfes gegen die ihr aufgezwungenen Arbeits- und Lebensbedingungen, von den klassenmäßigen Erfahrungen und theoretischen Einsichten sowie den praktischen Schlußfolgerungen im politischen Handeln geprägt. Dabei bildet die Arbeiterklasse Verhaltensweisen, moralische Eigenschaften und Organisationsformen aus, die im Gegensatz zur herrschenden Ordnung stehen. Dieser Reifeprozeß ist im hohen Maße von der Intensität des Einflusses des Sozialismus als Theorie und als gesellschaftliche Realität, von der Massenbasis und der festen Verwurzelung der marxistisch-leninistischen Partei in der Arbeiterklasse abhängig. Diese kämpferischen, klassenmäßigen Elemente der Lebensweise der Arbeiterklasse im Kapitalismus werden von der siegreichen, herrschenden Arbeiterklasse im Sozialismus aufgegriffen und auf qualitativ neuer Stufe weiterentwickelt. Diese Elemente der Lebensweise sind eine wichtige soziale Gemeinsamkeit und Grundlage für das Klassenbündnis der Arbeiterklasse im Kapitalismus und Sozialismus und gehen in den proletarischen Internationalismus als gemeinsamer Wesenszug der Lebensweise der Arbeiterklasse in der heutigen Welt ein.

Diese drei hier kurz skizzierten wesentlichen Einflußgrößen bestehen nicht nebeneinander, sie durchdringen sich in allen Lebensbereichen gegenseitig. Sie wirken in den einzelnen Sphären der Lebenstätigkeit der Arbeiterklasse zweifellos unterschiedlich stark – diese Prozesse harren jedoch noch weitgehend der Untersuchung.

Im Thesenentwurf wird auf den für den Werktätigen im Kapitalismus bestimmenden Widerspruch zwischen Arbeitszeit und Freizeit hingewiesen. Dieser Widerspruch besteht zweifellos nach wie vor; bei der Analyse der Lebensweise der Arbeiterklasse wird es unter diesem Gesichtspunkt jedoch vor allem darauf ankommen, zu untersuchen, wie dieser Widerspruch durch die monopolistische Durchdringung aller Gesellschaftsbereiche, durch neue Anforderungen an die Ware Arbeitskraft und durch den Kampf der Arbeiterklasse modifiziert wird und in neuen Erscheinungsformen auftritt.

Vorliegende Untersuchungen zu quantitativen und qualitativen Beziehungen zwischen Arbeitszeit und Freizeit machen deutlich, daß die Monopolbourgeoisie im Profit- und Systeminteresse verstärkt dazu übergeht und durch den Monopolisierungsprozeß auch die materiellen Möglichkeiten besitzt, Arbeitszeit und Freizeit nach einheitlichen Gesichtspunkten der Kapitalverwertung zu unterwerfen und ökonomisch und – mit ökonomischen und außerökonomischen Mitteln – ideologisch zu beherrschen. Es geht ihr darum, solche Lebenstätigkeiten, Denk- und Verhaltensweisen der Arbeiter zu entwickeln, die den Arbeiter als Gesamtpersönlichkeit im Arbeitsprozeß und im Freizeitverhalten den Kapitalbedürfnissen anpassen. Das führt zu einer Ausdehnung der aus dem kapitalistischen Verwertungsprozeß hervorgehenden Entfremdung auf die gesamte Lebenstätigkeit und auf alle Lebenssphären der Arbeiter. Die noch in den sechziger Jahren weitverbreitete These von der Persönlichkeitsentfaltung in der Freizeit wird – den objektiven Erfordernissen des Produktionsprozesses folgend – durch ideologische Modelle, durch Maßnahmen der Personalführung, der Vermögens- und Lohnpolitik ersetzt, die darauf hinzielen, im kapitalistischen Produktionsprozeß den Anschein der Selbstverwirklichung der Arbeiterpersönlichkeit zu erwecken und tatsächlich die Arbeiter noch stärker dem Profitsystem unterzuordnen. Es entspricht der kapitalistischen Logik der Sache, wenn sich in letzter Zeit ausgerechnet der Chef des größten Medienkonzerns, R. Mohn vom Bertelsmann-Konzern, zum Fürsprecher einer solchen Strategie macht. Objektive Erfordernisse des modernen Produktionsprozesses reflektierend, erklärte er: „Weniger mit dem Kapital, sondern viel mehr mit den Menschen werden in unserer Zeit Erfolge errungen." Und er leitet daraus die „politische Aufgabe der Unternehmer" ab, „für den einzelnen im Unternehmen Möglichkeiten der Selbstverwirklichung zu schaffen". Daß er in Wirklichkeit nicht die Quadratür des Kreises versucht, sondern hinter diesem hohen Anspruch nur alte kapitalistische Ziele unter veränderten Bedingungen mit neuen Mitteln erreichen will, macht seine Feststellung deutlich, daß es darum gehe, „engagierte, kreative Mitarbeiter" zu erziehen, die eine „positive Einstellung zu ihrer Aufgabe gewinnen" und sich „mit den Verhältnissen in der Arbeitswelt . . . identifizieren können".[1] Die komplexe Analyse der Stellung der Arbeiter im kapitalistischen betrieblichen Produktionsprozeß und im gesellschaftlichen Reproduktionsprozeß des Kapitalismus gewinnt für die Widerlegung solcher neueren Varianten bürgerlicher Selbstverwirklichungstheorien wachsende Bedeutung.

Auch für die Lebensweise der Arbeiterklasse im Kapitalismus gilt, daß der Charakter, die Bedingungen und der Inhalt der Arbeit das Kernstück ihrer Lebensweise darstellen. Das Schlüsselglied für ihre Analyse in der Gegenwart ist zweifellos der wachsende Widerspruch zwischen dem Warencharakter der Arbeitskraft einerseits und den objektiven Anforderungen an die Persönlichkeitsentwicklung im Produktionsprozeß und der Entwicklung des materiellen Reichtums der Gesellschaft andererseits.

Im Rahmen der materiellen Existenzbedingungen der Arbeiterklasse wirken meines Erachtens vor allem drei komplexe Prozesse auf die Ausprägung des Klassencharakters der Lebensweise und auf sein Bewußtwerden in der Arbeiterklasse der kapitalistischen Länder.

1. Durch den wachsenden Widerspruch zwischen dem Warencharakter der Arbeitskraft und den objektiven Anforderungen an ihre Entwicklung und Reproduktion tritt eine immer stärkere Deformierung der Bedürfnisentwicklung und -befriedigung, der gesamten Lebensbedingungen der Arbeiter ein, und es entwickelt sich in der Gegenwart eine neue Dimension der sozialen Existenzunsicherheit.

Die Reproduktionsmöglichkeiten bleiben in ihrer Gesamtheit zunehmend hinter den Erfordernissen – und erst recht hinter den Klasseninteressen der Arbeiter – zurück. Dieser Prozeß erfaßt ganze große Lebensbereiche wie das Bildungswesen, das System der sozialen und gesundheitlichen Sicherung, die Krise der Städte usw., usf. und ihre Wechselwirkungen untereinander.

[1] Vgl. der Arbeitgeber, Düsseldorf, 14/1976, S. 603.

Diese neue Dimension der Existenzunsicherheit zeigt sich in der permanenten Unsicherheit der Arbeitsplätze durch strukturelle und konjunkturelle Prozesse, in der Zunahme der sozial schwerwiegenden Formen der Freisetzung wie Dauer- und Jugendarbeitslosigkeit, in der Ausdehnung der sozialen Unsicherheit auf alle Abteilungen der Arbeiterklasse. Kapitalistische Rationalisierung, inflationäre Prozesse, unternehmerische Lohnpolitik und staatsmonopolistische Umverteilung durch die Steuerpolitik wirken komplex auf die Arbeitseinkommen ein.

Die neuartigen negativen Auswirkungen der Intensivierung des Arbeits- und Ausbeutungsprozesses auf Gesundheit und Sicherheit der Arbeitskräfte verbinden sich mit wachsenden gesundheitlichen Belastungen durch die ökologische Krise. Die Kommerzialisierung und Individualisierung gesellschaftlich zu gewährleistender Bedingungen der Reproduktion der Arbeitskraft, ihre Orientierung an den Verwertungsbedürfnissen des Kapitals wird immer stärker zu einer Quelle wachsender sozialer Ungleichheit, Unsicherheit und Konflikte.

All diese Elemente der Existenzunsicherheit im Bereich der ökonomischen Lage der Arbeiterklasse verbinden sich selbstverständlich auch mit einer neuen Dimension der sozialen und politischen Existenzgefährdung durch die dem Imperialismus eigene Abenteuerlichkeit und Aggressivität und führen schließlich bei einem Teil der Arbeiterklasse zu einer Einschränkung des individuellen und sozialen Erwartungshorizontes, zu wachsender Furcht und Ungewißheit der Zukunft gegenüber.

2. Das Ausbeutungsregime bestimmt – vermittelt über die konkrete Gestaltung des kapitalistischen Arbeitsprozesses und der Arbeitsorganisation, über das Vorgesetzten-Mitarbeiter-Verhältnis und das betriebliche Herrschaftssystem – die sozialen Beziehungen der Arbeiter untereinander und letztlich auch ihre sozialen und individuellen Beziehungen außerhalb der Produktion.

Zunehmender Leistungsdruck und die Abhängigkeit von unbekannten, nicht durchschaubaren und kaum beeinflußbaren Entscheidungen der Unternehmer, mangelnde Kommunikation im und Information über den Arbeitsprozeß, Sinnentleerung vieler Arbeitsbereiche, ständig neue Abspaltung von Routinefunktionen aus komplexen Arbeitsprozessen und gleichzeitig fehlende Möglichkeiten, sich für das betriebliche Geschehen zu engagieren, vertiefen die Objektsituation und kapitalistische Entfremdung der Arbeiter im Produktionsprozeß. Eine wachsende Rebellion gegen die mit den bisherigen Hauptformen der Intensivierung der Ausbeutung verbundene Technologie hat vielfältige, klassenmäßig oft noch unscharfe Forderungen nach Mitbestimmung am Arbeitsplatz hervorgebracht, die aufgrund ihrer klassenmäßigen Indifferenz vom Kapital zu neuartigen Formen der Intensivierung der Ausbeutung und der sozialpolitischen Integration umgefälscht werden können. Demgegenüber spielen deutlicher klassenmäßig geprägte Forderungen nach Mitbestimmung im Betrieb und in der Wirtschaft, nach Investitionskontrolle oder nach Vergesellschaftung einzelner volkswirtschaftlicher Bereiche noch nicht immer die entscheidende Rolle. Schließlich erwächst aus der konkreten Stellung im kapitalistischen Verwertungs- und Arbeitsprozeß ständig neu das Spannungsverhältnis zwischen individualistischen und klassenmäßig-solidarischen Verhaltensweisen der Arbeiter, das an die Führungs- und Erziehungsarbeit ihrer Klassenorganisationen hohe Anforderungen stellt.

3. Einen in sich außerordentlich reich gegliederten Problemkreis innerhalb der materiellen Existenzbedingungen der Arbeiterklasse bilden die wachsende soziale Polarisierung und die zunehmende soziale Ungleichheit der kapitalistischen Gesellschaft, die sich auf komplizierte Art auch mit sozial-ökonomischen Annäherungsprozessen zwischen Arbeiterklasse und Teilen der Intelligenz und Angehörigen anderer

Mittelschichten verflechten. Dabei geht es methodologisch vor allem um das Wechselverhältnis von Klassenstruktur, Sozialstruktur und Lebensweise unter kapitalistischen Bedingungen. Zweifellos prägt im Kapitalismus der Antagonismus der beiden Hauptklassen eindeutig auch alle sozialstrukturellen Prozesse innerhalb der Arbeiterklasse und zwischen Arbeiterklasse und Intelligenz, bestimmt er den sozialen Inhalt und die Bewegungsform sozialstruktureller Entwicklungen. Die für den Kapitalismus charakteristische feindliche Entgegensetzung von geistiger und körperlicher Arbeit – wie auch von Stadt und Land – bestimmt inhaltlich im hohen Maße die soziale Polarisierung zwischen der Monopolbourgeoisie und der überwältigenden Mehrheit des Volkes. Der Klassenantagonismus prägt auch die konkreten Veränderungen im Verhältnis von geistiger und körperlicher Arbeit innerhalb einzelner Arbeitsfunktionen, innerhalb einzelner Gruppen der Arbeiterklasse und zwischen Arbeiterklasse und Intelligenz. Die wachsende Bedeutung solcher sozialstruktureller Prozesse, der Entwicklungsrichtung sozialer Unterschiede hebt die Klassenspaltung der Gesellschaft nicht auf, sondern vertieft den Klassenantagonismus und beschleunigt letztlich die Notwendigkeit und die Möglichkeit seiner revolutionären Lösung.

4. Schlußwort

H. KOZIOLEK

Zu einigen Schwerpunkten der weiteren Forschungsarbeit auf dem Gebiet der sozialistischen Lebensweise

Die heutige Ratstagung hat die Vielfalt der Fragen der sozialistischen Lebensweise gezeigt und die Notwendigkeit unterstrichen, diese in noch engerer interdisziplinärer Zusammenarbeit tiefer zu erforschen. Dabei sind die von Genossen Erich Honecker in seiner Rede vor den 1. Sekretären der SED-Kreisleitungen umrissenen fünf Ziele des sozialpolitischen Programms eine klare Orientierung.

In meinen abschließenden Bemerkungen möchte ich besonders auf Fragen hinweisen, die in der weiteren Arbeit des Wissenschaftlichen Rates für Fragen der Sozialpolitik und Demographie behandelt werden sollten.

Ich halte die in der Diskussion aufgeworfenen Probleme für Kernfragen, die noch weiter durchdacht werden müssen und deren Lösung verstärkte analytische Untersuchungen erfordert. Bei der Erforschung der weiteren Ausprägung der sozialistischen Lebensweise dürfen keine unrealen Konstruktionen entstehen, die auf nur gefühlsmäßigem Herangehen basieren, sondern es muß davon ausgegangen werden, daß sich die sozialistische Lebensweise im Kampf zwischen Neuem und Altem durchsetzt.

Die grundsätzlichen Richtungen, die eine für die entwickelte sozialistische Gesellschaft charakteristische Art und Weise des gesellschaftlichen Lebens und individuellen Verhaltens in allen Lebensbereichen umfassen, sind im Programm der Sozialistischen Einheitspartei Deutschlands enthalten. Davon ausgehend und anknüpfend an die Erfordernisse des ökonomischen Grundgesetzes des Sozialismus, wurden die Grundrichtungen in den Untersuchungen zur sozialistischen Lebensweise bewußt auf die ökonomischen Probleme gelenkt. Ich möchte insbesondere auf drei Richtungen hinweisen, die im Programm der SED entwickelt sind:

Erstens ist die sozialistische Lebensweise in der sozialistischen Produktionsweise begründet und schließt das gesellschaftliche Leben und individuelle Verhalten in allen Lebensbereichen, bei der Arbeit und in der Freizeit, im Arbeitskollektiv und in der Familie ein.

Zweitens ist die sozialistische Lebensweise geprägt von der aktiven Teilnahme der Werktätigen an der Leitung und Lösung gesellschaftlicher Angelegenheiten. Diese Richtung umfaßt Probleme der Rechte und Pflichten der Werktätigen, wie sie im Entwurf des neuen Arbeitsgesetzbuches und im Entwurf der Musterstatuten der LPG enthalten sind. Grundfragen sind dabei die Gleichberechtigung der Frau, die Rechte der Jugend und andere. Sie bedürfen einer weiteren Diskussion, insbesondere im Rahmen interdisziplinärer Zusammenarbeit, wozu auch gemeinsame Beratungen der dem Wissenschaftlichen Rat für die wirtschaftswissenschaftliche Forschung zugeordneten Hauptgebietsräte genutzt werden sollten.

Drittens sind die Beziehungen der Menschen in allen Lebenssphären Bestandteil der sozialistischen Lebensweise, wobei gewissenhafte, ehrliche, gesellschaftlich nützliche Arbeit das Herzstück ist. Gegenseitige Achtung und Unterstützung, kameradschaftliche

Hilfe und Rücksichtnahme sind Bestandteil der Entwicklung einer solchen Atmosphäre, die Arbeitsfreude und Leistungsbereitschaft fördern. Darin eingeschlossen sind das Leben in den Wohngebieten, gesunde Lebensführung, Körperkultur und Sport und andere.

In diesem Zusammenhang halte ich den Hinweis im Programm der SED für besonders beachtenswert, daß die planmäßige Entwicklung der sozialistischen Lebensweise keine Nivellierung der Interessen und Bedürfnisse bedeutet. Für die wirtschaftswissenschaftliche Forschung bedeutet das, immer konkreter zu untersuchen und zu begründen, wie sich auf der Grundlage der wachsenden ökonomischen Leistungskraft unserer Volkswirtschaft Bedingungen für die weitere Entfaltung der sozialistischen Lebensweise herausbilden. Diese Aufgabe verlangt eine gründliche analytische Arbeit und eine enge Forschungskooperation verschiedener wissenschaftlicher Disziplinen. Ökonomen, Demographen und Wissenschaftler anderer Disziplinen müssen sich in ihrer Arbeit von solchen entscheidenden Entwicklungszielen leiten lassen, die gerichtet sind auf: die zunehmende gesellschaftliche Bedürfnisbefriedigung, wie Lösung der Wohnungsfrage, Schaffung von Gemeinschaftseinrichtungen und andere, sowie auf die Zeitverkürzung durch Steigerung der Arbeitsproduktivität, dynamischen Leistungsanstieg, Erhöhung der Qualität und Effektivität der Arbeit.

Es geht darum, auch künftig das materielle und kulturelle Lebensniveau der Werktätigen weiter zu steigern und zugleich die materiell-technische Basis des Sozialismus auszubauen und zu modernisieren. Schließlich besteht die Aufgabe in der Wahrung eines ausgewogenen Verhältnisses zwischen bedarfsgerechtem Warenfonds und den wachsenden Geldeinnahmen der Bevölkerung. Das sind entscheidende Schlüsselfragen bei der Realisierung des Fünfjahrplanes zur Entwicklung der Volkswirtschaft in den Jahren 1976 bis 1980 als Kampfprogramm.

Davon ausgehend, ergeben sich aus der heutigen Ratstagung für die weitere wirtschaftswissenschaftliche Forschungsarbeit – insbesondere auf dem Gebiet der Sozialpolitik und Demographie – folgende Schwerpunkte:

1. Vorrangig ist die weitere Untersuchung der Wechselbeziehungen zwischen der Leistungssteigerung in der Volkswirtschaft, der weiteren Durchsetzung und Ausnutzung aller Möglichkeiten des Leistungsprinzips sowie der konsequenten Erfüllung der Ziele des sozialpolitischen Programms. Notwendigerweise müssen sich die Anstrengungen der Ökonomen vor allem auf die Erschließung aller Reserven zur Erhöhung der Effektivität und Qualität der Produktion richten, weil nur über diesen Weg die anspruchsvollen sozialpolitischen Aufgabenstellungen realisiert werden können. Dabei müssen wir alle die mit der weiteren Verwirklichung der sozialpolitischen Aufgaben vorhandenen Konsequenzen beachten. So erfordert beispielsweise die Steigerung der Geldeinnahmen der Bevölkerung ein relativ stärkeres Anwachsen bei der Bereitstellung von Industriewaren. Dabei gewinnen die Fragen der bedarfsgerechten Produktion zunehmende Bedeutung, auch im Hinblick auf hochwertige, langlebige Konsumgüter, wie elektronische Geräte, Kühlschränke, Fernsehgeräte usw.

2. Die weitere Verbesserung der planmäßigen Beherrschung des Zusammenhangs zwischen Größe, Struktur und Qualität des Produktes und der Konsumtion ist entscheidende Bedingung für die Erhöhung des Niveaus der Konsumtion. Dabei muß betont werden, daß es sich sowohl um Fragen der gesellschaftlichen als auch der individuellen Konsumtion handelt und wir immer vor der Aufgabe stehen, nüchtern und real einzuschätzen – wie Genosse Honecker betonte –, wo Verbesserungen am notwendigsten sind und mit den verfügbaren Fonds für die Werktätigen besonders wesentliche Fortschritte erzielt werden können. Das schließt notwendig ein, darüber

zu entscheiden, wo die wissenschaftlich-technische und Produktionsbasis besonders zu vervollkommnen ist, um die entsprechenden Effekte in der Befriedigung der Bedürfnisse zu erzielen. Es versteht sich, daß derartige Überlegungen nichts mit der bürgerlichen Konsumentenideologie zu tun haben, sondern notwendige Schritte zur planmäßigen Erhöhung des materiellen und kulturellen Lebensniveaus des Volkes sind.

3. Einen weiteren Schwerpunkt stellt die bessere Beherrschung der mit den vielschichtigen Problemen der sozialistischen Lebensweise und Kultur im Zusammenhang stehenden Bewußtseinsprozesse dar. Dabei geht es vor allem darum, wie die von der Partei beschlossenen anspruchsvollen Aufgaben durch die schöpferische Initiative der Werktätigen zielstrebig realisiert werden und wie auf diesem Wege die weitere Ausprägung der gesellschaftlichen Beziehungen und Persönlichkeiten im Sozialismus erfolgt. Im Mittelpunkt stehen daher das Niveau des politischen und fachlichen Wissens der einzelnen Kollektivmitglieder, das maßgeblich die Haltung und Leistung des einzelnen bestimmt. Gute Kollektivbeziehungen sind – wie es die Praxis wiederholt bewiesen hat – eine wichtige Grundlage für die Entfaltung hoher Initiativen und Leistungen im sozialistischen Wettbewerb und Neuererwesen.

4. In enger Verbindung damit stehen die Fragen, die sich auf die Förderung des positiven Verhaltens, die aktive Identifizierung der Werktätigen mit unserer sozialistischen Gesellschaft beziehen. Es sind Fragen, denen wir auch in der wirtschaftswissenschaftlichen Forschungsarbeit noch mehr Gewicht beimessen sollten.

Ausgehend von der Gesamtheit der zur sozialistischen Lebensweise gehörenden Faktoren, dem engen Zusammenhang zwischen Arbeit und Freizeit sowie zwischen Arbeits- und Lebensbedingungen, sind solche Aspekte immer stärker zur Wirkung zu bringen, die sozialistische Verhaltensweisen in besonderem Maße fördern.

5. Die Herausbildung immer engerer und dauerhafterer Beziehungen kameradschaftlicher und schöpferischer Zusammenarbeit zwischen der Arbeiterklasse, der Klasse der Genossenschaftsbauern, der Intelligenz und den anderen Werktätigen kennzeichnet den Charakter der sozialen Struktur der sozialistischen Gesellschaft. Die mit der weiteren Annäherung der Klassen und Schichten, der Festigung der politisch-moralischen Einheit des Volkes verbundene Entfaltung der sozialistischen Lebensweise muß dementsprechend in der Forschungsarbeit unter dem Aspekt des Zusammenhangs zwischen der Entwicklung der Sozialstruktur und der sozialistischen Lebensweise im Prozeß der weiteren Gestaltung der entwickelten sozialistischen Gesellschaft untersucht werden. Auch hierzu ist eine weitere gezielte interdisziplinäre Zusammenarbeit zwischen den gesellschaftswissenschaftlichen Disziplinen erforderlich.

6. Wie die bisherigen Ergebnisse der Forschung und Diskussion zeigen, sind schließlich weitere und vertiefende Analysen über die Wirkung sozialpolitischer Maßnahmen, insbesondere des Wohnungsbauprogramms, erforderlich. Dazu gehören gründliche Untersuchungen über die Lebensbedingungen und Interessen der verschiedenen sozialen Gruppen der Bevölkerung unter Berücksichtigung demographischer Faktoren. Dabei müssen auch Einflüsse auf Migrationsprozesse aufgedeckt werden, um sie entsprechend den gesellschaftlichen Erfordernissen zu lenken. In den Untersuchungen über die Wirkung sozialpolitischer Maßnahmen auf die verschiedenen Altersgruppen der Bevölkerung müssen die jeweils wirksamsten Formen sowohl der Verteilung nach der Leistung als auch der Verteilung aus gesellschaftlichen Fonds – einschließlich ihrer Wechselwirkungen – herausgearbeitet werden.

In diesem Zusammenhang möchte ich unterstreichen, daß die Verteilung aus gesellschaftlichen Fonds nicht einseitig nur als Ergänzung des Leistungsprinzips angesehen werden darf, sondern es sich hierbei zugleich um eine wichtige spezifische Form der Bedürfnisbefriedigung handelt, deren Bedeutung ständig wächst.

Abschließend möchte ich allen Diskussionsrednern für ihre schöpferischen Beiträge danken, die für die weitere Forschungsarbeit auf dem Gebiet der Sozialpolitik und Demographie vielfältige Anregungen gegeben haben. Mein besonderer Dank gilt dem Autorenkollektiv, unter Leitung von Prof. Dr. Gunnar Winkler, für die Ausarbeitung der Thesen, die – zusammen mit dem einleitenden Referat – für die Beratung eine solide Grundlage bildeten.

ABHANDLUNGEN DER AKADEMIE DER WISSENSCHAFTEN DER DDR
Abteilung Veröffentlichungen der Wissenschaftlichen Räte

Tagungen des Wissenschaftlichen Rates
für die wirtschaftswissenschaftliche Forschung

Erschienen:

12. Tagung vom 17. 12. 1974 Nr. W 1/1975
Grundfragen der Steigerung der Arbeitsproduktivität

13. Tagung vom 25. 3. 1975 Nr. W 4/1975
Grundprobleme der entwickelten sozialistischen Gesellschaft

14. Tagung vom 24. 6. 1975 Nr. W 5/1975
Intensivierung der betrieblichen Reproduktion

15. Tagung vom 4. 11. 1976 Nr. W 1/1976
Volkswirtschaftliche Effektivität und sozialistisches Sparsamkeitsprinzip

16. Tagung vom 17. 2. 1976 Nr. W 3/1976
Probleme der Beschleunigung des wissenschaftlich-technischen Fortschritts

17. Tagung vom 13. 4. 1976 Nr. W 4/1976
Materialökonomie, Energie- und Rohstoffwirtschaft

19. Tagung vom 7. 12. 1976 Nr. W 2/1977
Theoretische Fragen der weiteren Vertiefung der sozialistischen ökonomischen Integration

20. Tagung vom 25. 3. 1977 Nr. W 5/1977
Probleme der sozialistischen Lebensweise

In Vorbereitung:

2. Tagung der Gemeinsamen Kommission der Ökonomen der UdSSR und der DDR Nr. W 6/1977
Probleme der Intensivierung der sozialistischen erweiterten Reproduktion

22. Tagung vom 10. 6. 1977 Nr. W 1/1978
Probleme der Leitung in der Wirtschaft

Kolibri 360 GmbH
Ferdinand-Jühlke-Straße 7
99095 Erfurt, Deutschland
produktsicherheit@kolibri360.de